自由民主党の誕生

―総裁公選と組織政党論―

小宮　京著

木鐸社

凡例

一　人名に関しては、初出の際に氏名を表記し、以後は名字のみとした。また、著作によっては、旧字・新字が混在しているが、著作者の表記に従った（宮澤喜一、渡辺恒雄など）。

二　引用文献や引用論文の記載は、初出の際に著者や編著者名、題名や論文名、掲載雑誌名、出版社、発行年、掲載頁など、必要な情報を列挙した。以後、同じ文献を用いる場合は省略し、著者・編著者名、題名・論文名などによる略記を用いた。

三　政治家の自伝や談話は、必要に応じて略語を用いた。巻末の引用文献に表記してある。

四　「〜日記」の出典は、巻末の「資料および文献について」Ｉ（二）刊行資料を参照のこと。

五　未刊行資料は必要に応じて略語を用いた。所蔵や略語は、巻末の「資料および文献について」Ｉ（一）未刊行資料〔私文書〕を参照のこと。

六　引用した新聞は『朝日新聞』、『読売新聞』、『毎日新聞』、『日本経済新聞』である。適宜、『朝日』、『毎日』と略記した。

七　特記しない限り、引用した文章に付された傍線、太字強調は、全て引用者によるものである。

本書で論じる諸政党の党則の出典は以下の通り。なお、引用の際には、片仮名を平仮名にする、読点を補うなど、適宜行った。

自由党系

日本自由党　一九四五年一一月九日

「日本自由党党則」　村川一郎編『日本政党史辞典』上巻、国書刊行会、一九九八年（以下、村川編と略記）三六一－三六三頁

民主自由党　一九四八年三月一五日

「民主自由党々則」　"Political Party - Rules & Regulations", 1947/03-1947/12, FOA 04610.

「自由党党則　一九五〇年一月二〇日」『小柳文書』二一－八三

伊藤悟解説・訳『ＧＨＱ日本占領史一一　政党の復活とその変遷』日本図書センター、一九九六年

にも収録されているが、前者の字句と若干の相違があるため、本書は『小柳文書』を用いる。

自由党　一九五〇年三月一日

「自由党党則　一九五三年九月二五日」　村川編、三六四－三六九頁

第二保守党系

日本進歩党　一九四五年一一月一六日

「日本進歩党規約（案）」（『小柳文書』二一－八二「日本進歩党関係書類」所収）

民主党　一九四七年三月三一日

結党時の党則は現時点で発見できなかった。

「民主党々則」、"Political Party - Rules & Regulations", 1947/03-1947/12, FOA 04610. を用いる。末尾に「（Ｐ 23・11・18）」とある。

国民民主党　一九五〇年四月二八日

「国民民主党党則　一九五〇年四月二八日」　村川編、三七二－三八一頁

「国民民主党党則　一九五一年一月二〇日」『小柳文書』一一－八三

改進党　一九五二年二月八日

「改進党党則　一九五二年二月八日」　村川編、三八二－三九六頁

「改進党党則　一九五三年二月九日」

『芦田文書』三八六、もしくは、『西沢文書』八六九

日本民主党　一九五四年一一月二四日　村川編、三九七－四〇五頁

協同党系・その他

日本協同党、協同民主党　現時点で発見できなかった。

国民党　一九四六年九月二五日　村川編、四二八－四三〇頁

国民協同党　一九四七年三月八日　村川編、四三〇－四三七頁

農民協同党　一九四九年一二月九日　村川編、四三七－四四四頁

保守合同

自由民主党　一九五五年一一月一五日　村川編、四〇六－四一九頁

自由民主党の誕生

―総裁公選と組織政党論―

はじめに

一九四五年八月一五日の玉音放送、九月二日の降伏文書への調印を経て、戦前にその姿を消した政党が相次いで復活した。社会党は一一月二日に、自由党は一一月九日に、進歩党は一一月一六日に、それぞれ結成された。だが一九四六年一月に発令され、その後も実施された一連の公職追放は、政党に甚大な影響を与えた。多くの場合、公職追放は戦前からの政治家を強制的に退場させ、新たな政治家の登場を導いた。

連合国軍による占領下で、政党は戦後政治の中心的存在となった。総理大臣就任者を確認すれば、東久邇宮稔彦、幣原喜重郎、吉田茂以降は皆政党総裁である。その後、二〇〇九年現在にいたるまで、政党総裁以外が総理大臣に就任した例は存在しない。戦前は政党総裁でなくとも総理大臣に就任したことを踏まえれば、戦後における政党は戦前とは比較できないほど圧倒的な存在感を示したといえる。そのことは、憲法解釈などにより事実上の政党政治が実現した戦前と違い、一九四七年五月三日に施行された日本国憲法が議院内閣制を明記し政党政治に正統性を付与したことによって追認された。にもかかわらず、日本国憲法の条文には驚くべきことに政党の規定が存在しない。第四二条「国会は、衆議院及び参議院の両議院でこれを構成する」により、衆参両議院の存在が規定された。議会における政党の存在が想定されたため[1]、間接的に政党が戦後の統治の主体となることが想定されたのである。日本国憲法には、他に、

「内閣総理大臣は、国会議員の中から国会の議決で、これを指名する。この指名は、他のすべての案件に先だつて、これを行ふ」（第六七条第一項）

「衆議院と参議院とが異なつた指名の議決をした場合に、法律（国会法第八六条）の定めるところにより、両議院の協議会を開いても意見が一致しないとき、又は衆議院が指名の議決をした後、国会休会中の期間を除いて十日以内に、参議院が、指名の議決をしないときは、衆議院の議決を国会の議決とする」（第六七条第二項）

という規定が存在し、その結果、衆議院が多数派形成の闘争の舞台となった。とはいえGHQとマッカーサーが存在する占領期の首班選定は、さながら戦前の大命降下に似た状態であった。講和・独立後にはそのような制約も消滅し、多数派形成が決定的に重要になった。

その後、離合集散を経て、自由民主党が誕生したのは一九五五年のことである。その直前には日本社会党も結成され、いわゆる一九五五年体制が成立した。わずかな下野期間を除き、二〇〇九年の政権交代まで、自由民主党が長く政権を担ったことは広く知られている。

ところで、以上に述べたような戦前と戦後をまたいだ政党の政治的役割の変容は、政党にいかなる変容をもたらしたのであろうか。この問いに対する最も正統的な取り組みは、政党組織の変容を研究することで果たされると本書は考える。

政党組織に関しては、先行研究が積み重ねられてきた。著名なところでは、ミヘルスやデュベルジェ、パーネビアンコなどが挙げられよう[2]。これら各国の政党を対象とした研究が進展したのに比して、日本の政党を対象とした研究の蓄積は十分とは言い難い。たしかに戦前・戦後の政党政治に関しては数多くの研究が存在し[3]、戦前と戦後の連続や断絶に関しても様々な視点から研究が進んだ[4]。特に、政治指導者の戦後構想に着目した五百旗頭真や北岡伸一の研究は示唆するところが多い[5]。しかし、こと政党組織に関しては、連続や断絶、変化を論じた研究は少ない[6]。

政党史研究に目を向ければ、一時下野したものの戦後長きに亙って政権を担い続けた自由民主党に関しては、石田雄や升味準之輔の党組織研究が存在し、近年では牧原出の研究も加わった[7]。自民党結党以前に関しては、いわゆる第二保守党系の政策等を踏まえた中北浩爾や河野康子の研究が存在するけれども、政策に比し、党組織の叙述は少ない[8]。同じく自民党結党以前の保守党を論じた村川一郎の一連の研究は非常に貴重だが、歴史的に十分な検討が加えられたとは言い難い[9]。

以上要するに、戦後の政党復活から自由民主党の成立過程を通して、政党組織に関してはなお論じる余地があるといえよう。

本書の対象は、戦後復活した政党から一九五五年に結成された自由民主党にいたる、主に保守党を中心とした政党群の政党組織である。本書が政党組織を特徴付けるものとして特に重視するのは総裁選出方法と党中央組織の二つである。この両者はリーダーシップの正統性と制度的基盤と言い換えることも可能である。

第一の課題、総裁選出方法に関して述べる。前述したように、多数派闘争の舞台は衆議院であった。そこでは衆議院における首班指名に立候補する政党総裁はいかにして選ばれるべきか、即ち、総裁選出方法が必然的に問われた。先に述べたように、もはや戦前に見られた大命降下は総裁選出の根拠たり得ない。戦後における政党総裁の正統性は何に求められるか。結論を先取りすれば、自由民主党が採用した総裁公選こそ、その回答であった[10]。

総裁公選は戦前の保守党でも党則に明記されていた。しかし実施されたことはほとんどなく、満場一致の形式で選ばれることが多かった。大命降下の可能性が政党総裁の条件として戦前の政治家たちの念頭にあったがゆえに総裁公選が定着しなかったと考えられる。戦後においても総裁公選はスムーズに定着したわけではない。定着とみなすには、一九五五年一一月一五日に結成された自由民主党における幾度かの総裁公選の実施を要するとすれば、一九四五年から一〇年以上の年月を必要としたと評すべきだろう。

総裁公選の定着過程を根底において支えたのは「民主化」の風潮である。一九四五年一〇月一一日、マッカーサーが幣原内閣に命じた「民主化に関する五大改革」は「婦人の解放、労働組合の結成の奨励、学校教育の自由主義化、秘密審問司法制度の撤廃、経済制度の民主主義化」であった[11]。以後、総司令部の方針と相俟って「民主化」はそれ自体が独自の価値を持つ言葉として政治的影響力を発揮した。政党とてその例外ではあり得ず、一九四六年・四七年に争点化した政党法の草案では、政党の「民主化」として役職公選や多数による意思決定の導入などが求められた[12]。政党法は最終的に断念されたものの、議論の過程で提示された「民主化」の理念、具体的には役職公選は以後も政治的要請として政党に意識され続けた。本書で用いる役職公選論は、総裁公選論と幹部公選論を包含する。前者は総裁を公選すべしとの議論であり、後者は総裁以外の党幹部を公選すべしとの議論である。なにより権力闘争の手段として有効な手段と認識されたことが役職公選論の命脈を保たせた。それが最終的には自由民主党における総裁公選に集約されたのである。

第二の課題、党中央組織に関して述べる。重要な論点として、総裁のリーダーシップとの関係と他政党との支持調達競争という二つが挙げられる。あらためて指摘するまでもなく、指導者のリーダーシップは、それを支える制度的基盤なくして発揮し得ない[13]。その意味からも、党中央組織と総裁の関係が検討されねばならない。注目すべきは、いわゆる党三役の機能と総裁の人事権である。総裁の人事権は第一の課題で挙げた役職公選論と緊張関係にあることは言うまでもない。次に、他政党との支持調達競争、特に戦後その存在感を増した革新政党との競合において、保守党側がいかなる構想を持って対応したかが重要である。

まず、リーダーシップとの関連を考察する。戦後に復活した政党は、当初、戦前の党組織を継承していた。その後、新たな指導者の登場と権力闘争の結果、党組織は変容を遂げた。その変容は自由党系において顕著であり、総裁のリーダーシップを強化する結果をもたらした。より正確にいえば、リーダーシップを強化するために吉田茂総裁のもとで党組織が変容させられた。

次に、政党間競争に関して検討する。いわゆる第二保守党系の「革新派」が政党間競争を念頭に置き、革新政党を強く意識した組織政党論を唱えた結果、従来の保守党組織に存在しなかった異質の新組織が誕生した。「革新派」の主張が政治的影響力を持ち得たのは、野党期間の長かった第二保守党系において、党勢拡大のために新たな支持調達が最優先課題だったからである。組織政党志向は、第二保守党系の問題関心を浮き彫りにするものであると同時に、その党組織における著しい特徴である。

そして、自由党系と第二保守党系が合同した自由民主党は、総裁のリーダーシップを強化する制度的基盤と、組織政党論の影響下で誕生した新組織を継承したのであった。

以上に述べた見通しを実証するために本書が取る方法は、一九四五年から自由民主党成立後の一九五七年までの保守党における権力闘争を、可能な限り正確に描くというものである。党内の権力闘争は多くの場合、党組織のあり方をめぐる対立として顕在化した。さらに成立した制度が実質的意味を有さない場合もある。それは権力闘争の過程で、制度が有名無実化した結果である。このように、ある制度を説明するに際しては、その外形や成立過程のみならず、その争奪・改廃をめぐる政治過程をも検討せねばならない。本書が保守党の組織を規定したと考える要因、すなわち「民主化」への対応や、リーダーシップの確立や党勢拡張のための戦略は、権力闘争を媒介とすることではじめて政治過程に投入され得たのである。

しかも、権力闘争の過程を明らかにすること自体が、今なお重要かつ魅力的な研究課題である。戦後の保守党における権力闘争については、政治家やその周辺、さらに新聞記者による自伝や回想録、伝記が膨大に存在する。これらを活用した研究としては、升味準之輔による優れた歴史叙述が存在する[14]。一見すると今さらつけ加える余地が存在しないように思われる。しかしながら、以下の三点により、本書が貢献し得るところが存在すると考える。

第一に、前述した文献をより網羅的に収集し批判的に比較照合するとともに、新聞を活用し、さらに、政治家のみならず周辺の政治記者へのインタビューや、オーラル・ヒストリーの成果[15]を用いることで、解釈の精度を高めることが可能となろう。戦後史の一次資料に乏しい状況に大きな変化はないが、閲覧・収集した未公刊資料も可能な限り活用したい。

第二に、保守党内の多元的なアクターに注目する。これは第一とも対応する。戦後政治は長きにわたって政権を担った吉田茂の視点で語られることが多かった。これに対し、本書は非吉田勢力というアクターの動向・利害状況に配慮する。非吉田勢力とは、自由党系では鳩山一郎、緒方竹虎、第二保守党系では、犬養健、芦田均、三木武夫、重光葵らである。もちろん、こうした非吉田勢力に着目した先行研究は皆無ではない。だが、個々の政治家の、ある一定期間の研究に留まり、全体的な構図を描いた研究はごく少ない[16]。

何よりも第三に、政党組織に対する本書の関心が、権力闘争を政治学的に跡付けるための視座を提供するはずである。戦後初期の保守党をめぐる従来の叙述は、ポストを争奪する人間模様を描くものの、争奪されるポストの政党組織における位置づけの変遷を正面から論じないがゆえに、まさに人間模様を描くことに終始したり、少なくともそのような誤解を与えるところがあったのではないか。本書は、政党組織の形成過程を採用されなかった構想をも含めて詳細かつ網羅的に検討し、体系化をはかる。

最後に、本書の構成を述べる。

第一章は、一九四五年から一九四七年までを扱う。序説で戦前の保守党、なかでも二大政党とそれに準ずる政党において、総裁公選がいかなる扱いを受けたか、党則・会則や総裁公選の実態を明らかにする。戦前の政党組織を踏まえたうえで、第一節では自由党、第二節では進歩党を中心に政党の復活を分析する。第三節は、成立しなかったが政党の「民主化」を構想した一九四六年・四七年の政党法案を扱う。

第二章は、吉田茂総裁時代の自由党系を対象とする。その際、吉田総裁による党中央組織の整備、特に、幹事長と総務会の権限と機能を論じる。同時に、吉田総裁の党内権力基盤である吉田派の形成と崩壊を非吉田勢力との権力闘争と絡めながら、一九四六年の吉田総裁就任から一九五四年の内閣総辞職までを分析する。

第三章は、第二章と同時期の、いわゆる第二保守党系を対象とする。第一章第二節で扱った進歩党の後身政党を中心に、国民民主党に合流した協同党系の政党をも扱う。具体的には、一九四七年の民主党と、一九四五年の日本協同党から一九五四年の日本民主党までを分析する。特に、いわゆる「革新派」と彼らの唱えた役職公選論や政党組織論、それらの展開に注目する。

第四章は、自由民主党の結成とその党組織、及び、総裁公選の定着過程を考察する。自由民主党党則の形成過程では総裁や党三役の権限と機能に着目する。党則に明記された総裁公選に関しては、一九五六年の第一回総裁公選、第二回総裁公選、一九五七年の第三回総裁公選までを扱う。

（1）議院の運営等を定めた国会法には「政党」の文言はなく「会派」が用いられた。会派は「議院運営の基本単位となるが、政党とは明確に区別される」存在である（大石眞『議会法』〔有斐閣、二〇〇一年〕六九頁）。平成一七年一一月七日法律第一〇九号には「政党」の文言がある。

（2）R・ミヘルス『現代民主主義における政党の社会学』木鐸社、一九七三－一九七四年、M・デュベルジェ『政党社会学』潮出版社、一九七〇年、A・パーネビアンコ『政党』ミネルヴァ書房、二〇〇五年。先行研究の簡潔なレビューとして、川人貞史・吉野孝・平野浩・加藤淳子『現代の政党と選挙』有斐閣、二〇〇一年、第三章を参照。

（3）明治憲法体制の成立と崩壊に関して、三谷太一郎『日本政党政治の形成』東京大学出版会、一九六七年、坂野潤治『明治憲法体制の確立』東京大学出版会、一九七一年、伊藤隆『近衛新体制』中公新書、一九八三年、酒井哲哉『大正デモクラシー体制の崩壊』東京大学出版会、一九九二年など。一九五五年体制の成立に関しては、中北浩爾『一九五五年体制の成立』東京大学出版会、二〇〇二年などを参照。
（4）雨宮昭一『戦時戦後体制論』岩波書店、一九九七年、野口悠紀雄『一九四〇年体制』東洋経済新報社、一九九五年など。
（5）戦後構想に着目した研究としては、五百旗頭真『占領期』読売新聞社、一九九七年、北岡伸一「吉田茂における戦前と戦後」（近代日本研究会編『年報近代日本研究一六　戦後外交の形成』山川出版社、一九九四年所収）、北岡伸一『自民党』読売新聞社、一九九五年を参照。
（6）政策決定を研究した福井治弘は、政党組織にも若干言及し、戦前と戦後で変化がなかったと指摘した。福井治弘『自由民主党と政策決定』福村出版、一九六九年、第二章。
（7）岡義武編『現代日本の政治過程』岩波書店、一九五八年所収の升味準之輔執筆部分、及び、石田雄『現代組織論』岩波書店、一九六一年。また「党近代化」や組織委員会等を論じた升味準之輔『戦後日本の政治体制』岩波書店、一九六九年、第四章も参照。牧原出『内閣政治と「大蔵省支配」』中公叢書、二〇〇三年。
（8）自由民主党の源流となった、第二保守党の政策等を踏まえた研究として、中北『一九五五年体制の成立』、河野康子『戦後と高度成長の終焉』講談社、二〇〇二年を参照。
（9）例えば、村川一郎「自由党（分）史・日本自由党史・日本民主党史」（『行動論研究』第四八号、一九九六年）、村川一郎「改進党史」（『北陸法学』四巻一号、一九九六年）など。
（10）総裁公選に関しては、渡辺恒雄『党首と政党』弘文堂、一九六一年、田中善一郎『自民党のドラマツルギー　総裁選出と派閥』東京大学出版会、一九八六年などの研究がある。
（11）中村隆英『昭和史Ⅱ』東洋経済新報社、一九九三年、三九三頁。
（12）政党法に関しては、大石眞『憲法史と憲法解釈』信山社、二〇〇〇年、大石眞「日本国憲法の制定と政党」（北村公彦ほか編『現代日本政党史録』第二巻、第一法規出版、二〇〇三年所収）、小山博也「第一回国会における政党法制定計画の経過」（『社会科学論集』五五号、一九八五年）、高田篤「政党法制の展開とその脈絡」（『社会システム研究』二号、一九九九年）、福永文夫「占領下における『政党法』をめぐる政治過程」（『姫路法学』一四・一五号、一九九四年）を参照。

(13)　政党総裁に限らず、行政府のリーダーたる総理大臣に関しても事情は同様である。昨今議論される「首相支配」や「官邸主導」に関して、官邸機能の強化がその制度的基盤であることは衆目の一致するところである。竹中治堅『首相支配』中公新書、二〇〇六年、清水真人『官邸主導』日本経済新聞社、二〇〇五年を参照。また、歴史的な検討を加えた優れた研究として、村井哲也『戦後政治体制の起源　吉田茂の「官邸主導」』藤原書店、二〇〇八年を参照。

(14)　升味準之輔『戦後政治』上・下巻、東京大学出版会、一九八三年。

(15)　御厨貴『オーラル・ヒストリー』中公新書、二〇〇二年。また実践を踏まえた研究として、日本政治学会編『年報政治学二〇〇四　オーラル・ヒストリー』岩波書店、二〇〇五年。政策研究大学院大学や近代日本史料研究会から刊行された成果物の使用に関しては、伊藤隆、御厨貴両先生の格別の御配慮を賜った。記して感謝したい。

(16)　数少ない例外は、栗田直樹『緒方竹虎』吉川弘文館、一九九六年、武田知己『重光葵と戦後政治』吉川弘文館、二〇〇二年、西住徹『戦後日本政治における北村徳太郎』西住徹、一九九二年、西住徹『北村徳太郎　論文編』親和銀行、二〇〇七年である。

第一章　戦後政党政治の復活

本章は戦後政党政治の復活を対象とする。

一九四五年の敗戦以前から、政党復活の動きが存在した。第一節は、鳩山一郎を中心とした戦時中の議会非主流派が結成した、日本自由党をとりあげる。鳩山の公職追放と吉田茂の登場、第一次吉田茂内閣総辞職までを対象とする。第二節は、戦時中の議会主流派が結成した、日本進歩党を考察する。民主党結成直前までを対象とする。第三節では、一九四六年・四七年に議論された政党法案を通して、政党の「民主化」を論じる。政党法案は最終的に成立しなかったが、「民主化」を重視する当時の風潮と相俟って、政党に影響を与えた。具体的には、自由党・進歩党ともに幹部の一部公選が実現したことが挙げられよう。

まずは、序節で、戦前の保守党に関して叙述する。その党中央組織と、総裁及び幹部の公選について概観し、戦後の議論の参考に資したい。

序節　戦前保守党の党組織と総裁公選の起源

戦前の保守党はいかなる党中央組織を有していたか、さらに役職公選がどのように位置づけられていたか、二大政党、及び、それに準ずる政党を対象に概観したい。[1]その際、総裁公選への地方支部の参加資格にも留意する。

（一）　戦前保守党の党組織

ここでは政党組織、特に党役職の機能を明らかにしたい。[2]検討の対象は、一九二四（大正一三）年以降の政友会と民政党である。[3]この年代を対象とするのは、党中央組織が確立し、その後に大規模な変更が行われなかったと考えられるからである。[4]とりわけ狭義の幹部として、総務と後の党三役（総務会長、幹事長、政務調査会長）に注目しつつ検討したい。[5]

まずは幹事長を検討する。戦後の自由民主党において、幹事長は総裁に次ぐ役職と認知されていた。即ち、幹事長は党務において事実上の頂点に位置したのである。それゆえ、一九九〇年代の幹事長経験者のキャリアパスからは、大臣や党三役（総務会長、幹事長、政務調査会長）を歴任した有力者が幹事長に就任する傾向が読み取れる。[6]特に、一九九四年の小選挙区制導入以降、中選挙区時代と比べて幹事長の地位が高まったとされる。

戦前は「政民両党共幹事長を枢軸としての幹部組織であって、総裁と幹事長によってその党は動かされ、幹事長は党務、政務に亙って党の活動方針を定むると共にこれに必要なる党費の才覚にも奔走せねばなら」ないとされる。留意すべきは、組織図1を参照すれば分かるように、総裁のもとに総務が存在し、その下に、幹事長や政務調査会長が存在することである。幹事長に関する「党人としての登竜門であり、その選に当って功績を挙げ得たものは必

組織図1　政友会・民政党

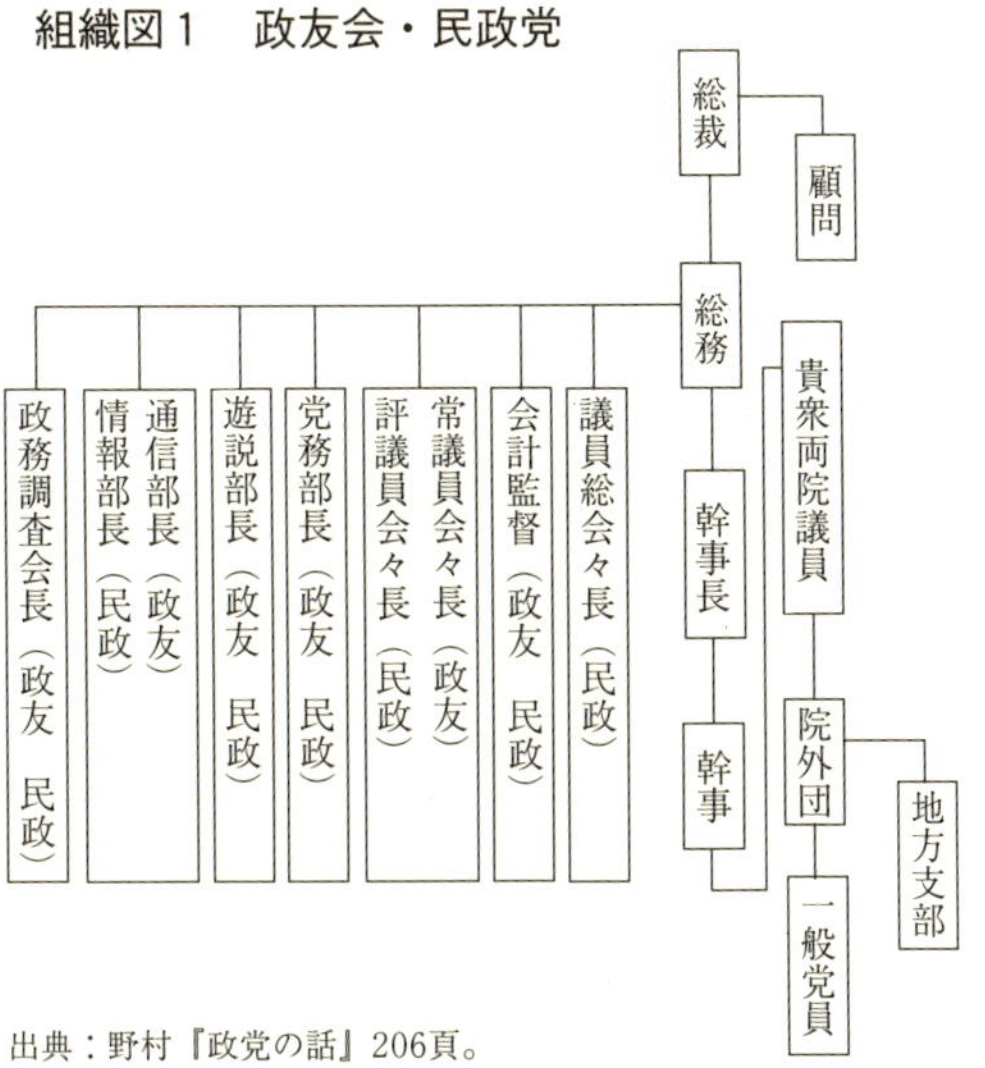

出典：野村『政党の話』206頁。

ず他日報いられて重要の地位に就いて居る」との記述は、自由民主党時代ほど高位の役職ではないことを裏付ける。[7]

党内における幹事長の地位を理解するために、幹事長就任者のキャリアパスを検討したい。自由民主党時代は、党四役（副総裁、幹事長、総務会長、政調会長）に就任する政治家は「原則として二期以上の大臣経験を積んだ「有力議員」に限られている」と指摘された。[8] これに対し、政友会の場合、幹事長経験後に大臣に就任した者は一五名中七名である。[9] 逆に大臣経験者が幹事長に就任した例は一五名中一名、久原房之助唯一人だった。久原が大臣に就任した理由は田中義一首相との特別な関係であるから例外中の例外といえよう。民政党の場合、幹事長経験後に大臣に就任した者は一六名中六名である。一方、大臣経験者が幹事長に就任した事例は三例である[10]（いわゆる政党内閣期に限れば一例のみ）。これは、政友会における唯一の例外、久原の事例と比較しても、民政党の特徴といえよう。以上要するに、戦前は大臣と幹事長では、大臣が格上であった。

これに関連して、幹事長の就任時期を検討する。政友会の場合は、広田内閣以前は主に当選回数三・四回の若手が起用された。広田内閣以降は当選回数六回以上と上昇した。[11] これは政府役職に就く機会が減少したことも関係するのだろう。民政党の場合は、政友会に比べるとばらつきが多く、キャリアパスとして明示するのは難しい。[12] そこで具体例を挙げて叙述する。桜内幸雄（結党時）と俵孫一の二回を除けば、四回の桜内（二度目）・永井柳太郎・

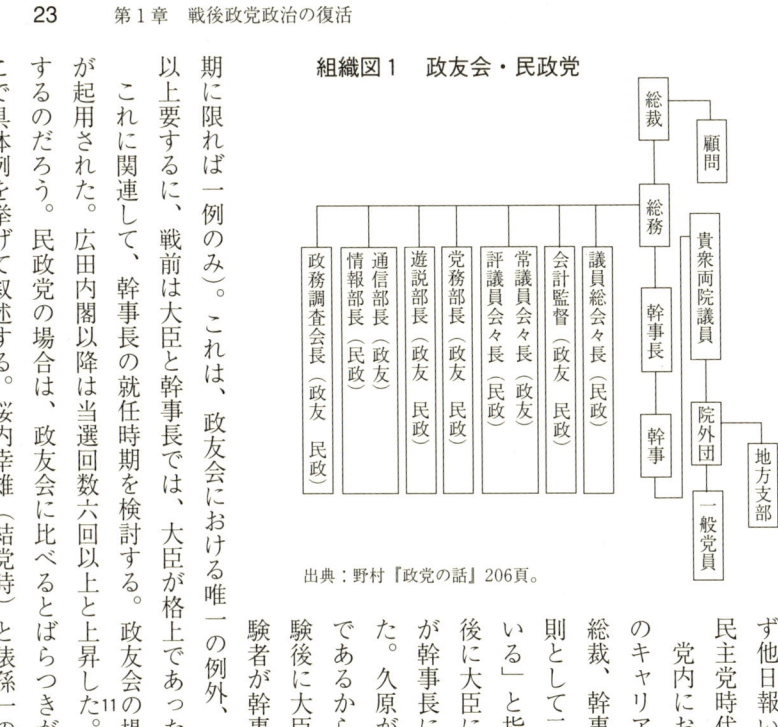

大麻、五回が一名、五回以上が九名である（貴族院議員の川崎卓吉は除外）。松田源治の九回、小泉又次郎の一一回という例も存在する。傾向としては、政友会よりも、当選回数はやや多めといえよう。

もう一点、重要なのは、総務と幹事長の役割である。具体例として、政友会の党組織改革を検討したい。一九三六（昭和一一）年七月二三日、政友会の党組織が変更された。従来の五部制を党務と政務の二部制に変更し、各々担当総務をきめ、幹事長は庶務、会計を担当した（『立憲政友会史』第八巻、四二二頁）。一九三九（昭和一四）年五月の政友会分裂の際には、いわゆる「正統派（久原派）」は総務の下に情報、遊説、党務、逓信の各部長を置き、いわゆる「革新派（中島派）」は、庶務、政務、党務、遊説、情報の五部を総務が各々担当した。これらの党組織改革を踏まえれば、党務の中心は担当をもった総務であること、幹事長は総務の下に位置づけられていたことが理解できよう。

幹事長の権限に着目すると、政友会と民政党で違いが存在した。政友会は総務と同等、あるいは総務以上の政治家を幹事長に起用し「大幹事長主義」と呼ばれたのに対し、民政党は「総務会に出席し意見を陳述することを得」と条文にあるように（第一六条）、総務の下位の役職であり、旧憲政会時代は総務経験後に選任されたという[13]。党務に関して、政友会では緊急時に「総裁、筆頭総務及び幹事長の三者が協議してこれを決してもよい程」という[14]。一方、民政党は「筆頭総務委員が幹事長を指揮し、党務及び政務を仕切るのが慣習[16]」とされる[15]。

これらを踏まえると、一九三〇年代の政友会における総務とは、議決機関であると同時に執行機関でもあった。総務や幹事長の職分は組織として未分化だったといえよう。

以上をまとめると、戦前の幹事長は、第一に、大臣と幹事長では、大臣が格上であった。第二に、幹事長は執行機関であったが、議決機関兼執行機関でもあった総務とは同格、もしくはそれ以下の役職であった。第三に、政友会と民政党では権限に違いが存在した。

次に総務を検討する。総務は幹事長と同じく幹部に数えられた。戦後との比較を念頭に置くと、総務委員長・総務会長という役職が重要である。

政友会には総務委員長という役職が存在した。ただし常置の職ではない。政友会成立初期、伊藤博文総裁が外遊に出かけた際に、総裁不在という非常時の善後策として総務委員長が設置され、松田正久が就任した[17]。民政党の事例では、若槻総裁辞任後に設置された。町田忠治を総務会長に就任させるために、大麻幹事長は「総務会長は内部に向っては総務会の議をまとめ、外部に向っては党の名誉を代表するもの」と説得した。その後、後継総裁に擬せられた宇垣一成が辞退すると、町田総務会長は総裁に就任した[18]。町田以外に民政党総務会長に就任した人物は存在しない。こうした事例からは、総務委員長・総務会長、即ち党運営の中心である総務会の長には、政党を代表する総裁に限りなく近い機能が期待されたと推定されよう。

政党解消後にも総務会長という名称が登場する。翼賛政治会の阿部信行、小林躋造総裁のもとで、前田米蔵が総務会長を務めた。翼賛政治会の解散後に成立した大日本政治会では、南次郎総裁のもとで、金光庸夫が総務会長を務めた。この二つの事例に関しては、総務会長の職務の内容は明確ではない。軍人総裁のもとで政党人の頂点に位置する役職と推定される。

以上四つの事例から、総務委員長・総務会長は、総裁不在の非常時に設置された役職であること、政党人以外の総裁のもとで政党人のとりまとめ的な役割を果たしたこと、この二点の推定がなされよう。こうした歴史的経緯から、総務委員長・総務会長は総裁に次ぐ役職であったことが確認できる。

いわゆる党三役のうち、残る一役は政務調査会長である。政調会は政友会と民政党ともに特に重視されていない[19]。政務調査会長は党務部長や遊説部長と同格とされ、前記三役は総務会への出席資格を有するものの総務より一段格下の扱いにすぎなかった[20]。

ここまで政友会と民政党の政党組織を検討し、幹事長と総務の関係、総務が党運営に関わる役職であったこと、総務会長が非常時の役職であったことを指摘した。

(二) 戦前保守党における総裁公選

ここでは対象とする政党の役員と党大会に関する党則を引用しつつ、役職公選について論じたい。

そもそも総裁公選の起源は一八八一(明治一四)年結成の立憲自由党に遡る。「自由党規則」に「第二章　党中に於て総理(一名)副総理(一名)常議員(若干名)幹事(五名)を公撰し自由党全体に係る事務を管理せしむ。其任期は各一ヶ年とす。(略)第一期は本年の議会に於て公撰し、第二期以後は各地方より撰出す」と定めた[21]。党大会を指すであろう「大会議」に参加する代議員は「一小団結に付五名以下」と規定された(第一三章)。結党時は、一〇月二七日の会議で役員選挙が行われ、総理・板垣退助、副総理・後藤象二郎が当選した。しかし「まだ十分の手続きを尽さぬところありとの理由で取消」され、二九日に役員選挙がやり直された。そして総理・板垣退助、副総理・中島信行が選出された[22]。このとき「改めて投票を為し役員を選挙」した(『朝野新聞』二四三六号、明治一四年一〇月三〇日)。投票者は一〇〇名前後と推定される[23]。若干混乱したものの、政党史上初の「公撰」は成功したといえよう。

結論を先取りすれば、戦前の保守党で投票にいたった例は、この立憲自由党の一例のみであった。だが、これは前例と看做されなかった可能性が非常に高い。なぜなら『自由党史』では「総理以下を撰挙」と記されているが、その後に続く記述は、後藤象二郎と板垣退助の意向を踏まえつつ、皆が「総理に推戴」「相議して猶ほ就任を懇請」と[24]、衆望の一致に重点を置いているからである。

一八八二(明治一五)年結成の立憲改進党は内規で、総理を「党員多数の同意を取て之を推薦」と定めた(第一条）。大日方純夫が指摘するように「選出の具体的手続きは明らかでな」い[25]。「庶務を司」る掌事と書記は「総理之を選任」とされた（第二条）。党大会の規定は存在しない。結党式当日、大隈重信推戴の動議に皆が同意し、大隈は総理就任を諾した[26]。同年一二月二一日の内規改正で事務委員選出は選挙に基づくよう変更された（第二条、第三条）。さらに、一八八九（明治二二）年九月二五日の規約改正では、事務委員七名は評議委員二五名の互選と定められた（第二条）。評議委員は「党務に関する臨時緊要の事を議決」する職で（第一条）、「大会出席の党員投票の多数による」選出とされた（第六条）。地方委員は評議委員と同じ権限を持ち（第五条）、「各府県より一名以上常に本部に出張せしむる事。但し委員選出の方法は其府県申合せの上、適宜に之を定め、委員の数は其地方の状況に応じ評議会に於て決定」とされた。一連の規約改正からは、地方の権限強化の傾向が理解できよう。一八九〇（明治二三）年九月一日の規約改正では、評議員三〇名から事務委員七名を互選とされた（第一条、第三条）。評議員は「毎年大会に於て互選」（第五条）、地方委員は「一府県三名以上六〇名以下と定め其選挙及び任期は其府県の便宜に任ず」（第七条）とされた。地方委員が評議員と同様の権限を有する規定は削除されたようである。

一八九六（明治二九）年三月一日成立の進歩党は、事実上、大隈重信が率いる政党であった。党則では（「進歩党綱領及党則（草案）」『毎日新聞』明治二九年三月一日）、役員は一年任期とされ、常議員三〇名は大会で「公撰」、代議員若干名は「各府県公撰の委員五名」をあてること、幹事三名は常議員会で「撰挙」とされた（第二条、第三条）。大会は「所属代議士及代議員を以て組織」とされた（第四条）。結党式で、幹事三名と常議員三〇名（欠員三名）が選ばれた（『毎日新聞』明治二九年三月三日）。その後、尾崎行雄、大東義徹、犬養毅、長谷場純孝、柴四郎の総務委員五名を置き、一一月一日の大会で「党則を改正し、新たに総務委員の名目を設け代議士総会に於て之を撰挙せしに前記の五名依然其任に当ること、」なった（『進歩黨黨報』第一号、明治三〇年五月一日、三六頁）[27]。一八九七（明治三〇）年一二月一八日の党大会で総務委員は廃止された（『進歩黨黨報』第一七号、明治三一年一月一日、三二頁)。その後、一八九八(明治三一)年五月八日の臨時大会で復活し「五名　常議員会に於て之を撰挙」(第二条)、「党務を統理」(第三条)とされた。実際は、五月一〇日の常議員会で会長指名と決し、大東義徹、島田三郎、鳩山和夫、尾崎行雄が指名された。楠本正隆常議員会会長をあわせて計五名である(『進歩黨黨報』第二六号、明治三一年五月二〇日、三五—三九頁)。

なお、一八九七(明治三〇)年一二月段階の党則によれば、党大会は「所属代議士及代議員を以て組織」され(第四条)、大会に出席する代議員は「各府県支部に於て選挙《ママ》す。其員数は衆議院議員の倍数とす。但し支部なき地方は党員之を選挙」とされた(第五条)。同年一二月一八日の党大会で、第七条の代議士会開催の規定、及び、第四条と第五条を入れ替え、第四条(元の第五条)の末尾を「其員数は衆議院議員の倍数とし支部なき地方は党員之を撰挙《ママ》す。但し支部幹事は代議員と同一の権利を有す」と改正予定だった(『進歩黨黨報』第一六号、明治三〇年一二月一五日、二五頁)。

自由・改進両党により一八九八(明治三一)年に結成された憲政党では、総務委員と評議員は大会で「選挙」と定めた(第三条、第五条)。幹事は総務委員が選任し(第六条)、事務員は幹事が選任する(第七条)。大会は「代議士及前代議士並に各府県選出の代議員を以て之を組織す。但代議員は一府県四名を以て定員とす」とされた(第八条)。憲政党は板垣と大隈という二人の有力者が存在したため、総理を設置できなかった。選挙とされた総務委員と評議員は、双方の均衡重視で人事が行われた[28]。同年、憲政党が分裂し成立した憲政本党も、前述した党則の該当部分は変化していない[29]。

一九〇〇(明治三三)年創立の立憲政友会会則(『立憲政友会史』第一巻、三一—三二頁)には、驚くべきことに、総裁に関する規定が存在しない。総務委員や幹事長は総裁が「選任」する(第二条、第三条)。このような総裁専制が顕著な特徴である。その後、第二代の西園寺公望総裁のもと、一九〇三(明治三六)年一二月三日に定期大会が開かれた。そこで制定された「協議員会規則」により「協議員三〇名中、一〇名は総裁指名、二〇名は衆議院議員中より選挙」とされた。「協議員に代議士互選制を用いたこと」を含めた諸改革を、升味準之輔は「画期的」と評した[30]。議員と支部選出委員二名が出席する大会の規定（第七条）で言及された支部の規定も興味深い。「支部規約準則」（『立憲政友会史』第一巻、三七－三八頁）には、幹事や評議員の「選挙」の規定が存在する（第三条、第五条）。

一九一〇（明治四三）年結成の立憲国民党党則[31]では、常議員二〇名は大会で「選挙」（第三条）、幹事七名は常議員会で「選挙」（第五条）とされた。大会は「所属貴衆両院議員、及、前代議士、並に各府県選出の代議員を以て之を組織」され、代議員の定員は「一府県二名乃至五名」とされた（第六条）。総裁は設置されなかった[32]。結党大会では常議員二〇名が指名された。その後、一九一一（明治四四）年一月一九日の大会で党則を改正し、二五名の常議員の互選により、犬養毅、大石正巳、河野広中の三名を常務委員に選出した。一九一三（大正二）年に内紛が激化し分裂した。ついに一九一八（大正七）年六月二〇日に党則を改正し、犬養が総理に就任した。

一九一三（大正二）年創立の立憲同志会会則[33]では、総理は大会での「選挙」が定められ、任期は新たに選挙が行われるまでと定められた（第一二条）。総務は大会での「選挙」（第一四条）、幹事長と幹事は総理の指名である（第一六条）。政務調査会の会長・理事（第二三条）、会計監督も総理の指名である（第二四条）。党大会は、評議会員、本部員・帝国議会前議員、政務調査会委員や各支部五名以内の代議員などから構成される（第五条）。評議会員も各支部より一名選挙される規定がある（第八条第二号）。

一九一六（大正五）年に結成された憲政会は、立憲同志会の後身であるため、会則もその延長線上にある。総裁と総務は大会での「選挙」（第三条、第五条）、幹事長、政務調査会長、会計監督は総裁指名である（第八条、第二四条、第二七条）。党大会は、帝国議会議員、同前議員、評議員、支部長、本部役員、政務調査会員、代議員（各支部五人以内、東京府は一五人以内）で組織される（第一五条）。会則に明記された公選の実態を、川人貞史は「選挙は一度も用いられなかったようであ」り、「一見幹部の公選制をとっていながら実際には総裁専制であった」と指摘する（川人『日本の政党政治 一八九〇－一九三七年』一四七頁）。

一九二四（大正一三）年、清浦内閣を支持する床次竹二郎や中橋徳五郎らが政友会を離党し、政友本党を結成した。総裁職は置かれず、若干名の総務委員は「本党議員総会に於て之を選挙」とされた（第四条）。相談役、幹事長、幹事、院内幹事は総務委員が「選任」する。相談役は三分の一が総務委員の指名で、残りは「各団体より按分比例を以て之を選挙」とされた（第五条）。大会は、議員、支部選出委員（定員一支部二名）で組織される（第九条）。創立当時は、床次竹二郎、山本達雄、中橋徳五郎、元田肇、杉田定一の五名による総務委員制だった。その後、五月一〇日の総選挙で敗北すると、六月二四日の臨時大会で党則改正が行われ、総裁制が導入され（第三条）、大会で「選挙」と定められた（第四条）。総務委員は議員総会で選挙される規定に変化はない（第四条）。総裁制の採用を踏まえ、上記に引用した第五条の「総務委員」は「総裁」に変更された。党則改正の後、山本達雄が指名し「満場一致、床次氏を推戴するに決した」結果、床次が総裁に就任した。[34]

一九二七（昭和二）年六月、政友本党と憲政会が合同し、立憲民政党が結成された。民政党は「本党則の新味は党の主体とも云ふべきものを大会に於て公選するにあり」と強調したように、党則に公選を導入した。[35]総裁は大会で選挙し任期四年（第一一条）、本部総務と院内総務は公選である（第一三条）。幹事長や党務部長、遊説部長は総裁指名であった（第一五条、第一六条）。党大会は、議員、前議員、評議員、支部長、本部役員、政務調査会員、支部選出代議員（各支部五人以内、東京府は一五人以内）により組織される（第八条）。結党大会では小泉又次郎から浜口雄幸が推薦され、満場一致で異議なく決定、即ち投票は実施されなかった。[36]役員選挙は準備委員に一任され「結局憲本両派幹部が予想していたとおりの顔触れで総務一〇名が決定した。二八年一月の党大会では、蔭で公選の実行を唱える代議士たちがあったけれども、総裁指名一任で異議なく役員全部が決定した」という。[37]

ここまで、自由党・改進党から政友会・立憲民政党まで、戦前の二大政党とそれに準ずる政党の党則や会則を検討した。たしかに総裁公選の規定は存在した。しかし自由党の板垣総裁選出を除き、投票が実施されたとは言い難い。大日本帝国憲法のもとでは大命降下により首相が選出されるため、元老の意向が最大限忖度されたことがその背景にあるだろう。

とはいえ、時代とともに総裁の選出方法が議論の対象となったのも事実である。従来、総裁専制の政友会では、次期総裁の選出に際して、前総裁の意向が重視された。[38] その政友会でさえ、一九二五（大正一四）年の男子普通選挙導入を経た一九二七（昭和二）年の党則改正で総裁公選を明記した。もっとも党則改正直後の田中義一総裁選出の際に選挙は省略された。[39] これは憲政会や民政党の事例でも明らかなように戦前の総裁公選の典型例である。男子普通選挙導入前後ですら、総理・総裁の「選挙」に実質が伴っていたかは甚だ疑わしい。[40] しかしながら「生れつきから総裁のやうな顔をしてゐた従前の政党総裁に比すれば、一段と民主的気分になることは勿論である」との評が示唆するように、[41] 総裁公選の採用は時代の雰囲気が色濃く反映したと考えられる。

ところで、総裁以外の幹部の公選も議論の対象であった。幹部公選論の起源は「自由党規則」であり、主張する勢力による権力闘争の側面が強かった。[42] 国民党でも役員指名制が中堅議員により批判された。[43] 結局のところ、幹部公選も、政友会・民政党の二大政党時代でも「その実は総裁指名」と指摘されたように、[44] 実質を伴っていなかったのである。

最後に、本書の用語を説明する。引用した党則・会則には「公撰」、「選挙」が使用されている。[45] 総理や総裁就任者が演説で「公選」と称した例も存在する。[46] 他に「党首公選」といった用語もある。[47] これらは同一内容を指すと考えてよかろう。本書では、総裁公選、幹部公選、役職公選（総裁と幹部を含む）で統一する。

以上、戦前保守党の党組織と総裁公選の歴史を踏まえ、次節以降で、戦後の保守党について論じたい。

第一節　日本自由党

本節では、日本自由党（以下、自由党と略記）の党組織に関して、伊藤隆や内田健三らの先行研究を踏まえ、鳩山一郎と吉田茂に注目して検討する[48]。その際、後に自由党を脱党し民主党を結成する芦田均の党内における立場や、芦田と対立した河野一郎や三木武吉といった政治家の権力闘争にも注目する。

（一）日本自由党の結成

初代総裁は鳩山一郎である。その最大の政治資源は、戦前、一貫して政党政治を擁護し続けた経歴であった。一例を挙げれば、吉田茂は来栖三郎に宛てた書簡で「米の注文通デモクラシーとなれハ、差当り我世の春ハ先生独占か」と述べた[49]。戦時中の行動を踏まえれば、鳩山と大日本政治会に所属した政治家との違いは同時代人にとって自明であり、鳩山は、いわば政党政治の嫡流と評すべき象徴的な存在と化していた。

鳩山は「新党結成の構想」というインタビューで、経済政策は原則的に自由経済、議会改革等、一連の戦後構想を披露した（『朝日新聞』一九四五年九月一五日）。人的側面に着目すれば、後の社会党右派や斎藤隆夫ら旧民政党関係者をも含む幅広い構想だった。さらに、旧政党人にとらわれず出版人や学者の取り込みを図った[50]。最終的には、宇垣一成擁立を目指す一派は離脱、社会主義者は不参加、学者も不参加、となった。それでも、社会主義者とは選挙後の連立を視野にいれた連携の余地を残した[51]。鳩山がこのように社会主義者への働きかけを重視した理由は、連立を視野に入れた多数派形成が最重要課題だったからである。一〇月四日時点では自由党は一五〇名を目標議席としており[52]、単独内閣が難しい情勢だった。それ以外にも、戦争協力の関係で、一部社会主義者と鳩山は共通認識を有していたことも挙げられる。鳩山は自由党結成大会の挨拶で、翼賛選挙に関わった政治家、「東條党を作った」政治家に選挙出馬辞退と責任明確化を求めた[53]。西尾や原彪、松本治一郎ら社会主義者の一部にも戦争責任を追及する動きが存在した[54]。他に、戦後の議会制民主主義への信頼でも、鳩山や西尾、平野、水谷らの認識は近かった[55]。

一九四五年一〇月九日に幣原喜重郎内閣が成立した。組閣参謀は吉田茂と次田大三郎である。書記官長に就任する次田の存在は幣原内閣に「内務官僚と民政党の人脈」を導入することを意味した（五百旗頭『占領期』一三九頁）。

幣原内閣の人事は結党直前の自由党に大きな影響を与えた。第一に、幣原首相が鳩山の推挙した安藤正純ではなく芦田を厚相に指名し、芦田が受諾したことは鳩山に不快感を抱かせた。第二に、戦時中から鳩山と行動を共にした楢橋渡が法制局長官に就任した。その結果、楢橋は鳩山と完全に決別し、後に一九四六年五月の鳩山追放の黒幕と噂された。まとめると、芦田や楢橋ら結党過程で活躍した政治家が鳩山と距離を置く結果を招いたのである[56]。

芦田や楢橋の離脱と前後して、自由党設立準備仮事務所も移動した。新党創立事務所が新橋正求堂ビルに置かれたのは九月六日である。この新橋正求堂ビルには芦田と親しい小島徹三が弁護士事務所を置いていた。一週間後の九月一三日には丸の内常盤家に移った（『鳩山日記』一九四五年九月六日、一三日）。手狭になったから移動したとされるが（『政党年鑑　昭和二二年』一五〇頁）、その後も芦田と政治活動を共にした小島徹三は、事務所移転と同時に「旧政友会系でも、のちに公職追放される党人派と呼ばれる人びとが鳩山氏を利用して勢力を得、最初に新党結成に動いた人びとがおのずと疎遠に」なったと語る[57]。即ち、芦田から河野一郎らに主導権が移ったとの意であろう。

一〇月七日に丸の内常盤家で開かれた自由党結成準備会には衆議院議員五二名が参加した。創立準備委員に鳩山一郎ら一五名を選出した。自由党結成は一一月九日である。幹事長は河野一郎だった。これに怒った芦田厚相が参加取り止めの意向を明らかにし、安藤が説得した[58]。河野は一九三二年から当選を重ねたが、戦時中は鳩山を中心とした同交会には参加していない（楠精一郎『大政翼賛会に抗した四〇人　自民党源流の代議士たち』朝日選書、二〇〇六年、二二四頁）。最初期の幹部会にも呼ばれていない。河野は幹事長就任の経緯を、芦田入閣後に鳩山が思いつきで河野を指名したとする。[59]三木武吉は「当時、僕は河野君を知らなかった。鳩山君の紹介で知った」と語っており（「三木談話」三六頁）、河野幹事長を推薦したわけではない。

ところで、結党時目立った役職についていないのが三木武吉である。戦後政治史における重要性に鑑み、やや詳しく紹介する。鳩山と三木の関係は東京市会での対立が過度に強調されるきらいがある。鳩山の父・和夫や鳩山の義兄・鈴木喜三郎は三木の恩師に当たるなど、鳩山と三木は人的には深く繋がっていた。[60]二大政党が国政で対立していた時期も、東京市会では鳩山と三木は互いの政治的力量を評価していた。両者が国政でも接近するのは、政党が解消した後、反東條の立場をとり議会内で孤立してからである。戦時中に、鳩山と三木、更に中野正剛の三者同盟は反東條運動を行ったが力及ばず、鳩山は軽井沢に、三木は小豆島に隠遁した。地元の警察の報告によれば、敗戦直後の三木は「地方的新党」を結成し、その後、中央の政党に合流することを意図していた。[61]三木武吉は、鳩山から誘われた時は四国在住で、誘いに来た原玉重に「オレは出ない。君がオレの代理で鳩山君と一緒にやれ。オレの名前が必要なら総て鳩山君に白紙委任するから」と語ったとする（「三木談話」三五頁）。『鳩山日記』に原玉重が登場するのは一九四五年一〇月三〇日で、三木が登場するのは一九四六年一月一一日である。鳩山と三木が一〇月下旬には連絡していたのは確実であろう。だが、創立準備委員にも自由党創設時の総務委員にも三木の名はない。[62]三木武吉が「単なる一党員だったが、しかし事実上は鳩山君の相談相手」と語る通り（「三木談話」三五頁）、自由党結党直後には公式の地位に就かなかった。その後、河野幹事長の後見役的立場を確保したことで、三木は確固たる地位を築いたのである。[63]

一九四五年末の帝国議会では自由党と社会党の連携が実現した。典型例は戦争責任論である。[64]一九四六年に入ると自社連携は崩れた。民主人民戦線に対する自社両党の対応のずれが、その原因だった。石橋湛山のように個人で民主人民戦線に参加した政治家もいたが、自由党は共産党に警戒的であった。一方、社会党内では、共産党への警戒論は主流にならなかった。その結果、中北浩爾が指摘するように、民主人民戦線への対応は、社共分断のために自由党が社会党への働きかけをより強化する効果を生んだ[65]。これが鳩山組閣の際の連立工作へと繋がる。

自社連携に際して最大の課題は経済政策だった。作成時期は不明だが、鳩山の組閣名簿では、大内兵衛蔵相が予定された。大内はマルクス経済学者で社会党との関係が深い。鳩山との交渉では「計画経済」か「自由経済」かで折り合わなかったという[66]。ここで注目すべきは鳩山が計画経済を排撃しなかったことである[67]。おそらく鳩山は社会党との連携可能性を考慮し経済政策に柔軟性を持たせたのだろう。

ここまで日本自由党の結党過程を叙述した。鳩山は自由党について「いかにして従来の政党の弊を除き、清新にして且つ立派な政党たらしめ得るかの一点に主力を注ぎ、多くの評論家・新聞人・学者・実業家諸氏の賛助、入党を迎え得たのは大きな成功であつたと信ずる」と総括した[68]。鳩山の構想は、戦前の議会主義派の結集という目論見をうかがわせる。自由党という党名が周囲に与えた印象を「なにしろ戦争中は〝自由主義者〟は国賊か、異教徒のように扱われ、自由の二字は口にするさえはばかられたのであるから、今政党の党名にこの二字を付することは、実に清新な感じがした。誰に何の遠慮もなく自由党と名乗ることは、それだけで時代が転換した印象を与えた」と当時の記者は振り返った[69]。即ち、戦前・戦時中の鳩山の反東條、議会政治擁護といった言動を再認識させる党名だったのである。もう一つ重要な変化として、鳩山総裁を支える政治家が、結成以前から中心的な役割を果たした芦田ではなく、河野や三木武吉にかわったことが挙げられよう。

（二）鳩山追放と吉田新総裁下での党内「民主化」運動

ここでは最初に鳩山追放と吉田総裁就任までを、次に吉田新総裁下での党内「民主化」運動を扱う。

選挙前の政界に衝撃を与えたのは一九四五年中に断続的に続いた戦犯逮捕と一九四六年一月の公職追放である。戦犯容疑者となった近衛文麿は一二月一六日に自決した。一九四六年一月四日には公職追放令が発せられた。自由党は四三名中三〇名が追放された。だが鳩山総裁や河野幹事長は追放を免れた。鳩山総裁は三月一〇日に松野、安藤、河野、大久保留次郎の四名と公認調査を相談するなど選挙準備を進めた（『鳩山日記』一九四六年三月一〇日）。自由党の選挙対策を担ったのは追放中の松野鶴平であった。[70]

一九四六年四月一〇日の総選挙の結果は、自由党一四一、進歩党九四、社会党九三、協同党一四、共産党五である。新規の立候補者を積極的に擁立する戦略が功を奏し自由党が第一党となった。この頃、三木武吉が党運営に参加しはじめた（「三木談話」三六頁）。どの政党も単独過半数を獲得できず、多数派工作が繰り返された。最終的に、自由党は単独内閣を余儀なくされた。

五月四日、鳩山が組閣のため宮中へ向かう準備をしているところに、公職追放決定の知らせが届いた。増田弘は、鳩山首相が確定したためGHQがあわてて追放を決定した事実を明らかにした。[71]鳩山はGHQの意向を掴み損ねたのである。選挙で第一党となった自由党総裁がGHQに追放された事実は、政治家にGHQの意向に細心の注意を払って行動させる効果をもたらした。

鳩山の後継総裁は吉田茂である。[72]吉田は一九四五年九月一七日に重光葵外相の後任外相に就任した。戦前からの鳩山との友好関係から、一一月の自由党結党時には入党すると目された。[73]一二月一九日には貴族院議員に勅撰された（『朝日』一九四五年一二月二〇日）。吉田は一九四六年五月一四日に鳩山らの懇請を承諾し、翌一五日に総務会長に就任した（『鳩山日記』一九四六年五月一四日、一五日）。五月二二日に第一次吉田内閣を組閣し、八月一八日には党大会で正式に総裁に就任した。吉田の担った役割を、三谷は「近衛、幣原、および鳩山の三重の代役として第一次吉田内閣を組織した」と評した[74]。

ここで吉田の政治的資源について考察したい。まずはマッカーサーとの良好な関係が象徴的に示すように、GHQの支持をとりつけたことが重要である。五百旗頭真が指摘するとおり、占領期は国内政治も占領軍との外交という側面が大きい[75]。占領軍との交渉に失敗した鳩山や石橋が追放されたことを想起すれば、マッカーサーと直接対話可能であることは大きな資産だった。それはGHQ内の反吉田勢力との関係においても政治的影響力を発揮した。吉田は自由党を忌避する傾向の存在した民政局（GS）との交渉には苦労したが、マッカーサーと直接交渉して政治的立場の強化をはかった。次に、首相の権限、罷免権を含む人事権と、党総裁の入党や除名の権限、党役職の配分という人事権を有していたことである。ともに政権や党における吉田の政治的基盤に制約を受けることは言うまでもない。

ところで、吉田が自由党総裁を引き受ける際に義父・牧野伸顕に相談した書簡によれば、町田忠治前進歩党総裁からも「勧説」を受けた。吉田は「要ハ進歩自由両党協同戦線ニて政界の安定勢力を結集の能否ニ可有之」と記している[76]。その後、大命降下を受けた吉田は進歩党と連立政権を成立させた。前述したとおり、鳩山は戦争協力を問題視し、進歩党と連携する意思を全く持たなかった。一方、吉田は戦前に政党経験を有さず、しがらみとは完全に無縁であった。第一次吉田内閣の保守連立という枠組みには、社会党の方針の影響もあろうが、鳩山から吉田への総裁交代という自由党側の事情も影響したと考えられる。

公職追放されたとはいえ、鳩山は隠然たる政治的影響力を保持し続けた。象徴的なのは第一次吉田内閣人事である[77]。林譲治書記官長は鳩山主導で決定され、鳩山との関係が悪化した芦田は内閣改造の際に入閣できなかった[78]。吉田は鳩山と交わした「三条件[79]」の三つめ、人事に一切口を出さない、にもとづき、独自の人事を試みたが、貫くことは難しかった。吉田の意図が貫徹したのは和田博雄の農相起用くらいかもしれない。党内基盤の弱体な吉田は自らの権限を振るえなかった。もっとも、吉田は党務に冷淡で、重要会議に出席することは稀であり、総裁挨拶を代読で済ませていたというから[80]、党内基盤を強化すべくもなかった。

この状況への吉田なりの対処法が、三木武吉常任総務[81]、河野一郎幹事長ら党有力者のパージ容認であろう（六月二〇日[82]）。その結果、吉田の党内基盤が強化され、円滑な総裁就任が実現した。元来、吉田の総裁就任には党内に根強い反発が存在したのだけれども、河野幹事長の追放後、林書記官長が尽力し、吉田と鳩山の関係が改善したという[83]。そして八月一八日に吉田は総裁に就任した。

以上が、鳩山追放から吉田の総裁就任までの経緯である。

次に、吉田新総裁時代の党内「民主化」運動を分析したい[84]。追放された河野幹事長の後任は鳩山直系の大野伴睦であった。相次ぐ幹部追放の結果、統制が弱まった。そこに若手が役職公選を主張した[85]。八月一四日に、党則変更のための委員会が試案を作成した[86]。第一に、「大会で選挙」とされた総務は「半数は大会出席代議士が無記名、連記の投票を行ひ、残りの半数は、出席代議士と都道府県支部代表一名によって、地区毎に選挙」とされた。筆頭総務は総務の互選である。第二に「幹事長は総務が選任」、第三に「正副政調会長は代議士会で選挙」とされた。第四に「総裁の指名」（党則第一三条）とされた常議員は六〇名に拡大し「大会で選挙」と選出方法が変更された。これにより代議士会に出席可能な常議員を通じて、間接的に代議士会へ政治的影響力を行使することが可能となる。公選論者が党大会の権限強化や地方支部の影響力強化を企図したことが理解できよう。全体を通して、徹底した役職公選と評価できる。

一九四六年八月一八日の党大会では、党則改正は今回にかぎり代議士会一任とされ、吉田新総裁も選挙を省き指名された[87]。この結果を踏まえ、読売新聞は社説で「ボス的勢力の一掃」に言及し「役員公選を即刻断行し選挙による民主主義と公平政治の範を示すべき」と論じた。[88] このような「民主化」の風潮に後押しされ、役職公選は次の段階、幹部公選に移った。

一〇月一二日には、代議士会で政調会長と総務の公選が実施された。ともに「選挙」による選出を定めていた（第四条、第六条）。総務公選の結果、旧総務で落選したのは葉梨新五郎のみとされる（『政党年鑑　昭和二二年』一〇七頁）。政調会長には芦田が選ばれた。この頃、自由党結党前の幣原内閣入閣が影響し、芦田は党内で孤立していた。鳩山追放後には芦田は総裁就任を望んだが、後任は吉田であった。鳩山ら主流派の芦田に対する冷淡さと芦田の権力意思とが絡んだ結果、芦田は党内「民主化」運動への関わりを深め、政調会長に就任したのである。しかし、幹事長公選は実施されず、吉田総裁の指名で大野が続投した。[89] その後、芦田政調会長は党の枢機から外されたという（坂野『自由党から民自党へ』一五五頁）。総じて幹部公選の成果は乏しかった。とはいえ、一部の幹部公選が実施された事実は重要である。

留意すべきは、総裁公選が実施されなかったのは、吉田総裁の党内基盤が盤石であったことを意味しないことである。大野幹事長は石橋を次期総裁と公言し（宮崎②一五頁）、石橋や平塚常次郎らの副総裁案が論じられるなど、[90] 吉田の党内基盤は弱体なままであった。一九四七年五月二二日の第一次吉田内閣総辞職と前後して石橋湛山は公職追放の通告を受けた。[91] 既に一九四七年三月には芦田が脱党していた。こうして吉田と対抗する党内有力者は次第に数を減じていった。

吉田は自らの党内基盤を確立すべく、一九四七年五月二二日の内閣総辞職後、官僚出身者を入党させた。七月に政務調査会長に就任した増田甲子七が中心となって、政策を立案したことは良く知られている。[92] 例えば、佐藤は運輸次官在職中の八月頃、選挙出馬の意思を明らかにした（『佐藤正伝』一三四－一三五頁）。一連の官僚起用はかなりの成功と評価された（五百旗頭『占領期』三九五頁）。

とはいえ新人の台頭は既得権益を持つ勢力には脅威でしかなく、吉田の方針は党人派の反発を招いた。それが表出したのが、一九四八年一〇月の第二次吉田内閣発足直前に起きた山崎首班事件とされる。民主自由党（一九四八年三月結成。以下、民自党と略記）内の推進者は星島二郎や山口喜久一郎ら党人派だった。党人派でも、のちに御三家と称される、大野伴睦、林譲治、益谷秀次らは吉田を支持した。党人派も吉田支持をめぐり分裂したのである。一〇月六日の総務会に関して、増田が重要な証言を残している。総務会では山崎を次期首班に推す意見は決定されなかったが、吉田総裁へ報告に行く星島総務が決定済と伝えることを増田は危惧し、吉田に事前に総務会の詳細を伝えた。その結果、吉田はマッカーサーに談判する覚悟をも示したという（『増田回想録』八六―八八頁）。この増田証言から、第一に、吉田総裁は総務会の状況を把握できず情報から遮断されていたこと、第二に、総務会の決定は吉田総裁でも無視できないこと、の二点が読み取れる。長老議員が籍を置く総務会とは、吉田総裁にとって敵対する存在、少なくとも敵対する可能性を孕んでおり、その上、無視も出来ない存在であった[93]。

ここで吉田総裁にとっての最大の課題が明らかとなった。リーダーシップを発揮するための制度的基盤の整備と実効性を担保する党内基盤の確立である。吉田が試みたのは反吉田の党人派が集う総務会を党運営から排除することであった。同時に、吉田は、増田甲子七、佐藤栄作、池田勇人ら官僚派と、党人派の中でも大野ら戦前派とは断絶している広川弘禅、小沢佐重喜や保利茂ら戦後派を活用した。以上の政治過程は第二章で論じる。

(三) 日本自由党の党組織

日本自由党は基本的に政友会の党組織を継承した（組織図2を参照）。日本自由党の党則（一九四五年一一月九日）を検討する。党の最高機関は総務委員会であり（第四条「総務委員は総裁を佐け党の要務を処理す」）、幹事長は執行機関にすぎない（第五条「幹事長は総務会の決議に基き党務を執行す」）。第八条「幹事は総務委員及幹事長を佐

組織図２　日本自由党（昭和20年）

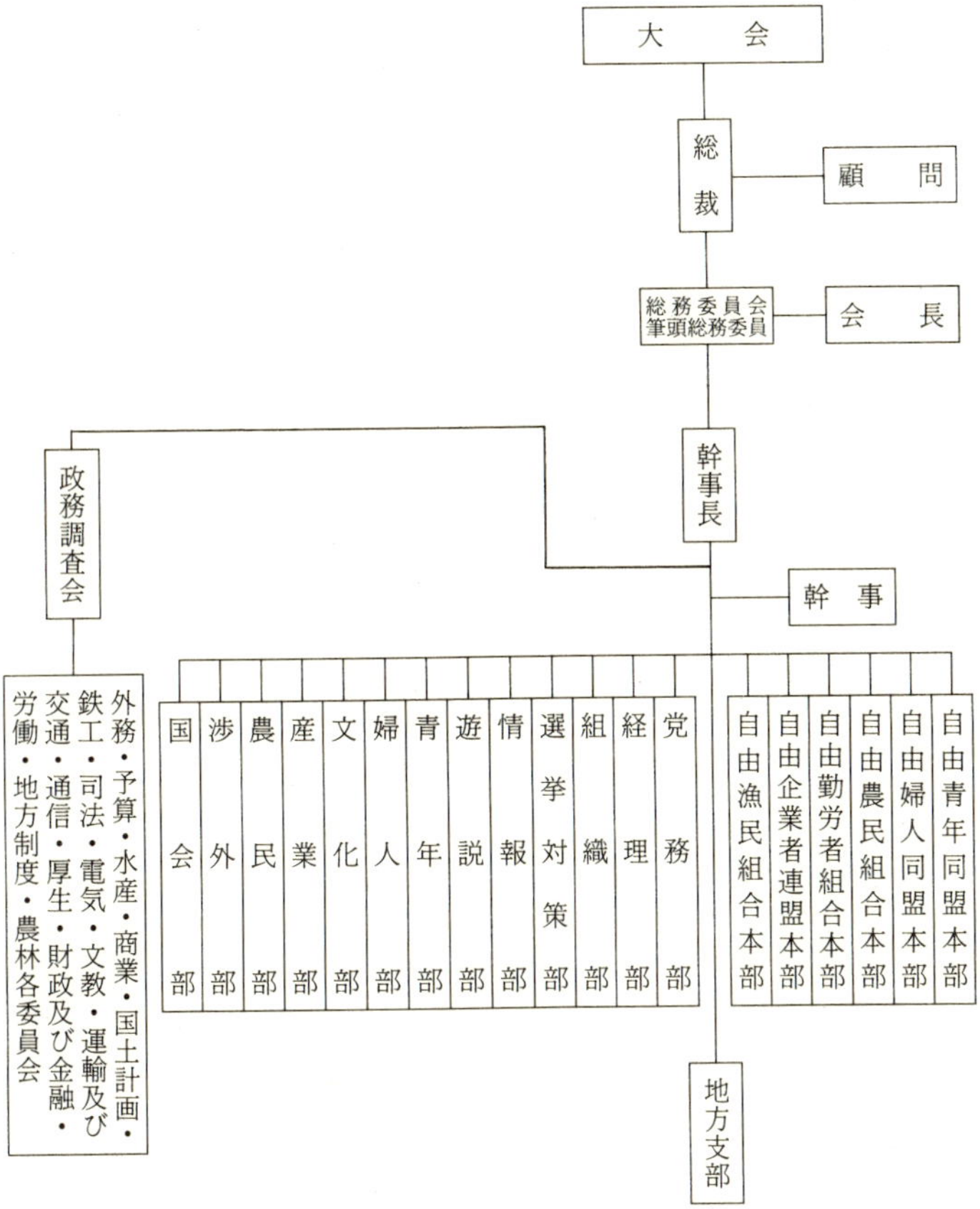

出典：村川編，523頁。

け党務を分担す」からは、総務委員が党務に当ること、幹事が幹事長と総務委員を補佐する役職とわかる。具体的には、総務委員が正副部長、幹事は理事、という対応関係が存在した[94]。政調会長は「総務委員と看做す」（第六条）とされ、さほど高い役職でなかった。

党運営は総務中心に行われた。結党時に総務会長は存在しなかった。結党後の初の総務会は一九四五年一一月一二日に開かれた。同日、党機関として、組織部（部長に松野鶴平）、実践部（大久保留次郎）、弘報《（ママ）》部（牧野良三）、財務部（平塚常次郎）設置が決

表１　自由党役員事務分担表（昭和22年）

	部長	副部長	理事
党務	○ 大久保留次郎	竹田儀一	△ 鈴木仙八
		葉梨新五郎	△ 中野武雄
		森幸太郎	△ 加藤宗平
			△ 江藤夏雄
			△ 綿貫佐民
			△ 田中実司
			△ 高橋英吉
遊説	樋貝詮三	本田市郎	△ 江崎真澄
			△ 花月純誠
			近藤鶴代
			△ 磯崎貞序
			△ 小柳富太郎
渉外	○ 北昤吉	○ 深津玉一郎	安部俊吾
			栗山長次郎
			△ 河原田巌
			亘四郎
			△ 平岡良蔵
宣伝情報部	○ 石井光次郎	○ 水田三喜男	△ 山本正一
			△ 松浦東介
			△ 本田花子
			△ 西村久之
			△ 小島徹三
民情部	○ 坂東幸太郎	○ 原藤右衛門	△ 山口好一
			△ 菊池長右衛門
			△ 飯國壮三郎
			中野寅吉
			△ 小澤國治
社会部	○ 小笠原八十美	○ 加藤睦之介	松川昌蔵
			△ 木村義雄
			△ 三ツ林幸三
			△ 内海安吉
青年部	○ 稲田直道	○ 村上勇	△ 小野眞次
			△ 武田信之助
			△ 加藤一雄
			△ 廿日出厖
婦人部	竹内茂代	武田キヨ	木村チヨ
			杉田馨子
			富田ふさ
			今井はつ
選挙対策部	○ 矢野庄太郎	高橋泰雄	
		田中源三郎	
		○ 大塚甚之助	

出典：『政党年鑑　昭和22年』139－140頁より作成。
○は総務
△は幹事

定した。[95]

党組織に注目すると、結党時には、政党組織の戦前と戦後の連続性は明らかである。とりわけ政友会同様、議決機関と執行機関の役割が未分化だったことに留意せねばならない。

表２　自由党役員事務分担表（昭和23年）

	部長	副部長
党務	○ 大石倫治	△ 塚田十一郎
		大瀧喜代司
		山口六郎次
経理	○ 林譲治	△ 坂本實
		△ 加藤隆太郎
渉外	栗山長次郎	亘四郎
		若松虎雄
		△ 岡村利右衛門
情報	○ 小沢佐重喜	△ 石田博英
		△ 鈴木正文
		△ 佐々木盛雄
		△ 渡邊良夫
遊説	○ 上林山栄吉	△ 柏原義則
		今村忠助
		△ 菊池義郎
組織	○ 周東英雄	△ 前田郁
		△ 富田照
婦人	○ 近藤鶴代	久布白落實
		塩原静
青年	江崎真澄	△ 坂田道太
		原田憲
国会	○ 本多市郎	渕上房太郎
		○ 寺尾豊
選挙対策	葉梨新五郎	

出典：『政党年鑑　昭和23年』239－241頁より作成。
○は総務
△は幹事

第二節　日本進歩党

本節では、日本進歩党（以下、進歩党）に関して検討したい。注目すべきは、自由党のみならず進歩党でも役職公選が主張されたことである。このことは役職公選論が、特定の政治家の議論にとどまらず、特殊な意味合いを帯びていることを示唆する。同時代人にもそのことは認識されており「いわゆるボス政治の排撃というふ建前から、各党の新人議員の間に党内デモクラシーの声が起り、第九十議会中において、各党それぞれの形で、幹部公選が行われた。これは民主主義の進行途上にあって、政党が旧態から新しい形に生れかはらうとする一つの現象として、一躍注目された」との指摘が存在する[96]。

（一）　日本進歩党の結成

日本進歩党の結党過程は伊藤隆と内田健三の先行研究に詳しい[97]。結党過程で、当選三回以下の若手のグループ、新日本建設調査会とリーダー格の犬養健が戦時議会の指導層の戦争責任を追及した。この批判を受けて、戦時議会の指導層が第一線から退いた。その結果、大日本政治会がほぼそのままの形で新党へと移行した。そして長老を引退に追い込んだ犬養健が新たなリーダーとして戦後政界に登場したのである。

新党の党則は一一月一〇日に、宣言綱領は一一月一二日に、党名は一一月一三日に「日本民主党」と決定した。党名は一四日に「日本進歩党」と変更された(「斎藤日記」一九四五年一一月一〇日、一二日、一三日、一四日)。一一月一六日午後二時から丸ビル内丸の内会館で結党大会が開かれた。総裁は決定できなかった。まず総務委員一〇名、常議員五〇名が選挙で選ばれ、次に総務委員会で鶴見祐輔幹事長、太田正孝政務調査会長、代議士会長、会計監督を決定し、最後に斎藤隆夫座長の挨拶があり、万歳三唱して散会した(『政党年鑑　昭和二二年』一四五頁)。一二月三日、GHQが発表した戦犯容疑者に長老の中島知久平らが含まれたため、進歩党は衝撃を受けた。一二月七日の代議士会では、辞任を申し出た太田正孝に代わって、田子一民が政務調査会長に推挙された[98]。そして一二月一八日、町田忠治元民政党総裁が進歩党総裁に就任した[99]。

総選挙に向けて準備をすすめる最中、一九四六年一月四日の公職追放令により、町田総裁や鶴見幹事長、前田米蔵、大麻唯男、山崎達之輔、島田俊雄ら幹部が追放された。結党時二七四名のうち、資格審査を通ったのは総務では斎藤ただ一人、総選挙に立候補できたのは一四名にすぎなかった(『政党年鑑　昭和二二年』二六頁)。他党でも有力政治家は追放されたが、規模を考慮すると進歩党の被った影響が最大だったことは間違いない。町田総裁は二月一八日に総裁辞任を申し出、総務会が辞任を了承した。あわせて総務は総辞職し、個人としての斎藤一任となった[100]。当面は総裁を置かず「斎藤氏を中心に同じく追放を免れる二回当選以上の一松定吉、犬養健、長井源氏らの前代議士ならびに田辺忠男、河合良成氏らの新顔有力党員等で幹部団を構成し、委員制を採用」と報じられた[101]。二月二二日、斎藤は新役員を決定した。斎藤は総務委員長、幹事長に一松定吉、政務調査会長に田辺忠男、犬養や河合、長井らは総務委員に選ばれた[102]。党運営は総務会中心で行われた。

四月一〇日の総選挙の結果は進歩党九四名だった。自由党一四一名に及ばず、第三党の社会党九三名とはわずか一名差だった。公職追放された松村は、党勢不振の原因を資金難と若手を抑える指導者不在に帰した（「松村談話」一〇四頁）。

選挙直後には幣原内閣の延命工作が行われた。幣原退陣となれば、第一党の鳩山自由党主導の内閣が成立する可能性が高い。政局の主導権喪失を危惧した進歩党は、指導者不在を打開する意図と相俟って、幣原首相を総裁に迎える工作を進めた。これにはＧＨＱとの交渉を重視したことも影響しただろう。進歩党以外の野党四党派による攻勢に耐えかね、四月二二日に幣原内閣は退陣した。翌二三日に幣原は進歩党総裁に就任した[103]。

組閣直前、五月四日に鳩山が公職追放された。鳩山後継の吉田茂は幣原内閣の外相を務め、自由党総裁を引き受ける際に相談するなど、幣原との関係は良好であった。ゆえに、社会党との連携を重視する鳩山と違い、進歩党にとって有難い存在だった。五月二二日に発足した第一次吉田茂内閣は自由党と進歩党の連立内閣であり、進歩党から幣原総裁と斎藤総務会長が入閣した。

(二)　進歩党少壮派と役職公選論

第一次吉田内閣期の進歩党と役職公選を検討する。五月二五日に役員改選が行われ、入閣した斎藤に代わり、犬養健が総務会長に就任した。幹事長は田中万逸、政務調査会長は田中貢だった[104]。この後、党を主導したのは犬養総務会長である[105]。六月二〇日開会の第九〇議会の前後に大幅な役員補充が行われ、地崎宇三郎庶務部長、椎熊三郎遊説部長、荒木武行情報部長、川崎秀二青年部長、北村徳太郎政調副会長らが役職を得た。こうして犬養健を中核とした進歩党少壮派の陣容が形作られたとされる[106]。

この時期議論された自由党と進歩党の合同は、両党総裁の個人的関係を反映したものに過ぎず[107]、実現可能性は低かった。犬養は自進合同に反対し、むしろ社会党との連携を念頭においた小会派や無所属との合同を策すも、協同行」との語句に象徴的なように、革新的保守の面目躍如といえよう。

第一に、北村、小坂、石黒武重が関わった新綱領が一九四六年末に制定された。[109]「社会連帯」や「革新政策の断

ここから少壮派の活動について述べる。

民主党との合同は失敗した。[108]

第二に、役職公選が実施された。実施にいたる経緯を述べる。八月一五日の代議士会で、川崎秀二が「総裁を含む幹部の公選、党費の公開、ならびに党名変更に関する緊急動議」を提出した。公選と党費公開に異論はなく、党名変更は結論が先送りされた。[110]このあと少壮派を中心に組織された公選委員会で役職公選が検討された。[111]一二月四日、委員会は最後の会合を開き、幹部公選の大綱を決定した。[112]そのうち重要な論点を二つ指摘したい。第一に、顧問の議決権の否定である。第二に、公選対象は主要役職（総裁、総務、幹事長、政調会長、代議士会長、総務会長）である。とりわけ斎藤・一松両大臣を含め幹部派は幹事長公選に反発した。[113]幹事長公選を実施すれば少壮派が幹部派を圧倒する可能性が高かったため、幹部派は幹事長の総裁指名を強く主張した。この二点が幹部の政治的影響力削減を意図した提案であることは明白であった。一二月一二日の最高幹部会で結論が出た。公選を実施しても現状維持と考えられたからである。そこで少壮派は作戦を変更した。一二月一三日の公選委員会の席上、総務会長制廃止を決定した。目的は犬養幹事長の実現とされる。[114]少壮派は、幹部派の牙城となるであろう総務会長を廃止し、さらに犬養幹事長を実現することで党内権力を幹部派から少壮派へと一挙に移動させる、一種のクーデターを企図したと推測される。こうした強硬姿勢には自由党非主流派の芦田と進歩党少壮派との連携も影響したかもしれない。

一二月一四日、公選委員会が最終案を決定し、総務会に提出された。党名改正問題は取り上げないことに決まった。委員会案では、公選対象は総裁、幹事長、総務（うち、五名は総裁指名）であり、政調会長が除かれた。総務会長制は廃止、院内総務廃止は見送り、とされた。[115]一二月二三日に開かれた最高幹部会は公選委員会案を検討し、幹部

公選案大綱が決定した。その内容は「一、総裁、総務、代議士会長、政調会長は公選　一、幹事長は総裁指名　一、総務会長制の存置」であった[116]。一二月二八日、最高幹部会が開かれ、幹部公選に関連する党則改正が決定された。総裁は公選、総務は互選と総裁指名、幹事長と政調会長は総裁指名、総務会長は総務の互選、院内総務と代議士会長は代議士会で公選、である[117]。そして一九四七年一月三一日の党大会で党規約を改正し役員改選を行った。新役員は、総務会長に犬養健、同副会長に成島勇（以上、指名）、代議士会長に林連、同副会長に太田秋之助と稲本早苗（以上、公選）、幹事長に田中万逸、政務調査会長に石黒武重、同副会長に小坂善太郎、北村徳太郎、金光義邦、寺田栄吉（以上、指名）であった[118]。

一連の経緯からは、少壮派の主張する徹底した役職公選が、徐々に後退したことが分かる。最終的に総裁は公選となったが、幹事長や政調会長の公選は否定された。その途中で、総務会長を葬り去ろうとした少壮派の活動は失敗した。こうして、役職公選を軸とした権力闘争に、少壮派は敗れた。

とはいえ役職公選が導入され、一部が実施されたのは、当時の政治状況の影響も大きいと考えられる。第一に政党法制定の議論が行われていた。一一月半ばより民政局と内務省の交渉が行われ、一二月二〇日には第一次草案が発表された。その詳細は第一章第三節に譲る。第二に他政党での役職公選実施である。自由党では幹部公選が一部実施された。社会党は九月末の党大会で、片山委員長、西尾書記長を選出した。他に、知事公選なども実施された。これらが進歩党における役職公選論に一定の説得力を与えたのであろう。

一九四七年一月三一日に少壮派は新進会を結成した。その中心は犬養総務会長で、新進会は犬養行動隊と呼ばれたという[119]。新進会は自、進、社の連立内閣樹立を目指し活動した。一九四七年二月の第三次連立工作は失敗に終わったが、新進会は結成直後から保守新党運動を模索した。保守新党運動にはずみをつけたのは新進会関係者の役職就任である。二月二八日には進歩党最高幹部会で中央選挙長に犬養健が選ばれた。三月六日の役員改選で、石黒武

組織図3　日本進歩党（昭和20年）

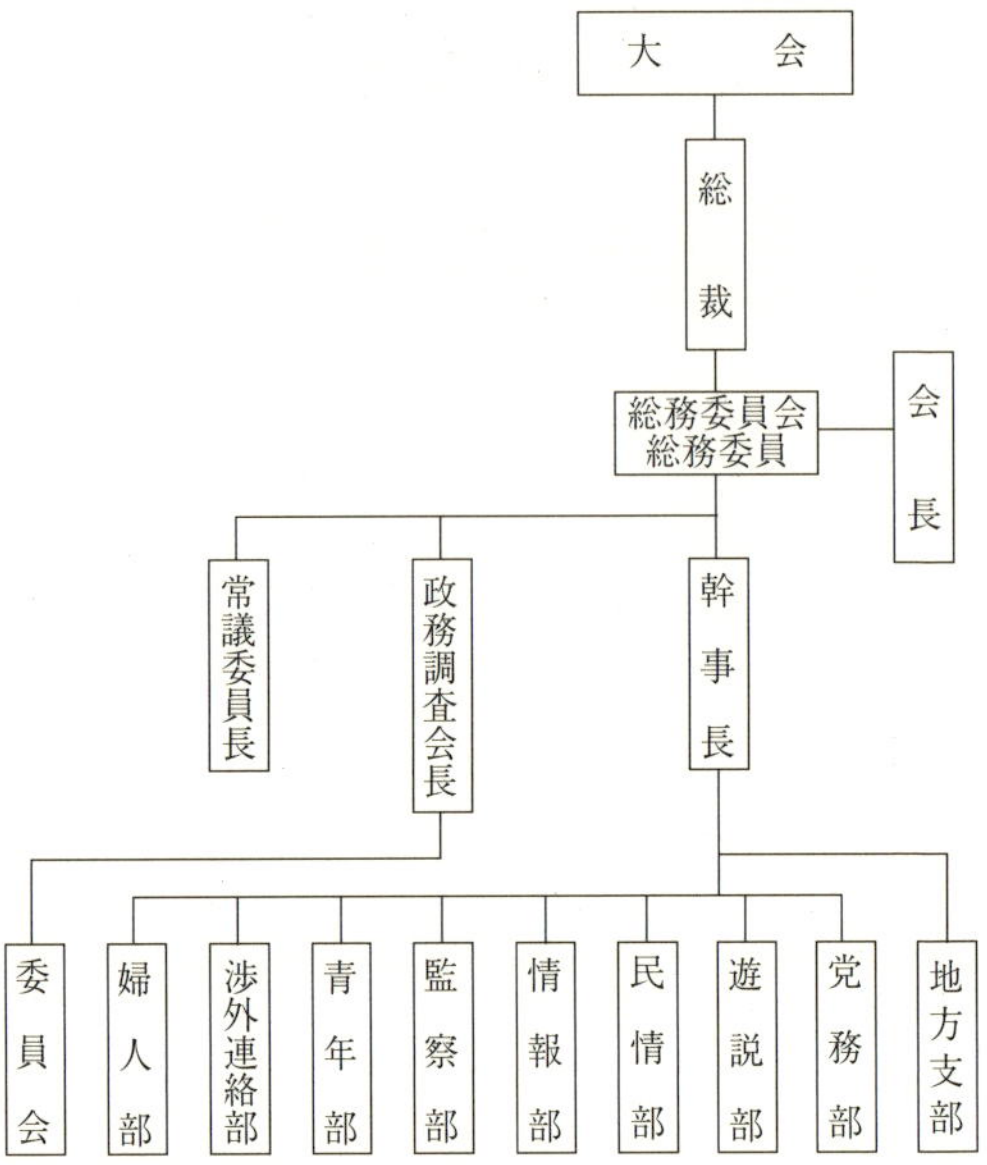

出典：村川編，524頁。

重が幹事長に、苫米地義三が政務調査会長に就任した（『朝日』一九四七年三月七日）。

（三）日本進歩党の党組織

日本進歩党の党組織は組織図3の通りである。「日本進歩党規約（案）」では、総裁は大会で「選挙」、任期四年（第二条）、総務委員は「総裁を輔佐し党の要務を処理」、大会で「選挙」、任期一年、「総裁欠員又は故障あるときは総務委員会之を代行」（第四条）、幹事長は「総裁の旨を受け党務を調整処理」、総裁の「選任」、任期一年（第七条）とされた。関連して、「日本進歩党院内役員」と「日本進歩党院内役員事務分担表（二一・五・一五）」（表3を参照）を検討すると、[120] 院内総務である成島勇と地崎宇三郎が庶務係、田中万逸と津島文治が委員係、長井源と天野久が議事係、小林錡と八坂善一郎と村島喜代が議案係、薩摩雄次と馬越晃が交渉係、をそれぞれ担当している。院内幹事も担当を割り振られている。これらから、総務が各々担当を持つ執行機関だと考えられる。総裁不在時の第四条の規定などを踏まえれば、進歩党の政党組織は、戦前の民政党を引き継いだと考えて良かろう。

党大会は「本部役員、帝国議会の議員たる党員及び支部より選出したる代議員を以て之を開く。代議員の数は各支部五名以内とす。止むを得ざる事由あるときは常議員会を以て大会に代ふることを得。本部役員は前項の常議員会に出席し其の評決に加はることを得」と規定された（第一一条）。条文中の常議員会とは「総裁の諮問に応じる組織である（第六条）。他に、院内役員の選挙方法は代議士会で「互選」と定められた（第五条）。

選挙に関する文言に着目すれば、「選挙」や「互選」や「選任」など、細かく使い分けられていることに気付く。これは選挙の様態や内容について、当時の政治家が強い関心を有していたことを裏付けるものである。

表3　日本進歩党院内役員事務分担表（21・5・15）

	総務	幹事
庶務係	成島勇	岡部得三
	地崎宇三郎	舟崎由之
		山口光一郎
委員係	田中万逸	佐藤久雄
	津島文治	関谷勝利
		宮澤才吉
議事係	長井源	加藤高蔵
	天野久	古賀喜太郎
		堀川恭平
議案係	小林錡	小川半次
	八坂善一郎	佐伯忠義
	村島喜代	白木一平
		菅原えん
		最上英子
交渉係	薩摩雄次	荒木武行
	馬越晃	椎熊三郎
		原捨思
		山田悟六

出典：『幣原平和文庫』Reel19 所収。

本節では、進歩党の結党過程、公職追放の影響と党内勢力の変動、そして党組織を検討した。役職公選に注目すれば、幣原総裁就任の際には公選は主張されなかった。その後、幹部公選が実現したのは公職追放の影響であろう。進歩党は豊富な政治経験を有する政治家がほぼ消滅し、幹部で残ったのは斎藤隆夫のみである。この幹部追放によって、政治的影響力をさらに拡大した犬養健は幹部公選を積極的に推進した。その結果、多数決原理がそのまま持ち込まれたと考えられる。

第三節　政党の「民主化」

本節では一九四六年・四七年頃に論じられた政党法案の審議過程を検討することで、政党の「民主化」を論じる。[121] 政党法案は最終的に成立しなかったが、戦後の政党像を提示した試みであった。想定された政党法の内容は大きく分けて二つあった。一つは政治資金の問題である。戦前は財閥と政党の癒着が批判された。戦後も外部にはうかがい知れぬ政治資金について明朗化が論じられた。もう一つは政党の実態に関する議論である。政党法は党則で一定の組織を設置することを要求し、民主的な党運営を定めようとした。いわば政党の「民主化」と評すことができよう。ここでは後者に重点を置き、政治家が政党の「民主化」をどのように認識したかに注目しつつ叙述したい。

一九四六年五月の吉田内閣成立までの政治過程を検討すれば、首相は形式的には未だ大命降下で選出されたが、実質的には政党内閣制へと移行したといえよう。幣原前首相が進歩党総裁に就任したことも政党総裁が首相の事実上の条件だと印象付けたであろう。一九四七年五月に施行された日本国憲法は「内閣総理大臣は、国会議員の中から国会の議決で、これを指名する」と定めた（第六七条）。国会、とりわけ衆議院で多数を占めることが正統性の源泉となったのである。とはいえ多数党の総裁が首相に就任するわけではない。六月に新憲法の下で成立した片山哲内閣は連立内閣だった。多数派連合の形成が最重要課題となったのである。さらに、占領期はＧＨＱの意向が重視されたため、後に山崎首班事件のような出来事も起きた。

新憲法下では政党が重要な役割を担うと予測されたため、憲法改正の議論でも言及された。一九四六年七月に発足した臨時法制調査会で宮沢俊義、佐々木惣一、牧野英一らが吉田首相の諮詢を受けて一〇月下旬に最終答申を決定した。このとき政党法が検討された形跡はない[122]。その状況が一変したのは一九四六年末である[123]。一説には一〇〇〇を超える群小政党が乱立したとされる一九四六年四月総選挙を受け、政治的不安定を懸念する民政局主導で、群小政党の整理のため政党法制定が模索された。

ＧＨＱで政党法を担当したのは民政局の「政党課（Political Party Division）」（＊一九四七年二月、政治課に改称。一九四八年二月、廃止）である。歴代課長はピーター・ロウスト（Lt. Col. Peter K. Roest, 在任期間は一九四六年二月～一九四七年五月）、C・マーカム（在任期間は一九四七年五月～一二月）で、ベアテ・シロタ・ゴードンやハリー・ワイルズが在籍した。さらに「議会政治課（Parliament and Political Division）」（一九四六年二月～一九四八年三月は立法課）も関わった。歴代課長は、ガイ・スウォープ（Comdr. Guy J. Swope, 在任期間は一九四六年二月〜七月）、ジャスティン・ウィリアムズ（Capt. Justin Williams, 一九四六年八月〜一九五二年四月）であった[124]。ウィリアムズは「政党課（係に非ず）と立法課にはっきりした境界線はなかった」と書簡で述べている[125]。

とりわけ注目すべきはロウストとウィリアムズである。ロウストは政党そのものを対象とし、ウィリアムズは議会における政党という関係から政党法に関わった（ジャスティン・ウィリアムズ『マッカーサーの政治改革』朝日新聞社、一九八九年、二七九頁）。この二人の志向性は全く違った。ハンス・ベアワルド（行政課に在任、期間は一九四六年一二月、一九四八年一〇月〜一九四九年七月）は、ウィリアムズが行った国会改革を、アメリカの議員を念頭に置いた結果、政党が欠如していると指摘した[126]。一方、ロウストはウィリアムズとは対照的に、政党の存在を前提とした上で、そのコントロールをはかった[127]。ロウストが政党乱立を問題視したのは、有効投票の過半数以上の票数（四六・八％）しか当選に結びつかなかったからである。解決策として、アメリカ式の記号式投票を導入し、そこに記載する一定数の政党に投票可能なシステムを考えた。例えば、政党要件として、カリフォルニア州のような三％条項、もしくは二五議席の最低ラインなどを提案した[128]。ロウストは「記号式投票の採用によって、「一定の政治的重要性」をもった政党を認知し、その合理化を図ろうとした」のである[129]。そもそも民政局は日本の政党を「寡頭制的支配者によってコントロールされてきた」と認識していた[130]。ロウストも「ボス支配」の打破という関心から、党大会での幹部公選に強い関心を示した。例えば、第一章第一節で取り上げた自由党の幹部公選を高く評価した[131]。ロウストは他にも、政党組織の民主的運営にも関心を示した。

次に日本側との折衝について検討したい。ロウストに対応した内務省の交渉者は鈴木俊一だった。ロウストと鈴木の間で一九四六年一一月一三日以降に話し合いが行われ、一一月二七日付で「政党法案要綱」（未定稿）が内務省により作成された。要綱で、党首や会計責任者はじめ主要役員の代議員会における公選を求めたことが重要である。

政党所属の衆議院議員候補者の予選手続きを求めた。一二月九日、GHQの提案は「三　政党の組織及び運営を民主化すること」「四　あらゆるレベルの政党役員を秘密投票により選出すること」「五　投票する権限をもつすべての構成員及び代議員があらゆるレベルの政党役員について指名する無制限の権利をもつこと」「七　政党の合併又は提携の変更は、民主的に選出された代議員からなる政党総会に諮るものとし、自ら指名した政党指導者の裁量には任せないこと」など、一〇項目にまとめられた。これを大石は「民政局の「政党の組織及び運営を民主化すること」に向けた強い姿勢をうかがわせる」と評した。一二月二〇日には第一次政党法案が作成され、一九四七年一月七日に第二次政党法案要綱が閣議に提出された。同案には植原、斎藤両大臣が反対した。何よりもGHQの不満が大きかった。その理由として大石は内務省案の欠陥を指摘する。その一つとして「政党の内部組織および運営の民主化のための適切な基準を定めていなかったこと」を挙げている。その後、内務省は更に検討を加え、二月三日に再修正案（内務省地方局案）を作成したものの、植原内相が反対し、政府は提出を断念した（大石「日本国憲法の制定と政党」九六－九七頁）。

植原内相は、政党乱立は大選挙区制限連記という選挙制度の問題と考えたため、中選挙区制導入という選挙制度改革が行われた[132]。三月三〇日に中選挙区単記制を採用した衆議院議員選挙法改正案が議会を通過した[133]。

一九四七年四月二五日には第二三回衆議院議員総選挙が行われた。結果は、社会党一四三名、自由党一三一名、民主党一二四名、国民協同党三一名であった。またしても諸政党が乱立し、GHQも日本政府も政党法に再び取り組んだ。GHQの推進者はロウストの後任、マーカムで、国民の政治教育の必要性、政党法制定による政党の整理と民主化と腐敗防止、記号式投票導入を考えたのである[134]。日本側の主体は、解体が決定した内務省から、国会へと移った。GHQは「内部組織を民主化すること、その政策を具体的なことばで明確にすること、そして選挙と関連した腐敗行為を最小限にするため、その会計を十分に公表すること」を求めた。七月二一日に出された各派声明は

「民主的選挙方法確立」に言及した。以後は衆議院の政党法案特別委員会で検討された[135]。ここでも政党法案提出は見送られ、その後、全国選挙管理委員会と政治資金規正法の制定が議論された。

一〇月一日、衆議院の小委員会で検討された政党法改正要綱を民政局に提出したところ、民政局から「選挙腐敗に対する効果的な規程を欠く、適切な選挙事務機構を設けていない、組閣時における党員の移動に対する備えがない、参議院に対する差別が含んでいる、記号式投票を採用する規定がない」といった欠点を指摘された。さらに一一月一五日の民政局と両議院の小委員会メンバーとの会談で「国会は政党法を制定するかどうか完全に自由な決定権を持つこと、それを制定して所期目的を達成しようとするのであれば、先に民政局が提議したいくつかの原則を取り込むべきこと」を伝えた。原則とは「政党法案または選挙法改正案のなかに完全で効果的な腐敗防止規定と罰則を設けること、選挙を監視し、腐敗防止規定を実施に移し、これまで内務省が行ってきた政党・政治活動に関するその他の機能を行うため、全国的な選挙管理委員会を設けること、可能であるなら記号式投票が望ましいこと」等々であった。背景には、早急に選挙を管理する機関を設けねばならないという事情があったのだろう（大石「日本国憲法の制定と政党」一〇四－一〇五頁）。

一九四六年末の政党法案では政党内部に踏み込んだ議論が行われた。今回は選挙実施に関する諸規定が問題となった。ここでも政党の「民主化」の理念が重視された。一九四七年の内務省地方局案では政党の組織について、党役員や大会構成員を投票により選挙することを求めた。一九四七年の社会党、民主党、自由党、国民協同党四党の特別委員会における最終決定案では「政党及びその支部の主要役員の選挙に関する事項は、所属党員の多数の意思に基いて行われるよう定めなければならない」「政党の政策綱領、党則その他政党に関する重要事項の決定又は変更は、所属党員の多数の意思に基いて行わなければならない」と定められた。「投票」が「多数の意思に基いて」と変更され、後退した。

政党法案不成立の理由を、大石は「ついに民政局の意に沿うものとならなかった事実のほうが、政党法案の中止の事情をよく説明できるように思われる」と結論付けた（大石「日本国憲法の制定と政党」一〇六頁）。一連の経緯を踏まえると、政党法案不成立の究極的な理由は推進者不在と考えられる。日本側の政党の反対は言うまでもない。少数政党の弾圧であると諸党派は反対し、そもそも自発的結社である政党の内部組織に立ち入るのかとの反論も行われた。例えば、植原内相や斎藤隆夫など[136]、戦前来の政党政治家は、政党法制定を官僚による政党操縦とみなし、日本国憲法に定められた結社の自由を侵すとして批判した。そもそも民政局内部でも政党法案に関するコンセンサスは得られていなかった[137]。それどころか、政党法案の審議過程においてウィリアムズは政党法案を葬るために、国会に協力した。なによりマッカーサーはロウストの勧告に異議を挟まなかっただけで、日本政府に成立させるよう命じてはいない（ウィリアムズ『マッカーサーの政治改革』二九一、二三〇頁）。こうした状況では、到底成立させることはできなかったと考えられる。

一連の議論の傍ら、政党の「民主化」という理念が政党人に強く意識されたのは間違いない。一例として、進歩党関係の書類に存在する「民主的団体ノ基本原則」（作成者や作成年月日は不明）が挙げられる[138]。第一番目に「役員ハ会員ニヨッテ選挙サレル」と記され、五番目に「多数決ノ方式ヲ援用スル事」と記された文書が、「民主的団体ノ基本原則」と題されたことからも、当時、何をもって「民主的」と看做されたかが理解できよう。

その後、一九五四年には改進党により政党法制の議論が行われた。一九八〇年代の中曽根康弘内閣時代にも政党法制が議論された。結局のところ「日本国憲法上、政党は『結社』（二一条）にすぎず、通常の結社と同様、政党を構成する個人と政党自身の自由と平等の権利に基づく存在であると解されてきた。したがって、立法者の政党に関するルール形成は、講学上憲法の保障する人権に対する介入と位置付けられることによって、介入の抑制こそが前提とされ、個別法領域で最小限のルール形成のみが許容されることになった」のである[139]。個別法領域とは公職選挙法と政治資金規正法等である。[140] 政党と結社の自由をめぐる、こうした状況が変化したのは、一九九四年のいわゆる政治改革をめぐる議論においてであった。

本章の議論をまとめたい。戦後、政党が復活し政治の主たる担い手となった。だが日本国憲法の条文には政党の文言は存在せず、政党は戦前同様に事実上の存在に過ぎなかった。総選挙の結果を踏まえ、GHQの一部が政党法制定を要求した。法案審議過程で、役職公選や多数による意思決定の導入など、政党の「民主化」が主張された。首相前後して、公職追放で各政党が動揺する中、一九四六年八月には自由党、九月には社会党、一二月には進歩党で、役職公選が議論の末、一部実施された。だが、一九四六年・四七年の政党法案は最終的には結実せず、選挙制度改革や政治資金規正法が個別に成立した。政党の「民主化」とされた役職公選は、下からのデモクラシーとして、時代の雰囲気を反映しつつ、実施されたのであった。

（1） 序説の年月の表記は西暦（元号）とした。
（2） 昭和期以前の保守党の党組織に関しては、升味準之輔『日本政党史論』第五巻、東京大学出版会、一九七九年、及び、川人貞史『日本の政党政治　一八九〇－一九三七年』東京大学出版会、一九九二年を参照。
（3） 昭和初期の政友会と民政党に関しては、粟屋憲太郎『昭和の政党』小学館、一九八八年、一七五－二〇六頁を参照。
（4） それ以前の党組織は名称と機能を含め、大幅に変更された。序章第二節の各政党の叙述を参照。政友会の場合は、政友会創立時の組織に関しては、小山博也『明治政党組織論』東洋経済新報社、一九六七年、第二章を、一九〇〇年から一九二七年までの政友会党則における総務と幹事長の変化をまとめた研究として、升味『日本政党史論』第五巻、二四八－二四九頁を参照。

（5）広義の幹部については、加藤正造『政党の表裏』批評社、一九二八年、六八－七〇頁を参照。戦後との比較を行う場合、正確を期すには、幹事長や総務就任者のキャリアパスを作成すべきであろう。だが戦前は、野党時代と与党時代では党役職の価値が異なるという制約が存在する。例えば、政友会内閣時代には「一流幹部」が入閣するため、党役員は「留守居役」程度との指摘が存在する（茗荷房吉『日本政党の現勢』日本評論社、一九二九年、一九九頁）。こうした限界を踏まえ、本書は、現時点で指摘可能な最低限の記述にとどめた。

（6）東大法・蒲島郁夫ゼミ編『現代日本の政治家像』第二巻、木鐸社、二〇〇〇年、第四章を参照。

（7）野村秀雄『政党の話』朝日新聞社、一九三〇年、二一八頁。

（8）佐藤誠三郎・松崎哲久『自民党政権』中央公論社、一九八六年、二一七頁。例外として、大臣経験なしの三木武吉、大臣経験一期の松野鶴平、大野伴睦などが挙げられている（同書、二一七頁）。

（9）党役職は、『立憲政友会史』全一〇巻に依拠した。大臣にやや劣る、書記官長、法制局長官に就任したものは、一五名中五名である。その後大臣に就任したのは、前田米蔵、鳩山一郎、島田俊雄である。彼らは大臣を複数回経験した後、総裁代行委員に就任した。これを踏まえると、政友会は、当選回数に基づくキャリアパスを形成していたと考えられる。

（10）政友会の幹事長就任者の当選回数が上昇した岡田内閣以降を対象にすると、永井柳太郎と小泉又次郎の二例が存在する。

（11）当選二回で就任したのは久原と山本条太郎で別格だろう。三回は、前田米蔵、森恪、四回は鳩山、秦豊助、島田俊雄、若宮貞夫、松野鶴平、五回は山口義一である。広田内閣以降は当選回数六回以上となり、安藤正純、松野鶴平、岡田忠彦、田邊七六、東郷実である。八回で就任したのが砂田重政である。

（12）結成に参加した政友本党系の政治家の処遇も重要な要素であろう。さらに、憲政会以来「官僚派が党人派にたいしてつねに優位をたも」つと指摘される（粟屋『昭和の政党』一八五頁）、民政党の党内事情の反映かもしれない。

（13）加藤『政党の裏表』七四－七七頁。

（14）茗荷『日本政党の現勢』一九九頁。

(15)　村川一郎『日本国「政府」の研究—現代政治における政党の地位—』ぎょうせい、一九九四年、七三頁。
(16)　党則で「決議」や「決議機関」とされることもある。本書では「議決機関」で統一する。
(17)　総務委員長設置の経緯は、伊藤之雄「立憲政友会の政策と中央組織の確立」(同『立憲国家と日露戦争　外交と内政　一八九八〜一九〇五』木鐸社、二〇〇〇年所収）三〇三—三〇四頁。
(18)　大麻唯男「遺稿　私の歩いた道」(坂田大『人間大麻唯男』坂田情報社、一九六〇年所収）二一五—二一七頁。町田忠治の総務会長及び総裁就任の経緯は、町田忠治伝記研究会編『町田忠治　伝記編』櫻田会、一九九六年、三〇六—三一六頁を参照。
(19)　憲政会の例としては、奈良岡聰智『加藤高明と政党政治　二大政党制への道』(山川出版社、二〇〇六年）一八四—一八六頁を参照。幹事長は総務よりも格下、政調会長は幹事長よりもさらに格下だったと指摘する。さらに、奈良岡聰智「立憲民政党の成立　戦前期二大政党制の始動」(『法学論叢』一六〇巻五・六号、二〇〇七年）によれば、憲政会と政友本党の党組織が類似していた。「総務が最重要で、幹事長、政調会長の順でそれに次ぐ」とされる（同論文、三六〇頁)。また政策形成過程でも、政調会の果たす役割は大きくなかった。政友会の例は、土川信男「政党内閣と産業政策一九二五〜一九三二年（一）〜(三)」(『国家学会雑誌』一〇七巻一一・一二号、一〇八巻三・四号、一〇八巻一一・一二号、一九九四—一九九五年）を参照。
(20)　加藤『政党の表裏』七七—七八頁。なお遊説部長は民政党の呼称で、政友会は党務委員長と称し、ほかに通信部長を置く（七七頁)。
(21)　板垣退助監修、遠山茂樹・佐藤誠朗校訂『自由党史』中巻、岩波文庫、一九五八年、八〇頁。一八九〇年結党の立憲自由党に関しては、小山『明治政党組織論』第一章に詳しい。一八九〇年の党規約について考察し「少なくとも党結成時においては、政党指導者の選出および政党意思決定においては、下から上に向かってなされること、いいかえれば党内デモクラシーについてかなりな配慮がなされている」と結論付けた（同書、一八頁)。
(22)　稲田正次「国会期成同盟の国約憲法制定への工作・自由党の結成」(稲田正次編『明治国家形成過程の研究』御茶の水書房、一九六六年所収）一〇二—一〇四頁。

(23) 江村栄一『自由民権革命の研究』法政大学出版局、一九八四年、一六二頁。
(24) 『自由党史』中巻、八四―八五頁。
(25) 大日方純夫『自由民権運動と立憲改進党』早稲田大学出版部、一九九一年、六九頁。なお、大日方は、採用された「内規」と、小野梓の「規約（案）」とを比較し、改進党の党組織構想を論じている（同書、第二部第二章）。
(26) 稲田正次『明治憲法成立史の研究』有斐閣、一九七九年、二二四頁。
(27) 『進歩黨黨報』は文献資料刊行会『復刻　進歩黨黨報』柏書房、一九八五年を用いた。総務委員を選ぶのは常議員会である（『進歩黨黨報』第一四号、明治三〇年一一月一五日、三三頁）。
(28) 伊藤之雄『立憲国家の確立と伊藤博文』吉川弘文館、一九九九年、二四八―二四九頁。
(29) 憲政本党に関しては、伊藤之雄『立憲国家と日露戦争』第二部第三章を参照。
(30) 升味準之輔『日本政党史論』第二巻、東京大学出版会、一九六六年、三六二頁。同書、三六一―三六二頁に、一九〇〇―一九〇三年にかけての政友会党組織の変遷が簡潔にまとまっている。
(31) 大津淳一郎『大日本憲政史』第六巻、宝文館、一九二七年、四七六―四七七頁。
(32) 加藤政之助監修『立憲民政党史』前編、原書房、一九七三年、二二三頁によれば「国民党は別に党首を置かず、合議体として大石正巳、犬養毅、島田三郎、河野広中、武富時敏、仙石貢等の領袖が之に当たること、なった。然しながら実際上は大石、犬養両氏の二頭政治たるの感があった」という。
(33) 「立憲同志会会則案（大正二年一二月推定）」（櫻井良樹編『立憲同志会資料集　第四巻　会務関係書類その他』柏書房、一九九一年所収）八一―八三頁。
(34) 前田蓮山編『床次竹二郎伝』床次竹二郎伝記刊行会、一九三九年、七六三―七六五頁。改正後の党則は、同書、七八九―七九二頁を参照。
(35) 立憲民政党史研究会『総史立憲民政党　資料編』櫻田会、一九八九年、一一頁。
(36) その様子は、加藤『政党の表裏』五九―六〇頁を参照。
(37) 升味『日本政党史論』第五巻、二五〇頁。

(38) 政友会の歴代総裁の選出手続きは、升味『日本政党史論』第五巻、二三七—二四〇頁の簡潔な整理を参照。暗殺された原敬の後任、高橋是清の場合は、直近の西園寺公望元総裁の意向が確認された(升味『日本政党史論』第五巻、二三二—二三三頁)。公選導入後、犬養総裁決定の際は、直近の高橋是清元総裁が「指名」した(升味『日本政党史論』第五巻、二四〇頁)。つまり、前総裁や元総裁の意向を確認する、了承を得るという形式が重要だったのである。

(39) 升味『日本政党史論』第五巻、二四〇頁。

(40) 同志会・憲政会・民政党、政友会について、升味『日本政党史論』第五巻、二三七—二四三頁。

(41) 加藤『政党の表裏』六〇頁。

(42) 伊藤之雄『立憲国家と日露戦争』第二部第一章・第三章を参照。政友会の伊藤総裁時代の幹部公選論については、小山『明治政党組織論』八八—九〇頁を参照。

(43) 木坂順一郎「革新倶楽部論」(井上清編『大正期の政治と社会』岩波書店、一九六九年所収)二八六頁。

(44) 野村『政党の話』二一八頁。

(45) 独特の用語としては「特選」が用いられた例がある。「立憲同志会々則草案(仮題)(大正二年二月推定)」(『立憲同志会資料集　第四巻』所収)八頁、第二条を参照。

(46) 例えば、立憲同志会総理に就任した加藤高明の演説、加藤高明伯伝記編纂委員会編『加藤高明』上巻、加藤高明伯伝記編纂委員会、一九二九年、七五九頁を参照。実際は選挙は行われず、議長一任の後、加藤が指名された(升味『日本政党史論』第五巻、二四一頁)。

(47) 加藤『政党の表裏』五八頁。

(48) 戦前・戦時中の鳩山は、伊藤隆「昭和一七—二〇年の近衛—真崎グループ」(同『昭和期の政治』山川出版社、一九八三年所収)、伊藤隆「「自由主義者」鳩山一郎」(同『昭和期の政治〔続〕』山川出版社、一九九三年所収)、小宮京「鳩山一郎と政党政治　一八八三—一九四三」(『本郷法政紀要』第一一号、二〇〇二年)を参照。自由党結成に関しては、伊藤隆「戦後政党の形成過程」(同『昭和期の政治』所収)。内田健三「保守三党の成立と変容」(坂本義和、R・E・ウォード編『日本占領の研究』東京大学出版会、一九八七年所収)を参照。

(49) 一九四五年八月二七日付来栖三郎宛吉田書翰、『吉田茂書翰』五五四頁。
(50) 鳩山一郎『ある代議士の生活と意見』東京出版株式会社、一九五二年、二〇九―二一〇頁。
(51) 西尾末広『西尾末広の政治覚書』毎日新聞社、一九六八年、三九―四〇頁。
(52) 「鳩山派の新党準備運動の現況に就て　警視庁（一九四五・一〇・四）」（粟屋憲太郎編集・解説『資料日本現代史三　敗戦直後の政治と社会』大月書店、一九八一年所収）五二頁。
(53) 鳩山一郎『自由の宣言』自由書房、一九四六年、二二一―二二二頁。
(54) 中村隆英・伊藤隆・原朗編『現代史を創る人々』第一巻、毎日新聞社、一九七一年、一〇三頁、河野密談話。「原彪日記」一九四五年八月二二日、九月二二日、二五日。熊倉正弥『言論統制下の記者』朝日文庫、一九八八年、一九一頁を参照。
(55) 内田健三「保守三党の成立と変容」二一三―二一四頁。
(56) 鳩山『ある代議士の生活と意見』二一四―二一五頁。
(57) 小島徹三「政界・忘れがたきこと」（『自由新報』一九八五年四月二三日）。
(58) 小島徹三「芦田均」（自民党①所収）四一八頁。安藤は将来、河野幹事長を外すことを条件に芦田を説得したという（小島「政界・忘れがたきこと」）。
(59) 河野一郎『日本の将来』恒文社、一九六五年、一五四―一五五頁。『鳩山回顧録』三三頁も参照。
(60) 重盛久治『三木武吉太閤記』春陽堂、一九五六年、一四三―一四四、一四九―一五二頁。
(61) 「政治結社組織準備状況に関する件　香川県警察部長（一九四五・九・二四）」（『資料日本現代史　三』所収）四〇―四一頁。
(62) 創立準備委員は森正蔵『戦後風雲録』鱒書房、一九五一年、三四頁。結党時の総務委員は『朝日』一九四五年一一月一〇日を参照。
(63) 河野によれば、三木は、対立する芦田厚生大臣と河野幹事長の間に立ち、河野を助けたという（河野『日本の将来』一四七頁）。

(64) 粟屋『昭和の政党』四〇六―四〇七頁。
(65) 中北浩爾『経済復興と戦後政治　日本社会党一九四五―一九五一年』東京大学出版会、一九九八年、一二―一三頁。
(66)『鳩山回顧録』五九頁。なお会談日は一九四五年九月四日である（『鳩山日記』）。組閣名簿は『鳩山回顧録』五七―五八頁。
(67) 鳩山一郎『私の信條』東京文庫、一九五一年、一七〇―一七一頁。
(68) 鳩山一郎『私の自叙伝』改造社、一九五一年、三二九頁。
(69) 中正雄『回想の戦後政治』実業之世界社、一九五七年、二三頁。
(70) 松野は追放により政治活動を禁止されたが、候補者選定等の実務に携わった。例えば、水田三喜男『蕗のとう水田三喜男自伝』学校法人城西大学、二〇〇〇年、七六―七七頁を参照。
(71) 増田弘「鳩山一郎パージ」（同『政治家追放』中央公論新社、二〇〇一年所収）を参照。
(72) 吉田の経歴を簡単に紹介する。戦前は外務官僚として次官、駐英大使等を歴任し、広田内閣での外相就任を陸軍に阻まれた。自由主義者と目され、牧野伸顕の女婿だったことも影響した。戦時中は反東條運動に関わり、近衛上奏文の関係で逮捕されたこともある。
(73) 吉田の秘書官を務めた北澤直吉によれば、吉田は入党しなかったが、事実上の顧問格だったという。北澤直吉「吉田茂」（自民党①所収）四三二頁。
(74) 三谷太一郎「二つの吉田茂像」（同『二つの戦後』筑摩書房、一九八八年所収）七三頁。
(75) 例えば、第一次吉田内閣の組閣を、民政局、鳩山、マッカーサーに対する外交として描く。五百旗頭『占領期』二四六―二四七頁。
(76)〔一九四六〕年五月一一日付牧野伸顕宛吉田書簡、『吉田茂書翰』六七二頁。
(77) 住本利男『占領秘録』中公文庫、一九八八年、四四五頁。
(78) 石井光次郎『思い出の記Ⅲ』カルチャー出版、一九七六年、二八―二九頁。

(79)「四条件」とも称される。詳細は後に検討する。
(80) 坂野善郎『自由党から民自党へ』伊藤書店、一九四八年、八九頁。
(81)「自由党の足跡」、『朝日』一九五五年一一月一四日夕刊によれば、三木武吉は常任総務であった。
(82) 増田『政治家追放』一〇五頁。中道連立政権の指導者級に関してはGHQも配慮していた。平野力三に関しては増田『政治家追放』を、三木武夫に関しては、竹中佳彦「中道政治の崩壊―三木武夫の外交・防衛路線―」（近代日本研究会編『年報近代日本研究一六　戦後外交の形成』山川出版社、一九九四年所収）一三四―一三六頁を参照。
(83) 山浦貫一「敗戦一年の政治」（『法律新報』七三一号、一九四六年八月号）五〇頁。
(84) 先行研究として、福永文夫「花月純誠と自由党中堅会の活動」（『姫路法学』二五・二六号、一九九九年）を参照。
(85)『朝日年鑑　一九四七年版』朝日新聞社、一九四七年、一四四頁。
(86)『朝日』一九四六年八月一六日。
(87)『朝日』一九四六年八月一九日。
(88)『読売』一九四六年八月二〇日。
(89) 役員改選と新役員に関しては、『朝日』一九四六年一〇月一三日を参照。
(90) 石橋湛山『湛山回想』岩波文庫、一九八五年、三七六―三七七頁。及び、『芦田日記』一九四六年八月一〇日を参照。石橋、平塚の両者は公職追放された。
(91) 従来の石橋像を修正し、石橋グループが第一次吉田内閣における政策面でもかなりの政治的影響力を発揮したことを論じた研究として、村井哲也『戦後政治体制の起源　吉田茂の「官邸主導」』藤原書店、二〇〇八年、第三章を参照。石橋は政府部内でも政策をリードし、吉田にとって脅威であった。
(92) 三谷太一郎「戦後日本における野党イデオロギーとしての自由主義」（犬童一男他編『戦後デモクラシーの成立』岩波書店、一九八八年所収）を参照。
(93) 星島は「次は山崎だ」と語っていた（二〇〇五年七月一二日、星島節子氏インタビュー）。節子氏は星島二郎の長女。周囲には「次は星島だ」という意見も存在したという。

(94)『政党年鑑　昭和二二年』『政党年鑑　昭和二三年』『政党年鑑　昭和二四年』の政党の本部組織を参照。「役員事務分担表」に関しては、『政党年鑑　昭和二二年』一四〇頁と『政党年鑑　昭和二三年』二四〇頁、及び『芦田日記』、手帳日記の一九四六年一一月二日を参照。

(95)『朝日』一九四五年一一月一三日。

(96)『政党年鑑　昭和二二年』一〇六―一〇七頁。留意すべきは、役職公選論の形式をとった党内デモクラシー実現は保守党のみに特徴的な現象だったことである。なぜならば社会党では役職公選は既に実現していた。ただし社会党における党内デモクラシー論は、左右両派の勢力の消長の度合により出てくるものに留まった（同、一〇七頁）。

(97) 内田「保守三党の成立と変容」、伊藤「戦後政党の形成過程」を参照。

(98)『読売』一九四五年一二月八日。

(99) 総裁選出過程は、伊藤「戦後政党の形成過程」二二一―二二八頁を参照。

(100)『朝日』一九四六年二月一九日。幹事長、常議員会長、代議士会長、各部長、政調会長らも、一九日の部長会で総辞職する予定だった。

(101)『朝日』一九四六年二月二〇日。

(102)『朝日』一九四六年二月二三日。

(103) この時期の進歩党の役員は、「日本進歩党役員」（昭和二一・四・一九）、GHQ/SCAP Records (RG331, National Archives and Record Service), "Political Parties, Democratic Party", May 1947-Sept.1949, CIE(A) 01652. 所収、を参照。

(104)『朝日』一九四六年五月二六日。六月に入り田中は議員辞職、後任は成島勇である（『朝日』一九四六年六月二八日）。

(105) この時期の犬養健及び若手議員の活動を明らかにしたのが、三川譲二「民主党成立の序幕」（『史林』七一巻三号、一九八八年）。三川譲二「民主党の成立」（『史林』八二巻五号、一九九九年）である。

(106) 三川「民主党成立の序幕」一一二頁。本書は三川の用語法に従い、進歩党の若手政治家を少壮派と呼ぶ。

(107) 保利茂・坪川信三・増田甲子七・細川隆元「戦後保守党の誕生と占領時代」（自民党①所収）一一二頁。保利の談話。

(108) 以上、自進合同運動に関して、三川「民主党成立の序幕」一四〇—一四四頁を参照。
(109) 三川譲二「労働攻勢と進歩党少壮派」(『史林』七四巻六号、一九九一年)九四—九七頁。
(110) 『朝日』一九四六年八月一六日。
(111) 委員会の名称は「公選制度確立委員会」(『朝日』一九四六年一二月五日)、「代議士会内の幹部公選委員会」(『朝日』一九四六年一二月一五日)、「公選委員会」(『読売』一九四六年一二月一四日)と若干の異同が存在する。少壮派のみが積極的であったこと、複数の委員会設立は現実的でないことから、ここでは同一の委員会と推定し、「公選委員会」で統一した。
(112) 『朝日』一九四六年一二月五日。『読売』一九四六年一二月七日の幹部公選要綱の内容も『朝日』と若干の異同が存在する。
(113) 『読売』一九四六年一二月八日。
(114) 『読売』一九四六年一二月一四日。
(115) 『朝日』一九四六年一二月一五日。
(116) 『読売』一九四六年一二月二四日。
(117) 『読売』一九四六年一二月二九日。
(118) 『朝日』一九四七年二月一日。
(119) 以下の記述は、三川「民主党の成立」一〇—三一頁によった。
(120) 「日本進歩党院内役員」、及び「日本進歩党院内役員事務分担表(二一・五・一五)」は、『幣原平和文庫』Reel19所収。
(121) 各種政党法案条文の引用は、特に断らない限り、辻清明編『資料・戦後二十年史 一 政治』日本評論社、一九六六年、三二七—三三一頁による。
(122) 大石眞『憲法史と憲法解釈』信山社、二〇〇〇年、一七七—一七九頁。

(123) 以下の記述と引用は、特に断らない限り、大石眞「日本国憲法の制定と政党」（北村公彦ほか編『現代日本政党史録』第二巻、第一法規出版、二〇〇三年所収）による。

(124) 民政局の組織やその変遷、在籍者等に関しては、天川晃・福永文夫「民政局の組織と機能」（天川晃・福永文夫編『GHQ民政局資料「占領改革」別巻　民政局資料総索引』丸善、二〇〇二年所収）を参照。人物や部局の呼称も同論文に従った。

(125) ハンス・H・ベアワルド「初期占領政策と議会の再生」（坂本義和、R・E・ウォード編『日本占領の研究』東京大学出版会、一九八七年所収）二〇四頁の脚注（33）を参照。

(126) ベアワルド「初期占領政策と議会の再生」一九二頁。

(127) ウィリアムズのロウスト評は、ウィリアムズ『マッカーサーの政治改革』八四頁を参照。

(128) MEMORANDUM TO THE CHIEF, GOVERNMENT SECTION (P. K. Roest), “POLITICAL PARTIES”, 25 November 1946, J. W. 94-02. 本書では、福永編①資料一一四を参照した。

(129) 福永文夫「占領下における『政党法』をめぐる政治過程」（『姫路法学』一四・一五号、一九九四年）二〇八頁。

(130) MEMORANDUM TO THE CHIEF, Political Parties Branch (HARRY EMARSON WILDES), “POLITICAL PARTIES 1-15 July 1946”, SDDF(B)00012-12. 本書では、福永編②資料七七を参照した。

(131) MEMORANDUM TO THE CHIEF, GOVERNMENT SECTION (P. K. Roest), “POLITICAL PARTIES SEMI-MONTHLY REPORT 1-15 AUGUST 1946”, GS(B)01176. 本書では、福永編②資料七九を参照した。福永編②資料八一、MEMORANDUM TO THE CHIEF, GOVERNMENT SECTION (P. K. Roest), “MID-MONTHLY REPORT”, 11 October 1946, GS(B)01178. からも、役職公選論への関心が伺える。

(132) 前田英昭編『日本国憲法・検証一九四五―二〇〇〇資料と論点　第三巻　国会と政治改革』小学館文庫、二〇〇〇年、二七〇―二七一頁。

(133) 『朝日』一九四七年三月三一日。中選挙区制度へ復帰する政治過程は、杣正夫『日本選挙制度史』九州大学出版会、一九八六年、二四一―二四六頁を参照。

(134) 福永「占領下における『政党法』をめぐる政治過程」二三六頁。

(135) 政党法案特別委員会における議論については、大石「日本国憲法の制定と政党」一〇〇－一〇六頁。小山博也「第一回国会における政党法制定計画の経過」(『社会科学論集』五五号、一九八五年)を参照。

(136) 斎藤の反対論は、斎藤隆夫「政党法案の批判」(『法律新報』七四〇号、一九四七年一一月号)を参照。

(137) 福永「占領下における『政党法』をめぐる政治過程」二四三頁。

(138) 「民主的団体ノ基本原則」、GHQ/SCAP Records (RG331, National Archives and Record Service), "Political Parties, Democratic Party", May 1947-Sept. 1949, CIE(A) 01652.

(139) 高田篤「憲法と政党」(高橋和之・大石眞編『ジュリスト増刊　憲法の争点［第三版］』有斐閣、一九九九年所収)一二二頁。

(140) 高田篤「政党法制の展開とその脈絡」(『社会システム研究』二号、一九九九年)一二三頁。

第二章　自由党系の党組織と党中央組織の整備

本章では、自由党系、即ち自由党とその後身政党の政党組織、特に党中央組織について分析する。おおむね吉田茂が総裁であった期間を対象とする（自由党結党時と総裁交代前後は第一章第一節を参照）。

自由党系の党組織に関しては、めぼしい研究としては升味準之輔が挙げられる。[1] それ以外は吉田茂に関する研究が多い。先行研究は、総理としての吉田、外交官としての吉田、戦前と戦後の連続性といった点に着目する。[2] ただし一連の吉田研究が政党に言及することは極めて稀であり、吉田が政党指導に卓抜した技術を示したとの評価は見当たらない。[3] だが、吉田は一九四六年八月に正式に自由党総裁に就任して以降、内閣総辞職に追い込まれる一九五四年一二月まで総裁であり続けた。本書が注目するのは吉田の党内基盤となった吉田派である。[4] 吉田派がどのように形成されたか、どう変容したかを明らかにする。ただし、ブレーン・グループ（辰巳栄一元陸軍中将や有沢広巳東大教授など）[5] や、吉田の家族と家族に準ずる集団や、[6] 政治資金を提供したとされる日清紡の宮嶋清次郎などには基本的に言及しない。[7]

第一章第一節で検討したように、吉田は総裁就任後も弱体な党内基盤しか有していなかった。河野や三木武吉ら鳩山に連なる有力者の追放は、大野ら新たな党人の台頭を招いただけで、党内基盤強化には繋がらなかった。

本章は、吉田が政党を掌握する政治過程と党支配の実態を検討することで、政党総裁としての吉田とリーダーシップの制度的基盤を明らかにする。その間に、党三役に代表される党中央組織が整備された。当初、吉田が自身の党運営のために整備を試みたが、戦前来の伝統を持つ組織の改革は容易ではなく、反吉田勢力との対立、さらには吉田派内部の対立と相俟って、権限確定には相当な時間を要した。

第一節では、いわゆる党三役（幹事長、総務会長、政調会長）に注目し、吉田による党支配確立過程を考察したい。おおよそ一九五〇年までを対象とする。重要なのは、一九四八年の民主自由党の党則と一九五〇年の党則改正である。第二節では、主に一九五〇年から一九五三年にかけての政局を扱う。サンフランシスコ講和条約締結と公職追放解除は、鳩山や重光らの政界復帰をもたらした。対応を迫られた吉田は、党内外の挑戦を退けることに成功した。その過程で、一九五三年の党則改正により総裁権限が強化された。このように吉田総裁の権限は強化されたが、一方でその党内基盤である吉田派の変容も進行した。第三節では、一九五三年から一九五四年一二月の吉田内閣総辞職にいたる政治過程を考察したい。第二節・第三節では、公職追放解除で政界に復帰した、鳩山一郎や緒方竹虎に特に注目する。

第一節　党三役の成立と変容

先行研究では、自由党の内部構造を明らかにした研究は、升味準之輔など、少ない。升味は党人派と官僚派を区別し、吉田の党支配における党人派の重要性を指摘した[8]。本節では、升味の分析視角を継承しつつ、まず党内権力構造の変化を明らかにする。次に、いわゆる党三役（幹事長、総務会長、政調会長）の人事に注目し（一三六－一四一頁の表4を参照）、その権限についても検討する。

（一）　党内基盤の確立

党内基盤であった吉田派を、最初におおまかに二つの党内グループ、官僚派と党人派に分け、次に党人派内の戦前派と戦後派（新旧党人派とも称する）を検討したい。[9]

（a）　官僚派

官僚派は吉田が最も期待した集団で、内閣・党の主要ポストを歴任させることで党人派に対抗させた。その中核は一九四九年の第二四回総選挙で当選した、池田勇人、佐藤栄作、岡崎勝男、福永健司、大橋武夫、前尾繁三郎ら高級官僚出身者で、増田甲子七、周東英雄らも含む。特に重要なのは、増田、佐藤、池田である。彼らは世上、自由党官僚派の「三羽烏」と称された。[10] 増田、佐藤は、労働攻勢への対抗のため、吉田に重用された。池田は資金面での活躍を期待された。

（b）　党人派　戦前派と戦後派

戦前派には長老や御三家と呼ばれた政治家が含まれる。その後の歴史を先取りすれば、彼らはおおむね党分裂回避という原則に沿って行動した。そのため吉田と鳩山の対立では緩衝材的役割を果たした。長老とは古島一雄、松野鶴平らで、吉田は顧問格として遇し、折に触れ相談した。いわゆる御三家とは、大野伴睦、林譲治、益谷秀次を指す。大野は旧鳩山派をまとめており、当初は吉田支持と言い難い行動を取ることが多かった。吉田にすればその影響力を無視できない警戒対象だった。益谷、林は鳩山との関係も古いが、それ以上に吉田に引き立てられた。林は吉田の従兄弟である。

戦後派[11]は、吉田の党掌握で重要な役割を果たす。官僚派の池田らに相当するのは、広川弘禅、小沢佐重喜、後に民主党連立派から民自党に合流した保利茂であろう。経歴上では戦前派である彼らを戦後派に分類するのは、党人派の新旧に注目することで、党内の対立構造が理解しやすくなるからである。即ち吉田派を構成する党人派とは、大野派（戦前派・旧党人派と、それに連なる戦後派[12]）に対する新党人派であった。

広川重用のきっかけは山崎首班事件である。事件後、広川は幹事長や農相を歴任した。小沢佐重喜の重用のきっかけも、やはり山崎首班事件であった[13]。当選二回の若輩に過ぎなかった小沢は、第二次吉田内閣運輸相、第三次吉田内閣逓信相（のち郵政相兼電気通信相）、一九五〇年七月に議院運営委員長、一九五二年九月に副幹事長兼選挙対策本部長、一九五三年一月に代議士会長、同年五月に国会対策委員長、第五次吉田内閣建設相を歴任した。このように吉田は、山崎首班事件の際に自らを支持した党人派を厚く遇したのである。

一方、事件の際に山崎を支持した党人派は冷遇された。第二次吉田内閣成立前に、組閣委員として星島、山崎、広川が任命された。党内の閣僚候補者選考は主に広川が行った。星島は山崎の副総理としての入閣や自身の入閣を含めて候補者を伝えたが、吉田首相に完全に無視された（『政党年鑑　昭和二四年』一一八―一一九頁）。つまり吉田の要請は形式にすぎなかったのである。こうした吉田と広川の行動に、大野ら旧党人派は強く反発した[14]。

それ以外にも、前田米蔵[15]一派や、反鳩山の系譜を引く政治家（前述した保利茂も含まれる）の取り込みも重要であった。彼らは自由党結党時には入党していない。前田は大正期以来、鳩山のライバルと目された政治家で、政友会分裂の際も敵対した。戦後は進歩党に参加したが、一九四六年に公職追放された。一九五一年の公職追放解除後、吉田は鳩山派が警戒していることを重々承知のうえで自由党に入党させた[16]。その後、前田は中間派を形成した。一連の反鳩山派取り込みには二つの意味がある。第一に、衆議院における自由党の数の優位を強化した。第二に、党内多数派を形成する鳩山系の影響力低下を意味した。

吉田の党掌握の転機は、一九四九年二月一六日の第三次吉田内閣成立であった。一九四九年一月二三日に行われた第二四回総選挙の結果は、民自党二六四、民主党六九、社会党四八、共産党三五、国民協同党一四で、民自党が単独過半数を占めた。新人一二一名には、池田勇人、佐藤栄作、岡崎勝男、福永健司、大橋武夫、前尾繁三郎ら官僚派が多数含まれていた。一方、広川幹事長の周りには戦後派党人派が集結した。全盛期の広川派は衆議院だけで七〇名から八〇名という[17]。この官僚派と戦後派党人派を核に吉田派が形成された。「今や鳩山一郎から譲り受けた党から吉田茂自身の党へと変貌をとげ」たのである[18]。さらに選挙後に吉田は、選挙前からの公約である民主党との提携を実現した。参議院の議席増という目的のみならず、鳩山派の相対的な地位を下げ、吉田の主導権確立を意図したのだろう[19]。このとき連立をめぐり民主党は連立派と野党派に分裂し、一九五〇年三月に民主党連立派が自由党に合流した。その中には小坂善太郎、保利茂ら、後に吉田側近を形成する議員が含まれていた。

ここまで叙述したように、吉田は党内権力構造を変えるために戦後派党人派や反鳩山派を活用した。次項で吉田による党幹部起用を検討したい。

（二）　党三役の成立

前項では、吉田による党内多数派形成を検討した。ここでは幹事長と総務会の権限や機能を中心に、党三役の成立と党組織の変容を明らかにしたい。

そもそも吉田は、自らの人材起用方法を「役人上りには政党教育を与え、政党育ちには行政教育を与えたい、こうして人間をつくり、一個の立派な政治家を育て上げげたいということであった。そこで政党育ちを大臣や政務官に登用、役人上りを党の役員に据えた」と語った[20]。とりわけ党人派を党役職に起用しないことが重要だったと考えられる。例えば、第三次吉田内閣の頃、吉田は「党の近代化」を標榜し戦前派党人派を党運営から排除し、国会の委員長職に充てた。ただし吉田のいう「党の近代化」は「ボス支配」の排除以上に積極的な意味はない。大野は党役職ではなく、委員長、議長や国務大臣を歴任した。その一方で、戦後派党人派や官僚派に内閣や党の役職を歴任させた。

（a） 政調会長

戦後は政務調査会こそが政党の中心となるべきとの議論が広範に存在した。[21] 一九四五年一一月九日の自由党結成時にも政務調査会強化の構想は存在した。実際のところ、自由党では改進党（一九五二年結成）に比べ「幾分かは重視されていた」ものの、人事を踏まえると「政調会長こそ大臣級の役職とみなされていたが、政調会各部の部長（現在の部会長）や政調副会長ですら、政務次官よりも下に位置していた」と指摘された。[22] 政調会自体さほど重視されていなかったのである。

吉田が総裁に就任した一九四六年八月一八日以降は、一〇月一二日の芦田均から、大村清一、増田甲子七、周東英雄、青木孝義、佐藤栄作、根本龍太郎、吉武恵市、水田三喜男、木暮武太夫、池田勇人が政調会長に就任した。青木、水田、木暮以外は、官僚出身者である。党三役経験者のキャリアパスからは、政調会長には、戦後派、それも官僚派を起用する傾向が読み取れる（一三六―一四一頁の表4を参照）。その嚆矢は、一九四七年五月の下野後、七月一日の増田起用であった。

当時、代議士を政調型と党務型に分類する論者がいた。[23] 政調型は政務調査会長に、党務型は幹事長に起用されるべき、と主張され、官僚出身者は政調型とみなされた。この議論が常に妥当するならば、官僚派の政調会長起用に問題は生じないはずである。しかし佐藤のように党歴の浅い代議士の起用には、若手の集まりである十日会が副会長就任を断るなど、反対が生じた。吉田はポストを提供することでこれに対処し、反対派を切り崩した[24]。

このような反対は存在したものの、吉田に幸いしたのは、政調会長は総務会長や幹事長より一段低い役職だった事である。例えば一九四八年三月に結成された民主自由党の周東英雄政調会長評では、政調会長は大臣直前の階梯とみなされている[25]。ここからは野党時代でも政調会長が大臣に劣る扱いを受けたことが分かる。

（b）　幹事長

ここからは吉田が最も重視した幹事長について、戦後から一九五〇年代半ばまでを対象とし、考察したい。

吉田総裁時代の幹事長は、大野、山崎、広川、増田、林、佐藤、池田の七名である。前半は党人派幹事長が続く。大野は河野の追放後、一九四六年六月に幹事長に就任した。山崎は一九四八年三月の民主自由党結成時に幹事長に就任した。山崎首班事件で著名な政治家である。広川は大野と山崎の両幹事長時代に副幹事長を務め、辞職した山崎幹事長の後任に起用された。広川の在職期間は第二次吉田内閣以降一年半に及んだ。一九五〇年三月一日に自由党が発足すると、四月一三日に広川は佐藤と交代した。「吉田は〝手づくりの幹事長〟を要望し」たからである[26]。佐藤の幹事長起用は政調会長への起用以上に党人派の反発を招いたが[27]、吉田は大野派と広川派の融和を名目に、中間派のリーダーと目されたこともある佐藤を起用した。こうして吉田は直系の官僚派を幹事長に起用することに成功した。

まとめると、広川以降、吉田は自らに忠実な政治家の幹事長起用に成功した。さらに佐藤以降は基本的に官僚派を起用したといえよう。

次に、大野、山崎、広川らの幹事長時代における、幹事長の役割変化を考察したい。幹事長の地位向上の理由はおおまかに三つに分けられるであろう。

第一に、政治資金を扱うという役割が挙げられる。戦前、与党の選挙対策の中心は内務大臣だった。戦後は、政治資金の調達と配分に関わる与党幹事長が重視されるように変化した。[28] 具体的には、戦後初の総選挙では河野幹事長が資金を調達した。吉田総裁は「党の資金については鳩山さんと幹事長が責任を持つ」という総裁受諾の条件により関与しなかったからである（『河野自伝』一八〇－一八一、一九六頁）。その後も大野や広川といった幹事長経験者が資金を調達し配分した。その結果、大野や広川は勢力を拡大した。[29] こうして政治資金を扱う幹事長の地位が一気に上昇したと考えられる。

第二に、役職配分に関わったことが挙げられる。党に疎い吉田が、大臣はともかく、常任委員長や政務次官人事まで全て把握していたと考えるのは無理がある。第二次、第三次吉田内閣組閣を例にとれば、党人派で最も影響力を発揮したのは広川幹事長であった。[30] その後の政務次官人事や常任委員長人事に関しても、吉田は広川幹事長の進言を受け入れた。[31] 以上からも推察可能なように、広川幹事長の権勢の源泉は人事の推薦権に他ならない。[32] 敷衍すれば、内閣改造や役員改選の際に幹事長であれば、自派議員の役職起用が可能となる。この幹事長の有する権限ゆえに、幹事長争いが激化したのであった。

第三に、吉田の党運営における幹事長重視だけでなく、党外との折衝がもたらした影響も指摘できよう。頻繁に行われた各政党間協議に幹事長が出席し「議会運営でも力を加え、党を代表する地位となった」とされる。[33]

戦後の幹事長に関して総括したい。幹事長を重視した吉田は、まずは戦後派党人派の広川、その後に官僚派の佐藤を起用し、以後も直系の政治家を就任させた。それに幹事長の地位は、政治資金を扱うこと、役職配分への関与、党外との折衝の三つを通して、戦前と比べ格段に上昇した。その背景には、占領下の事情、マッカーサーやGHQと交渉した吉田が、党運営を一元化してスムーズに実行する必要性に迫られたといった事情の存在が考えられる。さらに、広川幹事長はオブザーバーとしてだが閣議への出席が認められるなど、[34] 吉田の幹事長重視は明らかであった。

　もう一点、執行機関として幹事長については、次の総務会の部分で論じたい。

（c）総務会と総務会長

　第一章第一節で、政友会における総務の執行機関としての役割、及び、党組織が自由党に継承されたことを指摘した。「党則通りに活躍すれば、（略）総務会は、自由党の党活動の総元締になる」はずであった[35]。実際は吉田が重視する幹事長が党運営の要となった。広川幹事長時代には総務会廃止も検討されたという[36]。吉田総裁時代に、古参議員の拠点たる総務会は党運営から排除された。ここからは総務会が権限を奪取される政治過程を分析したい。

　自由党初期に党務を担ったのは幹事長と常任総務であった（『芦田日記』一九四六年五月一一日）。その後、常任総務は一時廃止されていたようであるが、一九四八年七月に設置された。その選任方法は山崎幹事長一任とされた[37]。一九四八年三月一五日に発足した民主自由党党則でも「総務会は執行機関」と明記されている（第一一条）。

　総務会からの権限奪取の一例として、国会対策委員会を取り上げたい。国会対策委員会とおぼしき機関が登場するのは一九四八年一〇月頃である[38]。一〇月一五日に第二次吉田内閣が発足した。二週間後の一〇月二八日には、常任総務会が議会対策、選挙対策などを論じる傍ら、吉田首相は広川幹事長、佐藤官房長官、橋本龍伍官房次長と国会対策について協議し、党に議会対策小委員会を設置すること、官房長官が列席することを申し合わせた[39]。これは執行機関である総務会の権限を侵害する行為に他ならない。それゆえ、一九五〇年一一月頃には党内で国会対策無用論が主張されていることを踏まえ、総務会で国会対策委員会設置の是非が議論された。大野伴睦顧問は「国会対策委員会などというものは屋上に屋をかするようなものだから廃止するのが妥当」と主張した。この時は益谷総務会長の斡旋で国会対策委員会設置が認められ、山口喜久一郎総務が委員長に就任することで決着した[40]。一連の経緯を踏まえれば、国会対策委員会設置は総務会から国会対策の権限が奪われたと評価できる。ただし、国会対策委員会の名称は一九五〇年と一九五三年の党則には登場しない。おそらく国会対策委員会は事実上の存在にとどまったと推測される。その背景には党人派の根強い抵抗が存在したと考えるのが妥当な解釈であろう。

総務の権限、及び、機能の変化について、党則に即して検討する。一九四八年三月一五日の民主自由党党則では「総務会は執行機関であって党大会並に議員総会等の決議を執行する」（第一一条）とされたが、一九五〇年一月二〇日の自由党党則では「総務会は決議機関とし党大会および議員総会の決議に従ひ党の政策人事及会計其の他重要事項を審議する」（第一二条）と変更された。一方、「幹事長は総裁を補佐し、党機関の決議に基いて党務を執行する」（第二四条）と、執行機関としての役割は幹事長が担うよう変更された。当時、党則改正の改正点の一つとして「総務を決議機関、幹事長は党務執行機関としてその職分を明かにした」と報じられた。[41] 要するに、一九五〇年の党則改正の意義は、議決機関としての総務会、執行機関としての幹事長、という役割分担を確定させた点にある。執行機関としての権限争奪は総務会の敗北に終わり、新たな党組織では総務は党運営と切り離された。

その後、組閣時に人事決定権を総務会が有するとの活動も行われたが成功していない。[42] 総務会中心の党運営は総裁権限の抑制につながるため、反吉田活動の一環として顕在化したのであった。

ところで、吉田総裁のもとで総務会長が常置されたのは、党人派による吉田牽制と考えられる。だが有効に機能したか甚だ疑わしい。ここまで述べたように総務会が党運営から排除された結果、総務会長の地位も低下したと推定されるからである。

歴代総務会長には一つの特徴がある。総裁含みで自由党入りした吉田を除き、官僚出身者は就任していない。列挙すれば、星島二郎、斎藤隆夫、益谷秀次、広川弘禅、三木武吉、大野伴睦と党人派のみ、それも当選回数の多い長老級の政治家が就任した。ここから総務会長が一定の重みを持つ役職だと理解できよう。

最後に、総務会の構成を確認したい。結党時の党則では、総裁指名のみならず、投票で選出される総務が規定された（第四条）。一九四七年五月一八日の衆参両議員総会で参議院の開設と党組織の整備拡充に備え党則改正を決定し、六月二一日の第三回党大会で党則が改正された（『政党年鑑　昭和二三年』一二二―一二三頁）。一九五一年時点で総務は「各地区別に代議士二〇名につき一人の割合で互選されたもの、参議院議員一〇名につき一人の割合で互選されたもの及び総裁が議員以外の党員の中から一〇名限りで指名したものの三方法で選任」とされた[43]。戦前来の伝統に従い、総務は各地方団体から選出される議員によって構成され、全員が総裁指名の総務ではない。

まとめると、第一に、吉田が幹事長を党運営の中心に据え、執行機関としたことが重要である。そのうえで直系の政治家、戦後派党人派と官僚派を起用し、政調会長、幹事長の順に掌握した。第二に、幹事長の地位上昇は、戦前来党運営の中心であった総務会の地位低下を意味した。新たな党組織、例えば国会対策委員会が総務会の権限を奪う形で成立するなど、総務会は執行機関としての権限を失い、議決機関に変容させられた。また、戦前は非常時の役職であった総務会長が常置され、いわゆる党三役が成立した。

(三)　役職公選論の展開

第一章第一節で扱った、一九四六年一〇月の総務と政調会長の公選以降の、役職公選論の展開を述べたい。

まず、政務調査会長は一九四七年の規約改正で議員総会での選挙が規定された。その後も、議員総会での選挙のままであった（一九五〇年の党則第二七条）。実際に選出されたのは芦田のみで、以後は吉田総裁による任命だった（『GHQ日本占領史一一』一四三頁）。

次に、幹事長も党大会の記名投票で選ばれる規定が一九四八年三月の民主自由党結党時に挿入された（『GHQ日本占領史一一』一四三頁）。一九四九年九月には、広川幹事長批判の一環として、大野は総務会に幹事長を選任する権限を与えよと主張した。[44] その後「党則改正の要点は幹事長の公選制」だが、党内は反対が多いと報じられた。[45] 最終的に「幹事長は総裁の推薦により党大会の承認を得て決定」と変更された（一九五〇年の党則第二四条）。その結果、幹事長争いの激化を招いたため、正式に任命制に戻ったとされる（『GHQ日本占領史一一』一四三頁）。これを踏まえれば一九五〇年党則の「総裁の推薦」は事実上、任命と同じ効果を持ったと推測される。

最後に、総務会長は、一九五〇年時点では「総務の三分の二以上出席した総務会で無記名投票により決定する」と定められた（一九五〇年の党則第二三条）。

役職公選論で特筆すべきは、一九四八年三月の民主自由党の結成である。その結党過程を検討する。[46] 片山内閣総辞職後に芦田内閣が発足した。二月二二日、自由党は新党結成工作を宣言した。この頃、党内の革新会[47]が「党内デモクラシーの確立を主たる目標」に「大野幹事長ら現幹部の退陣を要求」した。その要求を幹部が無視できなかったのは、民主党が革新会に働きかけを強めていると考えられたからである。幹部は革新会の要求に屈し、三月一四日に「新党役員公選の原則」が確認された。残念ながら、党則では「党役員の選挙を行ふ」との文言しか確認できず（第一〇条）、具体的な選出方法は不明である。[48] 結党大会当日、総裁候補は吉田のみにもかかわらず「単記無記名投票の結果吉田茂氏が有効投票二五四票のうち二五一票を得て当選」した。幣原喜重郎最高顧問、その他顧問や相談役、山崎猛幹事長は指名された。原則公選とはいうものの、自由党と民主クラブの双方を納得させるために、事前の話し合いで調整された結果であった。とはいえ、形式的でも役職公選論を受け入れたこと、さらには吉田総裁が党大会における単記無記名投票で選出されたことは、候補者が一人であったとはいえ総裁公選の実施例であり、非常に重要である。その後、一九五〇年の党大会では役職公選は一切実施されなかった（『GHQ日本占領史一一』一四三頁）。

民自党発足時の事例から、公選実施に必要な条件として、主張する勢力の存在、執行部が受け入れざるを得ない弱体な党内基盤しか有していないこと、の二つが指摘できる。前者に注目すれば、自由党系において、初期には芦田や若手、以後も非主流派の政治家が党内「民主化」の方策として主張した[49]。一九四九年末には「政党運営の徹底した民主化」のために、党費公募主義の確立、及び、重要な役職を公選すること、という主張が存在した[50]。一九五二年一一月時点でも、若手が総裁、総務会長、幹事長などの役職公選や、「ボス的な選出方法でなくて、正しい選出方法」と選出方法に着目した要求が存在した[51]。このように「民主化」の観点から役職公選が要求されたのであった。後者に着目すれば、前者の主張は、吉田の党内基盤が確立した結果、その実現可能性がほぼ消滅したといえよう。

以上、総裁のリーダーシップを支える制度的基盤の確立過程における吉田総裁の党運営の特徴は四点にまとめられる。第一に、吉田の敵は大野ら戦前派党人派であり、彼らを党運営から排除した。同時に総務会からの権限奪取も行った。第二に、戦後派党人派の要に位置した広川の重要性である。広川や官僚派の幹事長を党運営の中心に据えたことで、幹事長の地位が戦前と比べ格段に上昇した。第三に、主要な党役職を吉田派で支配した。特に官僚派を政調会長から幹事長へと送り込んだ。こうして戦後派党人派と官僚派からなる吉田の党内基盤、多数派が形成された。さらに吉田は反鳩山の党人派を取り込んだ。並行して、吉田は一九五〇年の党則改正により、執行機関としての幹事長と議決機関としての総務会という権限を確定させた。さらに幹事長の事実上の任命権をも実質的に獲得した。これらにより吉田は強力なリーダーシップを発揮することが可能となった。その結果、役職公選論は散発的な主張にとどまったのである。第四に、第二、第三とも関連するが、吉田の統治技術の巧みさは、多くの政治家に自らを後継者と信じさせ忠誠を尽くさせた点にある。「ナンバー2」を置かないところにその妙がある。だが、公職追放解除により政界復帰した緒方が後継者と目されたことで、吉田の統治技術は破綻した。その詳細を次節で扱いたい。

第二節　独立後の吉田政治

本節はサンフランシスコ講和条約締結前後の一九五〇年から五三年までを対象とする。与件としての内外の情勢の変化がある。一九五〇年六月に朝鮮戦争が勃発した。七月にはマッカーサーが警察予備隊の発足を指示し、八月一〇日に警察予備隊令が公布された。一九五二年七月三一日には保安庁法が公布された。また、一九五一年九月八日、サンフランシスコ講和条約に調印した。同日、吉田首相は日米安全保障条約にも調印した。発効はともに一九五二年四月二八日である。宮澤喜一は「独立によって、このようなタテであるとともにタテつく対象がなくなったために、吉田さんの存在が国民には色あせてみえてきたのではないか」と指摘した（読売新聞政治部編『総理大臣』読売新聞社、一九七一年、七二頁）。こうして吉田後継が強く意識された結果、吉田首相の求心力は低下した。さらに、一九五〇・五一年の公職追放解除も吉田政権に影響を与えた。鳩山や三木武吉ら反吉田勢力の復帰が吉田政権の動揺を惹起したと説明されることが多い。本書は吉田の統治技術に政権の動揺を惹起する理由が存在したと考える。そこで吉田による緒方起用の影響を考察したい。

（一）　公職追放解除前後の党内状況

一九五〇年一〇月一三日に鳩山派の大久保留次郎、安藤正純、牧野良三らの追放が解除された。一九五一年六月二〇日には、三木武吉、石橋湛山の公職追放が解除された。そして八月六日、鳩山や前田、緒方が追放解除された。

ここからは鳩山と緒方に注目し、吉田との関係、自由党復帰後の党内状況を確認したい。

（a）鳩山の政界復帰

追放解除前の鳩山の政治活動で重要なのは、ダレス国務長官との会談であろう。[52] この会談で鳩山は再軍備への積極姿勢を示し、吉田との違いをアメリカに強く印象づけることを試みた。再軍備に限らず、吉田と逆の政策を掲げることが、鳩山の基本戦略であった。

自由党復帰か、新党結成か、鳩山の去就に注目が集まるなか、一九五一年六月一一日、安藤、大久保、三木、岩淵辰雄、石井、山下太郎、鳩山が鳩山邸に集った。[53] 議論中に鳩山が中座して倒れた。三木武吉らは戦略を練り直し、自由党復帰と吉田からの禅譲を基本路線とすることに決定した。[54] こうして鳩山らは自由党に復帰した。

同じく追放を解除された岸信介は、日本再建連盟を組織し、一九五二年一〇月の総選挙に一六名を擁立した。結果は当選者一名だった。[55] この岸の失敗を念頭におけば、鳩山の自由党入党は新党結成よりも妥当な選択と評価できよう。

鳩山らは禅譲を期待した。

しかし、一九五一年九月の講和条約締結後、サンフランシスコに同行した福永健司によれば、宿舎に帰ってシャンパンで祝った時、吉田首相は「これからが大事な時なんで、早く若い人たちが成長してくれたらいいんだが」と語ったという。[56] それ以外にも鳩山への対抗措置を講じていた。八月九日、公職追放解除直後の前田と吉田首相は箱根で会談し、前田は自由党に入党した。[57] 一連の吉田の言動から禅譲の意思を見出すことは困難である。

（b）鳩山派の戦略――「三条件」・「四条件」の考察

次に、鳩山派の戦略を分析したい。吉田からの禅譲を期待したものの、本当に実現すると信じていたか、甚だ疑問である。そこで禅譲の根拠とされる、吉田と鳩山の間に交わされた「三条件」（吉田側）、もしくは「四条件」（鳩山側）を再検討する。吉田・鳩山双方の主張は、五百旗頭真による簡潔な整理がある。[58]通説的理解では「三条件」は一致する。論点は四つめの、鳩山復帰の際に吉田が政権を譲るという条件が存在したか否かである。現在まで条件を記したとされる書類は発見されていない。

はじめて「四条件」を披露した「鳩山一郎回顧録」が『文藝春秋』に掲載されたのは一九五七年である。[59]それ以前の回想と比較すると時期により微妙な差異が存在する。『ある代議士の生活と意見』が刊行された一九五二年一一月は、政界復帰後、吉田に政権譲渡を迫った時期に当たる。このとき鳩山は「一つは自分は外交官だから金はつくれないということ、一つは人事には干渉してもらいたくないということ、残る一つは嫌気がさしたら止めること、君が二度でられるようになつたら、何時でも止めるということ」を条件として挙げた。[60]この「三条件」がいつしか「四条件」に変わった。その理由を推察すれば、「三条件」の履行を求めても政権を譲らない吉田に苛立ち、最後の部分を独立させて、吉田に禅譲を強く迫ったのであろう。それが鳩山側の主張の時期的変化に反映されたと考えられる。

それ以上に「四条件」は鳩山の政権獲得に正統性を付与することを期待して宣伝されたと推測される。他にも、大命降下を受けたその日に追放されたこと、公職追放解除が吉田首相の手によって意図的に遅らされたこと、政界復帰の直前に倒れて気の毒であることなどが宣伝された。一連のいわばイメージ戦略は、鳩山の政治的立場を強化したと評価されている。[61]もちろん批判も存在した。[62]とはいえ「悲劇の政治家」、「本来総理大臣になっていた政治家」というイメージは、鳩山が後々まで反吉田の象徴として担がれる最大の政治的資源となったことは間違いない。

ところで「三条件」に関する議論は、総裁選出方法の正統性の観点からも興味深い。「密約」は結果的に効果を発揮しなかった。鳩山陣営が正統性の付与を期待して宣伝したとすれば、ここでは、総裁の正統性に関して、前総裁との関係が踏まえられており、政友会の例を想起させる。この後、総裁公選による選出こそが正統性を担保する原理となった。「四条件」の宣伝は、総裁の正統性を担保する原理の変容過程における挿話と評価できよう。

結局のところ、吉田首相が禅譲を拒否した時点で「三条件」・「四条件」の効力は失われたのであった。

（c）　緒方の登場

緒方竹虎[63]について述べたい。一九五一年八月六日に公職追放解除された緒方は、一二月二四日に自由党に入党した。吉田の緒方重用は誰の目にも明らかであった[64]。端的に緒方の処遇に現れている。一九五二年一〇月三〇日に第四次吉田内閣が成立すると、緒方は国務大臣兼官房長官として入閣した。組閣後の第一回記者会見で吉田首相は緒方を大物官房長官と紹介し、緒方の態度も従来の官房長官との違いを印象づけた[65]。栗田は緒方を「政府内のまとめ役」と評価する[66]。こうして、緒方は吉田の後継者の地位を確立したとみなされた。しかしながら吉田と緒方の関係は単純なものではない。その関係を戦後直後の時点に遡って検討したい。

緒方にとっての吉田は如何なる存在か。

吉田が戦後政界に出てくるきっかけは一九四五年九月の東久邇内閣外相就任だった。このとき、東久邇首相と近衛副総理と緒方書記官長が相談し吉田を選んだとされる[67]。東久邇内閣が緒方の強い影響下にあったことを踏まえると[68]、吉田起用は緒方の強い推挙によると考えるのが妥当な解釈であろう。それゆえ、吉田を今日あらしめたのは自分だと緒方は自負しており[69]、恩義に感じ入るという関係ではなかった[70]。

なぜ吉田は緒方を起用したのか。

第一に、吉田の信頼した政客、古島一雄の推挙が存在した（『吉田談話』一七一一八頁）。吉田は「自分は緒方を古島一雄から頼まれ、その後、見ていると、なかなか大人（タイジン）だから、緒方に譲りたい」と語ったと宮澤は証言する[71]。第二に、緒方の政治的存在感が挙げられよう。吉田が重用する政治家は戦後派が多く、戦前派もいわば軽量級にすぎない。戦前に国務大臣を歴任した鳩山と比較すると遙かに見劣りがする。緒方は、戦中に小磯内閣国務大臣兼情報局総裁、戦後直後には東久邇内閣国務大臣兼内閣書記官長を歴任した。吉田はこのような緒方の経歴による政治的存在感に期待し、鳩山と対抗し得る戦前派の大物として起用したと推察される。要するに戦前派対策である。官僚派や戦後派に違和感を持つ戦前派、それも鳩山系の大野伴睦が緒方を評価したことからも（『大野回想録』一二三－一二四頁）、緒方起用は一定の成功を収めたと評価出来る。

こうして吉田が緒方を後継者含みで政界入りさせた結果、従来の吉田の党内基盤が動揺した。具体的には、緒方の入閣前から党内で反発が顕在化した。増田は緒方への反感を隠さず（『増田回想録』一四八－一五〇頁）、広川派は自由党総務会で「戦時内閣閣僚の入閣反対」を主張した。[72]保利茂と池田、さらに広川も文相をすすめたが、緒方は断った。[73]一九五二年一〇月三〇日に緒方が入閣した時の党内派閥状況は、吉田派一四〇名、うち広川派七四名、増田派二五名、佐藤派七名、池田派六名とされる（升味『戦後政治』下巻、四〇七頁）。

(二) 吉田派の動揺と鳩山派の挑戦

最初に、反吉田の象徴たる鳩山の復帰と吉田後継と目される緒方の登場、前項で指摘した二つが党内に与えた影響を考察したい。吉田派で重要な位置を占めた、新党人派の要である広川と官僚派の増田を取り上げる。そのうえで、吉田と鳩山の対立を軸に、第四次吉田内閣発足までの政治過程を検討したい。

(a) 広川弘禅による総務会強化構想

第二章第一節で吉田による党組織改革を検討し、党運営から総務会が排除され、幹事長の下に一元化されたことを指摘した。これに対し、総務会による党運営関与という総務会強化構想が存在した。その担い手は広川弘禅と三木武吉である。[74]

まずは広川の総務会強化構想を扱う。一九五一年五月三一日の改選後、党三役は増田幹事長、広川総務会長、吉武政調会長となった。広川が幹事長を希望したにもかかわらず増田が就任したことで、当初から増田幹事長と広川総務会長の軋轢が予測された。[75] 広川の幹事長就任を阻んだのは大野派や追放解除組の旧党人派による反対論であった。

広川は総務会長に就任すると、六月一日、総務会で常任総務一〇名を指名し、総務会事務局を設置した。広川が内定していた総裁指名総務を強引に入れ替えた結果、常任総務会一〇名は広川派と中間派から構成された。[76] 事務局長は小沢佐重喜である。[77] 事務局を設置し事務局長に代議士を起用した広川総務会長の意図は、幹事長が担う党務執行を総務会長が行うこと、党運営の指導権を握ることであった。[78] この総務会強化は「実際の重要党務は、ほとんど常任総務会の決定で行われている」とされ、かなりの成功を収めた。[79] この時点では、党則に明記された幹事長による党運営に対し、総務会に依拠し対抗することが可能であった。

一方、増田幹事長は広川総務会長に対抗するため顧問会議を設置した。顧問会議は植原、大野、田中万逸、中島守利らと追放解除組の大久保、安藤、牧野、三木武吉ら八名から構成され、毎月一回増田幹事長が党情を報告し、党運営に関して密接な連絡をとった。[80]

さらに、従来、総務会中心主義を支持した『再建』同人が、広川総務会長の行動を問題視した。「常任総務会は党の顧問其他の長老の立入りを禁止」したこと、「常任総務会は常任総務以外の平総務の出席をも拒否」したこと、つまり長老排除と広川総務会長の専横がその理由だった。長老排除は吉田の指示である。[81]「河野一郎氏の追放解除祝賀会の席上に於ても、常任総務会が問題となり植原長老他数氏から広川氏横暴の声があり、さながら反広川大会」との様相を呈した。[82]『再建』同人の批判は、幹事長と総務会の役割分担に関するものではなかったことを確認しておく。

増田幹事長と広川総務会長の対立は、幹事長と総務会長の権限をめぐり顕在化した[83]。とりわけ増田を怒らせたのは、総務会事務局が知事会議招集を提案したことである。増田幹事長は吉田首相に「総務会は決議機関です。実行機関は幹事長あるいは副幹事長その他で、総務会長が知事会議を招集するのはおかしい」と抗議した（『増田回想録』一九一頁）。一二月七日に広川総務会長が招集した緊急総務会でも激しい議論が行われた。まず常任総務の本多市郎と池田正之輔が党三役改選を提案した。主眼は増田幹事長更迭にあるのは明らかであった。これに対し、増田幹事長は役員任期を一年と定めた党則を根拠に反対した。さらに「「元来、総務会は幹事長が議題を定めて招集する事になっているがこんな重要な党内問題を扱うのに一言も相談もない」また「総務会長はたゞ議事の司会をするのが役目で、それ以上の権限はない」と語気鋭く詰め寄った[84]」。党三役改選についても、権限についても、結論は出なかった。

一二月二六日の内閣改造で広川総務会長が農相に転じ、党三役改選について、当面の解決が図られた。増田幹事長続投に、広川派は広川棚上げと反発し、あらためて増田幹事長更迭を要求した。さらに広川派は内閣改造人事に関与できなかったことにも不満をあらわにした。「今回の改造人事について党の三役がこれを知らなかったことは極めて遺憾であり、天下の公党たる党の主体性確立、側近政治反対の強い発言が」出た[85]。広川派が執拗に幹事長にこだわったのは、改造直前の一二月二四日に入党届を出した緒方を強く意識したからであろう。総務会は広川後任の益谷総務会長を認めたが、党三役改選は翌一九五二年の党大会に先送りされた[86]。一九五二年三月の党大会でも再び先送りされ、最終的に七月の福永幹事長事件へとつながったのである。

広川の総務会強化構想を総括する。古参党人排除は吉田の要求であった。だが、幹事長による党運営の否定は吉田には到底是認できない。他方、大野ら旧党人には評価できる構想だったものの、大野らを除外した上での総務会強化は広川総務会長の権限強化につながるので、反対した。このように広川構想は吉田、反吉田両陣営にとって反対を惹起するものであった。にもかかわらず一定の成功を収めたことから、一九五〇年の党則改正により総務会と幹事長の権限が党則上は確定したものの、実質を伴うまでにいたらなかったと考えられる。

その後、広川構想は引き継がれなかった。益谷総務会長就任と同時に小沢総務会事務局長は辞任し[87]、後任が置かれた形跡も、事務局が設置された形跡もない。さらに一九五二年の総務改選の折に常任総務制は廃止された[88]。就任直前まで総務会廃止をも考えた広川が、総務会強化を試みたのは歴史の皮肉といえる。

（b）　福永幹事長事件と増田失脚

一九五二年七月の福永幹事長事件を検討する。福永幹事長事件の最大の影響は、官僚派の増田甲子七の失脚であろう。吉田首相の足下で盤石と思われた党内基盤が徐々に動揺しはじめた。

まずは増田の経歴を紹介したい。増田は内務省出身で、松野鶴平の推挙により吉田に重用された[89]。当初は激化する労働問題対策を期待され、また佐藤の後に幹事長に就任するなど党内対策も期待された。増田は吉田から後継者と明言されたと振り返る（『増田回想録』一四一頁）。その真偽はさておき、吉田の信頼は篤かった。官僚派では池田、佐藤と並び称され[90]、時には「自由党官僚閥のボス」と称されたこともある（坂野『自由党から民自党へ』一〇七頁）。

一九五一年五月の増田幹事長起用は、国民民主党との提携を深め、講和体制を作り上げる意図とされた（宮崎②七二頁）。増田幹事長更迭が問題化したのは前述の通りである。

七月一日の両院議員総会の前、吉田は後任幹事長に福永健司を推した。吉田はかつての佐藤幹事長起用の再現を意図したのかもしれない。だがキャリアほぼゼロの福永起用は従来の吉田人事と比較しても乱暴極まりなかった。佐藤や増田は幹事長就任以前に閣僚なり政調会長なりを経験しているからである。これに鳩山周辺は強く反発した[91]。

注目すべきは増田幹事長の行動である。増田は、幹事長更迭の策動の中心は広川と保利と考えたものの同士を諫めたとする（『増田回想録』二四五―二四七、二五二―二五七頁）。実際には「保利のやり方は切腹しようという人間にピストルを打ちこむやり方だ」と増田は怒りを隠さなかったという。[92] さらに、石橋によると、増田は「どうか強い反対運動を展開してほしい」と持ちかけた。増田はさらに、石田、倉石、大野を説き伏せたため、反対派の計画が具体化した。ところが当日、増田が行き過ぎた行動をたしなめたので、倉石が『バカ、約束が違うじゃないか。この騒ぎは、お前さんが頼んだことじゃあないか！』と、ドナリ返してしまった。とたんに増田君の顔面はそう白。うしろにいる吉田さんは、ニガリ切った顔付でこの倉石・増田の押し問答を聞いていた、という。増田君がその後次第に〝側近〟のイスから離れていった原因は、この倉石君の一言にはじまったようである」という。[93] これら当事者の回顧を踏まえた上で、増田が地位保全のために反吉田派とも良好な関係を保とうと試みたこと（『増田回想録』二三二―二三四頁）、要職にその後一切起用されなかったことを考慮すると（二三六―一四一頁の表4を参照）、石橋の回想が事実に近いと考えられる。

最終的に、林の後任幹事長就任で解決がはかられた。[94] この福永幹事長事件は吉田総裁の統率力低下を印象付けた。それと同時に、官僚派の一角である増田の失脚も重要である。

このように吉田総裁のもとで重視された幹事長は、党運営を担う重要ポストであるがゆえに、激しい権力闘争の対象となった。そして吉田派内部においても様々な軋轢を生じさせたのである。

（c）　抜き打ち解散と第四次吉田内閣発足

福永幹事長事件で反吉田勢力は勢いづいた。一九五二年八月二八日、鳩山派の選挙準備が整わぬうちに吉田首相が解散した。いわゆる抜き打ち解散である。[95] 選挙後の第四次吉田内閣が発足するまでの政治過程は、鳩山と吉田による事実上の総裁公選と評価できる。

選挙中、吉田側は党本部、鳩山側はステーションホテルにと、別々に選挙対策本部を構え、分裂選挙となった。吉田首相は九月五日に林幹事長と益谷総務会長に石橋と河野の除名を求めた[96]。執行部も選挙期間中の暴挙に反対したが、池田蔵相が選挙資金を持参すると、了承した[97]。手続き的には総務会の決議が必要だが、選挙中でもあり「慣例によって選挙対策委員会がこれに当り吉田総裁と林幹事長、益谷総務会長の間でこれを決めたものであり即日効力を発生する」と党本部は主張した[98]。除名前に林幹事長から大野に連絡したとされ、これをもって林・大野・益谷と三木武吉・河野ら「鳩山派が分裂するきっかけ」との見解も存在する[99]。この除名により、鳩山派は動揺し大きな痛手を被った[100]。

一〇月一日、自由党が二四〇議席を獲得、改進党は八五議席、右派社会党が五七議席、左派社会党は五四議席であった。

注目すべきは、政界復帰を果たした前田米蔵である。当選後、戦前来の同志を二十日会に糾合した[101]。古川によれば、二十日会は戦前派と戦後派あわせて三五名を網羅し、ポストを獲得するための集団であったという（古川「戦後政治史の中の前田米蔵」一〇三頁）。

選挙結果を受け、吉田は組閣の意思を明らかにした。

一方、鳩山も意気軒昂であった。一〇月一日、鳩山邸の会合で、石橋・河野の除名を認めないこと、多数派工作により自由党総裁、さらには首班候補に立つことなどを申し合わせた[102]。

この頃、鳩山派内部には三つの路線が存在したとされる。三木武吉の戦術妥協派、河野・石橋による徹底抗戦派、執行部と組み明春まで鳩山政権を見合わせる大野派である。三木は前田、広川、木村篤太郎と接触し、三木幹事長を実現し党の実権を握ることを目指した。河野・石橋は一〇余名前後しかない与野党の差を利用し吉田に組閣させないことを目指した。約一ヶ月にわたる吉田・鳩山の対立の末、両路線とも失敗し、残る大野路線が成功した[103]。選挙直前には反吉田を主張した大野は[104]、林や益谷の説得に態度を変えた[105]。これには、河野や三木への大野の反感、特に大野の反河野感情が影響したとされる[106]。

最終的には一〇月二三日の鳩山・吉田会談で、鳩山が吉田首班を認め、決着した[107]。こうして一〇月三〇日に第四次吉田内閣が発足した。

以上の政治過程で注目すべきは、事実上の総裁公選が行われたことである。

選挙前、広川は「選挙中に金をつかいきったほうが敗けだ」と語った。それは「投票後の実弾戦」を予測したからである[108]。当時の党内派閥の内訳は、吉田派七三名、鳩山派六八名、中間派九九名とされる[109]。吉田派で最も強固なのは広川派で、吉田側近の保利や佐藤は側近以外の党員への影響力はほぼゼロと目された。鳩山派は、広川派に数では劣るものの対抗する大野派、大野以外の鳩山グループは現在の党員への繋がりを持つ。両陣営に分類できないその他大勢には資金を双方から取りかねない党員が存在するとされ、優勢な陣営に近づく傾向があり浮動的とされる[110]。選挙直後に鳩山派は「同派に属すると確信する氏名」一二一名を発表した[111]。一〇月三日に池田蔵相が断固たる措置に言及すると、名簿に掲載された新当選議員の半数ほどが執行部に「釈明または帰順を申し出」た[112]。一〇月一六日に鳩山は「フェア・プレイで議場において決戦するのが最も立憲的」と述べた[113]。野党との連携を念頭に置き、決選投票にのぞむ意思を明確にしたのである。この鳩山の行動に対しては、従来の議会における政党の行動を変更する「重大問題」と受け止められ[114]、「新憲法下の学説や慣例としては常識的でないことは多くの憲法学者が指摘」と報じられるなど[115]、疑念が呈された。この間、鳩山側の人数は、一二〇名から一〇〇名、八〇名へと順次減った。鳩山は八〇名以上にはならないため、やむを得ず党に残ったという（『鳩山回顧録』一一六頁）。要するに、鳩山は多数派工作で敗れたのである。

この事実上の総裁公選は、自由民主党成立後の総裁公選のようにルールに基づくものではなかった。現実化しなかったが、吉田側も鳩山側も野党との連携を模索しており、政界再編の可能性が存在したことが最大の違いである。

第四次吉田内閣発足までの間で、注目すべき主張が存在する。一つ目は中間派の「次期首班候補を党内より選ぶ際、アメリカ大統領候補選挙における共和党アイゼンハウワーとタフトの場合の如く、多数の決定に従って党を割らずにいくという民主的ルールを設定することを目的とし」た主張である。[116] 総裁公選のルール作りと評してよかろう。二つ目は、総理・総裁分離案である。鳩山派の妥協工作で有力とされたのが、三木武吉、永野護、砂田重政が担った工作であった。総理・総裁分離で打開を試みたが失敗したという。[117]

第四次吉田内閣発足後の展開に関して二点指摘したい。

まず、鳩山派内部で妥協した鳩山と対鳩山宥和策の最前線に立った大野への反発が表面化した。河野は鳩山に直接不満をぶつけたという。[118] 三木武吉も大野への敵意をあらわにし、広川との交渉で合意した人事が一切実現しなかったことに不信感を高めた。[119] そこで、三木や河野らは党内民主化同盟を結成し、反吉田活動を展開した。

もう一点、広川の影響力が明らかになった。「広川は百余名の署名を集めたが、池田、佐藤などはほとんど集められなかった」という。[120] これに着目した三木武吉は、広川を対象に政治工作を開始した。具体的内容は次項で扱う。

(三)　一九五三年党則改正の政治過程

本項では一九五三年党則改正の政治過程を扱う。その内容は総裁の権限強化に関連するため、総裁のリーダーシップの観点から重要である。もう一つ、従来の党大会や議員総会重視から執行部重視への転換も重要である。まずは三木武吉による総務会強化構想を扱い、その後、吉田側の対応として党則改正を扱う。

（a）　三木武吉による総務会強化構想

最初に、三木武吉の活動基盤となった、民主化同盟（以下、民同派と略）について述べる。[121] 第四次吉田内閣が発足する前、一〇月二五日、ステーションホテルで、河野と石橋の除名問題を取り上げること、執行部一新の要求を決定した。委員長は安藤、副委員長は平塚、委員に三木武吉、砂田、牧野、植原、河合良成、森幸太郎の六名を選んだ。主流を形成したのは三木・河野・石橋らであった。一一月二八日には民同派の欠席により、池田通産相不信任案が可決した。吉田首相は同日、緒方を副総理に任命した。一二月一五日、民同派と吉田首相ら執行部の会談が首相官邸で行われ、石橋と河野の除名は取り消された。さらに民同派の主張する執行部更迭を、吉田首相は拒否できなかった。焦点は林の後任幹事長である。

吉田は佐藤幹事長を希望した。林幹事長は一九五三年一月一九日に辞表を提出、同日、佐藤は松野から幹事長を打診された。広川派や民同派は佐藤幹事長に抵抗を試みたが、最終的に、吉田首相は意図を貫徹した。[122] その一方で、吉田首相は民同派の提案した三木総務会長を受け入れざるを得なかった。こうして党執行部は、佐藤幹事長、三木総務会長、木暮武太夫政調会長の体制となった。

この間、広川は三木武吉と呼応して、三木総務会長と広川幹事長を実現しようとした。三木は「テーブルを倒すには押しても引いてもダメだ。だが一本の脚を切りさえすれば、押しただけでひっくり返るよ」と語り[123]、吉田の党内基盤の中でも戦後派党人派の要である広川に着目した。吉田と鳩山が吉田首班に合意した二日後、一〇月二五日に三木は広川を訪問していた。[124] ついに広川幹事長は実現しなかった。

ここから三木の総務会強化構想を叙述したい。その前提として、党役職の権限が不分明であったことが重要である。三木は吉田の党内基盤である多数派の破壊を試みつつ、総務会を拠点に吉田退陣工作を行った。

三木総務会長は二月一一日、総務会長補佐役を新設し、星島二郎（中立派）、首藤新八（広川派）、河野一郎（民

同派）の三名を充てた。総務会長事故の場合の代理とされるが、三木総務会長の意図は総務会の機能強化だった[125]。二月一七日には、全総務に政策、党務、選挙のどれかを分担させ、政策担当総務は官僚出身議員中心の政調会を技術的立案機関に抑え、党務担当総務は幹事長以下の党執行部を牽制し、選挙担当総務は選挙対策を担当するなど「総務会が党運営のカナメをおさえる（略）深謀遠慮」が報じられた[126]。三木構想は各総務が党運営を担当する戦前型総務会の復活というべきもので、かなりの成功を収めた。「幹事長に対してこれまで慣例であった幹事長指名人事、国会提出法案、党務報告等の報告を求め、それらを正式に総務委員会了承事項に変えた」とされる[127]。その結果、重要党務を総務会が扱い「幹事長は、あたかも総務会長の高等小使になりかねない状況」となった[128]。さらに総務会は「最近では党だけでなく政府の重要政策に対しても大きなニラミを利かせるまでになった」と評され、三木構想に好意的な戦前派総務の存在も報じられた[129]。

前述した広川構想以上に党運営への関与を深める三木構想が成功した理由としては、広川や戦前派の賛成が大きい。吉田の党内基盤を形成していた、鳩山と対立する戦前派である前田派の取り込みにも三木は熱心だった。吉田や池田の影響の強い松野頼三や前尾繁三郎ら若手副会長の行動のため、木暮政調会長は政調会運営に苦慮した。それを三木武吉総務会長が助けたという[130]。これは前田派への宥和策である。三木と河野による鳩山と前田の提携工作が進められ、二月末に前田との提携が実現した（『三木武吉』三六四頁）。こうして、民同派、広川派、前田派二十日会の三派連合が出来上がったと考えられる。党内多数派工作を着実に進める三木武吉総務会長は、吉田ら政府や執行部にとり厄介な存在であった。とりわけ、一九五〇年の党則改正により「総裁の推薦」となった幹事長人事に、三木総務会長が介入しようと試みたことは、吉田総裁の作り上げた安定的な党運営を脅かすものだった。

二月末、吉田首相が議会で「バカヤロー」と発言した事をきっかけに、吉田首相懲罰動議が提出された。三月一日、吉田首相の懲罰動議に対して、三木総務会長と民同派の石橋湛山は「両三日中に吉田を隠退せしめる計画」を話し合った[131]。三月二日、吉田首相懲罰動議は、野党の賛成と鳩山派や広川派の欠席により可決された。懲罰動議可決後、院内総理大臣室に、三木武吉総務会長と広川農相を除いた全閣僚と党三役が集まった。議題は三木武吉総務会長と広川農相の扱いである。緒方副総理兼官房長官が「三木君の処置は総務会の議決が必要であるから当面なんともできないが、広川君に対しては、憲法六十八条を発動したい」と発言し、異論なく、広川農相罷免が決定した[132]。

一方、三木総務会長は「われわれに断りなく、議事を開いた結果、かかる事態に立ちいたった」「吉田が強引に急いだからだ」と吉田首相と執行部を批判した[133]。翌三月三日の秘密総務会でも、広川農相罷免、後任大臣が事前に総務会の審議を経ていないこと、懲罰委員であった河野を執行部が勝手に差し替えたことなどを、河野、根本、首藤、広川らが批判した[134]。これは政府人事にも総務会の承認を求める行動であった。

佐藤幹事長以下執行部は、野党の内閣不信任案提出に先立ち、広川の党除名を決意した。両院議員総会で除名に必要な三分の二の同意が得られるかが問題であった[135]。そこに党内手続きが問題化した。三木総務会長は総務会への提出に不同意だった。対して、佐藤幹事長は総務会の結論如何にかかわらず議員総会に提出すると強硬だった[136]。広川除名問題が議論された三月六日の総務会の状況は「懲罰即行九、反対五、離党勧告二、情状論六」だった[137]。議員総会開催前に総務会決議が必要か否かの党則の解釈は、必要とする民同派の主張が満場一致で可決されたものの、除名の結論は出なかった[138]。

以上の政治過程で明らかになったように、本来は吉田総裁の党内統制で重要な役割を果たす除名は、三木武吉総務会長に封じられた。だが、三木武吉ら鳩山側も吉田退陣を実現する決定的手段に欠けた。

三月九日、佐藤幹事長や緒方官房長官は、民同派への入閣交渉を否定し、妥協工作など考えていないと断言した[139]。緒方は三木総務会長を一切信用していない[140]。一三日、佐藤幹事長が総務会に不信任案対策を提案したところ、三木総務会長は「提出を見ざる今日何の対策の要ありや」、さらに河野や根本らが「本日の総務会にて論ずるはその時期に非ず」と批判し、佐藤幹事長は「余等は秘密会として之を論駁して議を続け、挙党一致一蹴すべしと主張するも最終決定を見ずして休憩」となった。執行部は代議士会で、不信任案を否決すべきこと、否決に同調しなかった者は除名、可決されたら解散を決定した。その後、三木総務会長が提案した「鳩山総（裁）案」を佐藤幹事長は拒否した[141]。

この間、鳩山の大野や松野への働きかけも成功しなかった（『鳩山回顧録』一一三―一一四頁）。

三月一四日、三木総務会長と石橋らが分党を決定した。この日の総務会で不信任案に関して議論されたが、三木総務会長は採決せず退席した。佐藤幹事長は「余等も遂に最后に来りたるを感ず」と記した[142]。同日、民同派と広川派の欠席により、内閣不信任案が可決された。これを受け吉田首相は衆議院を解散した。いわゆるバカヤロー解散である。

不信任決議案に欠席した鳩山ら民同派の強硬派と十数名の広川派は分派自由党（以下、分自党と略記）を結成した。三月一四日の民同派総会は新党結成をめぐり激論となった。新党反対派は、自由党に残留した。安藤、大久保、牧野、北昤吉、砂田らが主な政治家である。選挙に弱いという事情や、三木と河野の強引なやり方に対する反感から行動した政治家もいたという[143]。

三月一六日、佐藤幹事長は分党届を提出した広川派と民同派を除名した[144]。佐藤幹事長曰く「広川除名問題は解散によって同氏が代議士でなくなった以上取扱いが簡単となった」からである[145]。解散により広川は前代議士となるから除名手続きは簡略化できる。三木らが脱党したため、総務会での決議も可能となった。

このとき、広川は「珍しく興奮して佐藤幹事長の舞台を廻しているのは、吉田ではなくして緒方であると断言した」という[146]。広川がいかに緒方を意識していたかを示す挿話である。

四月一九日に行われた第二六回総選挙で分自党は惨敗した。選挙前に、鳩山は「必ず一〇〇名はとれるし、改進党と提携すれば吉田内閣も追い落とせると確信」しており（『鳩山回顧録』一二六頁）、三木や河野は「六〇名は当選」と予想した。[147] 当選者三五名と増減はなかったが、平塚ら有力政治家が落選した。残留者も大久保、牧野が落選した。広川派は完全に壊滅し、落選した広川は以後も政治的に復活できなかった。以上の結果を踏まえ、分自党からは自由党復党を求める意見も出た。このとき、前田も前回の選挙違反事件の影響で落選した（『前田伝』四七七―四八二頁）。

ここで広川が吉田から離反した影響を考察したい。吉田にとって広川は戦後派党人派を掌握する最重要人物だった。それゆえ広川離反は必然的に党人派内の力学を変化させた。佐藤幹事長の工作が功を奏し広川派の脱党者は一一名にとどまったため、[148] 当面の影響は小さかった。注目すべきは、広川派の残党を吸収したのが緒方だったことである。これにより緒方派は急速に膨張した。[149] この緒方の影響力拡大に、吉田首相は打つ手がなかった。もはや新たな若手育成は難しく、戦後派党人派の保利や小沢は未だ経験が浅かった。林、益谷らは長老格だったが、党人派をまとめる能力はなかった。こうして緒方の地位は一気に上昇した。同時に、吉田が敬遠した大野の影響力も増大した。先取りすれば、吉田は政権末期に、それまで党役職から遠ざけていた大野を総務会長に起用せざるを得なくなった。

まとめると、広川失脚とは即ち、党人派の戦後派と戦前派の対立を先鋭化させ、そのバランスの上で権力を振るうという、吉田の統治技術の破綻を意味した。それでもなお吉田派は鳩山の挑戦を退ける勢力であり続けた。とはいえ緒方の勢力拡大は急激すぎた。吉田派内における緒方の比重の異様な高まりにより、吉田の政権運営は危うさを秘めたものとなったのである。

（b）一九五三年党則改正

広川と三木の総務会強化構想に象徴される反吉田活動を踏まえ、吉田総裁は党組織改革を断行した。それが一九五三年九月二五日の党則改正である。この党則改正は、総裁権限の強化が特徴である。分自党の復帰（一九五三年一一月に実現）に向けた対策であった。ここから条文を踏まえつつ検討したい。

党則改正の手続きは、日本自由党党則（一九四五年一一月九日）には存在しない。実際には党則改正は党大会で決定され[150]、やや時期がずれると「党則の改廃は党大会の決議によらなければならない」と定められた（一九五〇年の党則附則）。その後も「党則の改廃は、党大会の決議によらなければならない」と変更はない（一九五三年の党則附則）。

そもそも「石橋、河野両氏の除名問題、あるいは佐藤、広川両氏の幹事長争いの時、党則違反を理由に総裁攻撃の武器に利用され、党内の紛争を生じた。これにこりた吉田首相は佐藤幹事長の再度就任にあたり、党則を改正するよう指示していた」とされる[151]。

党則改正により、党大会と党大会に代わる議員総会の地位が低下し、それに対して総裁や総務会といった執行部の権限が強化されたことが指摘できる[152]。かつてＧＨＱが民主的な党運営を求めた際に党大会を重視した結果、党大会で党の重要事項を決定すること、引いては党大会に代わる議員総会が重視された。だが、前述の福永幹事長事件が典型例であるが、議員総会は「内紛の震源地」となったため、「骨抜きにし、混乱を未然に防ぐよう配慮するなど」統制が強化された[153]。議員総会や党大会を重視する視点からすれば、執行部、とりわけ総裁の権限強化は「一面非民主的」と評価された[154]。

ここからは執行部、特に総裁の権限強化について具体的に述べたい。『再建』は「一、幹事長の選任を総裁の権限とし、総務会の了承を必要としない。　一、国会議員である党員の除名は総務会の過半数によって決し、議員総会の議決を必要としない。但し総務三分の二以上の出席を要す」の二点が党則改正の主眼であると指摘した[155]。

一点目は、幹事長という重要な党役職への人事介入を事前に防止する手段である。「幹事長は総裁の推薦により党大会の承認を得て決定する」（一九五〇年の党則第二四条）という文言が、「幹事長は、総裁之を選任する」と変更された。『再建』の指摘する「総務会の了承を必要としない」ことは、広川や三木武吉の総務会強化構想への対処であろう。党大会の承認が削除されたのも介入防止のためだった。一九五二年三月には、増田幹事長続投を臨時党大会で決定できず、吉田総裁が議員総会で指名せざるを得なかった[156]。そもそも「党大会の承認」のみで具体的な選出方法が不明なのだから、選挙の可能性も否定できない。一九五三年の役員改選時に、民同派が佐藤幹事長に反対し、ついに総務会で投票が実施されたという[157]。このとき田中角栄は、幹事長は総裁と一体、党則上の扱いはともかく実際は総裁指名、と主張した[158]。このような混乱を排除するために、幹事長選任は総裁権限とされたのである。

二点目は、除名に関する規定である。党則改正が伝えられた頃から総裁の権限強化を企図し「党員の除名や入党には、総裁の指名ないし、大巾な権限を規定」することを目指したという[159]。党則改正の一ヶ月前に、吉田総裁が松野鶴平に宛てた手紙で「小生ハ党の現状だらしなきハ総裁ニ除名権なきか故ニて、党を引しめ候ニ付大事ニ付」と述べ、除名権の重要性を指摘している[160]。ドッジの指示による一九四九年度予算案組み替えや[161]、一九五二年一〇月の総選挙直前の石橋・河野の除名を想起すれば、除名権が吉田総裁の政治的資源として大きな効果を発揮したことが分かる。それゆえ、反吉田勢力は除名封じを策した。前述した一九五三年三月の広川除名の場合は、正規の手続きを要求されたことが、吉田総裁にとって強力な制約と化した。手続きに注目すると「総務会の決議によって之を除名する。但し国会議員の場合には議員総会の決議を経なければならない」（一九五〇年の党則第三七条）は「総務会の決議によって、之を除名する。但し国会議員の場合には、総務会において除名の決議をするには、三分の二以上の出席を必要とする」と、議員総会の決議不要と簡略化された（一九五三年の党則第三五条）。当初案は総務会の出席者の過半数で除名可能であった。議員総会で異論が出たため、総務会の出席数に「三分の二」の字句が挿入された。もっとも一〇名の総裁指名総務を考慮すれば、実質過半数で除名を決定できるから、大した障害にはならないと判断しての訂正であった[162]。除名権が総務会に残されたことは後々意味を持った。

吉田総裁に有利な党則改正が実現したのは、民同派と広川派が分党し、党内に強硬な反対勢力が存在しなかったからである。

ここで、第二節の対象期間における、党組織に関する変化や論点について四点付け加えたい。

一点目は、資金局の創設である。資金局は幹事長の権限と関連する[163]。初代資金局長は保利で、その後任は坪川だった[164]。そもそも資金局は、自由党に先んじて国民民主党や改進党に設置された。新設の理由は党内事情が影響したとされる。保利によれば、一九五三年五月、吉田は「党の資金を幹事長が自由にすることは必ずしも適当ではあるまい」との見解であり、「総裁が直接監督できる道をつけておく」という意味で、資金局長を命じられたという[165]。総裁直結の役職、即ち、従来党資金を扱っていた幹事長に対して牽制する効果を持った。それゆえ田々宮は資金局創設を幹事長不信任の消極的表明と評したが[166]、的外れであろう。鳩山派が幹事長に就任した場合を想定して、吉田が党資金を総裁直結にしたと考えるのが、より妥当な解釈であろう。一九五三年の党則改正で、正式に資金局が設置された[167]。

このように対策を講じつつ、それでもなお吉田は幹事長に一元的に党運営を担わせた。吉田にとって、幹事長中心の党運営の重要度が高かったことが理解できるだろう。

二点目は、党三役の機能に関連する党則の改正である。これも一点目と同じく幹事長の権限と関係する。幹事の規定、「総務及び幹事長を佐け党務を分担」（一九五〇年の党則第二六条）が、一九五三年の党則では「第二五条　幹事は、幹事長を佐け、党務を分担する」とある。一九五〇年の党則改正で、議決機関としての総務会、執行機関としての幹事長の役割が確定した後も、総務会が党運営に関わると取られかねない部分が幹事の規定に残っていた。

それを一九五三年の党則改正、もしくはその間に修正したのであろう。

三点目は、党大会の構成である。歴代自由党の党則から該当部分を抜粋する。

「第一四条　党大会は党員たる国会議員及各支部より選出したる委員を会同して之を開く。但し委員は一支部二名を以て定員とす」（一九四五年一一月九日）

「第七条　代議委員は、都道府県連合支部毎に三名を定員とする」（一九五〇年の党則）

「第七条　代議委員は、都道府県連合支部毎に五名を定員とする」[168]（一九五三年九月二五日）

時期を経るにつれ、代議員数が増えたことが分かる。第二保守党系の国民民主党や改進党が代議員を重視したことが自由党にも影響したと推測される。第二保守党系ほど党大会が重視されていないのは、総裁の権限強化に強い関心を示した吉田自由党の志向の反映であろう。

四点目に、党組織委員会設置の議論である。一九五三年六月三日に、吉田首相は益谷総務会長、佐藤幹事長に宛てて「速やかに党組織委員会を設置し、党下部組織結成並ニ党費ハ党員ニて賄ふ方針を確立して、党員より党費徴収する事ニ致度、他面党勢拡張の為、全国遊説開始の準備に御着手相成度」という書簡を送った[169]。このとき吉田には、組織委員会を重視し積極的な組織拡大をはかる改進党への対抗意識が存在したと考えられる。だが、結局は一九五三年の党則改正でも設置されず、従前通り組織局のままであった（第一八条、及び、一九五〇年党則の第一八条）。

第二節を通じて、役職公選についてまとめたい。

総裁公選に関しては、一九四七年から一九五三年までの間、党大会で複数候補者による選挙が実施されることはなかった。例えば、一九五二年三月の第六回臨時党大会には約一〇〇〇名が集まり、単記記名投票の手続きも取られた。だが植原の動議により省かれ、満場一致で吉田総裁を再選した[170]。特記すべき事例が二つ存在する。一つ目は、一九四八年三月の民自党の結成党大会にて投票を行ったことである。ただし候補者は吉田一人のみだった。二つ目は、一九五二年一〇月の総選挙後の、吉田と鳩山間で行われた事実上の総裁公選である。このときは吉田総裁が党内多数派を形成したため、実際の投票は行われなかった。

幹部公選に関しては、特に幹事長の選出方法が重要である。幹事長は一時的に公選とされたが、一九五〇年には総裁推薦（党大会の承認も必要）、一九五三年には総裁指名と変更された。

以上まとめると、吉田が党総裁としてリーダーシップを発揮するに際して、幹事長中心の党運営という制度的基盤、及び幹事長指名に代表される総裁権限の強化は、決定的な要素であったと結論づけられよう。

第三節　吉田内閣総辞職の政治過程

前節までは、吉田総裁が多数派を形成し党内基盤が確立される政治過程と、反吉田勢力の挑戦を退ける中で幹事長中心の党運営という制度的基盤が確立したことを論じた。党中央組織の整備は、執行機関としての幹事長と議決機関としての総務会という役割分担を確定させた。一九五三年党則改正で総裁権限が強化されたが、除名権は総務会に残された。

党組織の権限を踏まえた上で、本節では、制度的にも実質的にも強固な党内基盤を誇った吉田総裁が退陣に追い込まれた経緯を検討する。その際、幹事長と総務会長の人事に着目しつつ、党内多数派の崩壊という視点から説明を試みる。政治家では鳩山と緒方に特に注目して叙述したい。

（二）吉田と緒方の対立

一九五三（昭和二八）年五月二一日、第五次吉田内閣が少数与党で発足した。主要な人事を挙げれば、緒方副総理、池田政調会長、佐藤幹事長という体制だった。第五次吉田内閣の人選には緒方の意向がかなり反映された（宮崎①一三一頁）。

既に三月に緒方は副総理専任となっていた。緒方が副総理に就任してしばらく経った後、吉田は「ある日、私が小川の橋を渡ろうとしますとねえ、川底に金モールの大礼服のようなものを着た、一見どこの高官かと見紛う男がおぼれ死にかかっていたんですよ。そこで気の毒に思って、拾い上げて使ってみましたところがねえ、何とその大礼服は、よく見るとチンドン屋の金モールだったんですよ」と話したという[171]。このように吉田首相の緒方の扱いは重視一辺倒とは言い難い。そこで、吉田と緒方の関係を再検討する。

緒方起用時から吉田は期待と同時に警戒心を有していた。それは緒方の保安庁長官就任が突如白紙撤回されたことからも理解されよう。そもそもの経緯は、一九五二年四月一五日に吉田が緒方に保安庁（八月一日に発足予定）の初代長官就任を要請したことに始まる（『緒方伝』一八〇頁）。直後に緒方は東南アジア外遊に出発した。帰国した緒方は、保安庁長官を断念し文部大臣に就任するよう、吉田に要請された[172]。緒方はこれを断り、一九五二年一〇月の代議士当選後、第四次吉田内閣で官房長官に就任した。吉田が保安庁長官就任要請を撤回した理由は、緒方と福岡の右翼や左翼との関係、旧軍人との関係が深いことが判明したからである（「吉田談話」一一五―一一八頁）。栗田は旧軍人や右翼にも知己を持つ緒方が再軍備問題で重みを加えたと指摘する[173]。吉田証言を踏まえれば、緒方が再軍備問題で重みを加えれば加えるほど、吉田の警戒心を呼び起こしたことが分かる。

吉田は緒方派の急膨張を不満分子が緒方を支持したからと理解しており（「吉田談話」三一一頁）、緒方が政治勢力を拡大するにつれ、警戒を強めたのだろう。

一九五三年末の吉田と緒方の関係については村井順の例が参考になる。[174] 村井は第一次吉田内閣で首相秘書官を務め、一九五二年四月九日に内閣調査室の初代室長に任命された。一九五二年一〇月に官房長官に就任した緒方は独自の情報機関構想を推進したため、村井との関係は良好とは言い難かった。しかし緒方構想が撤回に追い込まれると、緒方は村井後援へと態度を変えた。こうして村井は吉田と緒方の支持を得た。だが一九五三年に村井が外遊から帰国すると、内閣調査室長を事実上更迭された。その直接の原因は吉田の信頼を損ねたことであった。村井は「吉田さんと緒方さんの間にいつの間にか深い溝ができてしまった」、「私が緒方さんに近づいているという誤解が生まれ、吉田さんの私に対する信頼感が揺らぎだしていた」という。緒方と池田の対立が激化する中、村井が緒方陣営と目されたことも影響したと考えられる。[175] 一九五三年末、村井は京都府警察本部長に転出した。このように吉田と緒方の関係は良好とは言い難い。

次に、池田と緒方の関係を述べたい。取り上げるのは、池田・ロバートソン会談直前に行われた、一九五三年九月二七日の第二次吉田・重光会談実現までの経緯である。[176] 第五次吉田内閣の成立後の第一次吉田・重光会談は形式的なものに終始し、重光葵改進党総裁には何の成果も生まなかったうえ、党内「革新派」による重光攻撃を引き起こした。[177] 吉田にすれば、議長を野党連合に奪われ、政権はなお不安定であった。そこで一九五三年七月に吉田は佐藤と池田に改進党工作を命じた。[178] 同時期に吉田は政策の擦りあわせを緒方にも命じた。[179] このとき緒方らは保守合同という言葉を用いて改進党に働きかけた。その意味するところは、改進党全体との合流ではない。あくまでも改進党の一部を切り取ることが、吉田の意図であった（「吉田談話」二三七頁）。池田側近の宮澤は「改進党に対する政局安定工作や、保守合同をめぐるいろんな工作において、緒方、池田両氏の路線はいたるところで衝突、混線をひきおこ」したとし、[180]「政治上の一つの先陣争いのような色彩」、「政治家の一種の手柄のような話」と表現した。[181] 池田は単独かつ極秘のうちに重光との会談の準備をすすめ、党幹部や緒方に一切知らせなかった（宮崎①一二七頁）。渡米を控えた池田は、アメリカとの交渉力を増すために自由党と改進党の意見が一致しているという体裁を整える必要に迫られていたのである。[182]この第二次吉田・重光会談実現には池田の貢献大であった。この二ヶ月後、一一月一七日に、吉田・鳩山会談が実現し、分自党の大半の自由党復帰が確定した。重光は、これがわざわざ池田の渡米中に行われたことから、この分自党工作は緒方主導と推測した（「重光日記」一九五三年一一月一七日）。

一連の野党工作のみならず、池田と緒方は、政策的にも対立した。例えば、両者の中国政策の違いは明らかであった。[183]緒方は台湾派であり、議席を持たぬ頃、首相特使として東南アジア歴訪の途についたことがある。[184]それ以外にも、吉田が総辞職前に外遊する際、村田省蔵を中国に派遣する具体的な計画が存在した。緒方はこれに乗り気でなかった。対照的に、吉田の中国大陸との関係を模索する方針は池田に継承された。池田幹事長は一九五四年八月時点でも中国大陸との貿易に積極的であった。[185]

このように吉田、及び、吉田周辺と緒方との関係はかなり悪化していたのである。

（二）　鳩山復党と党内多数派工作

ここでは鳩山派の活動に焦点を当てたい。

一九五三年五月発足の第五次吉田内閣は少数与党内閣だった。それゆえ鳩山派の復党工作は最重要課題だった。自由党側の交渉者は民同派残留組の安藤である。[186]一方、三木武吉、河野、石橋、中村梅吉らは復党を中止するよう交代で鳩山を説得した（『中村自伝』六九頁）。鳩山に復党を強く勧めたのは、娘が鳩山の息子威一郎と結婚し鳩山と姻戚関係にあった石橋正二郎である。[187]石橋正二郎は政治資金を担当しており鳩山に影響力を有していた。最終的に、一一月一七日の吉田・鳩山会談で復党が決定した。[188]一一月二九日午後九時半、分自党控え室で、復党組と残留組の決別会が開かれた（宮崎①一三八頁）。

分自党の残留組は分裂直後に築地平田で日本自由党を結成した[189]。いわゆる「八人の侍」である。三木武吉は最高顧問、河野は幹事長、松永東が中央常任委員会議長、中村梅吉が政務調査会長、池田正之輔が国会対策委員長、松田竹千代が党勢拡大委員長、山村新治郎は党務委員長という陣容だった[190]。

唯一の成果は、野党連携強化の成功であろう。わずか八名だが、与野党の議席差が接近していたため、双方が強く働きかけた。連絡役は、松村改進党幹事長のもとで筆頭副幹事長を務めた竹山祐太郎や田川誠一であった[191]。中村梅吉によれば、改進党の竹山副幹事長と荒木国会対策委員長の二人は、毎日のように日本自由党の控え室に来たという（『中村自伝』七二―七三頁）。これが日本民主党結成への伏線となった。

ところで、復党の際に三木・河野と石橋湛山の反目という重大な出来事が起こった。この三者のうち、石橋だけが復党した。石橋・石田と三木・河野、双方の主張を整理すると、反目の理由は、復党に際して表に出なかった条件、「二〇〇〇万円」の扱いと考えられる。分自党は資金繰りに行き詰まり二〇〇〇万円に及ぶ借金を抱えていた。『文藝春秋』掲載時の「鳩山一郎回顧録」には「消え失せた二千万円」という項があり、佐藤幹事長が一〇〇〇万円の小切手と一〇〇〇万円の現金を鳩山邸に持ってきたこと、受け取ったのは東洋経済新報社の宮川三郎であった旨、記されている[192]。石田によると「宮川さんのいう二千万円以外に、三木武吉さんのところで三百万円、それから石橋、三木、河野三氏の連名になっている借金が八百万円あることがわかった。つまり三千万円なければ解決のつかない問題であった」という[193]。問題は自由党に復党しない政治家の借金を誰が負担するかであった。石橋の日記にも復党前後に三木と「負債」について話し合う記述がある[194]。一連の石田の主張に河野らが反論していないことを踏まえると、石橋・石田側の主張が妥当と考えられる[195]。

鳩山が自由党に復帰したのは一九五三年一一月二九日である。その後、鳩山は、長らく敵対していた前田との関係改善を模索した。雑誌『政界往来』の対談名目で会談したのは一二月一一日だった（「前田米蔵日記」一九五三年一二月一一日、『前田伝』所収、五五二頁）。一九五四年二月一五日に前田邸で鳩山・前田会談が開かれた（『前田伝』五〇一頁、『鳩山日記』一九五四年二月一五日）。鳩山は河野や三木武吉との連絡が復活し、前田は「三木と松野が本当に君のいうようならば、必ず近いうちに目的は達成できる。自分の方の側は、自分が責任をもってまとめる」と請け負った（『鳩山回顧録』一三一―一三三頁）。この発言は三木武吉が工作する衆議院と、参議院に影響力を持つ松野鶴平の重要性を示唆したものであろう。一九五三年九月の党則改正により、総務会に依拠した吉田首相退陣工作は不可能となった。鳩山に残された手段は多数派形成以外にない。だからこそ前田派が協力に転じた政治的影響は大きかった。皮肉なことに、鳩山と前田が和解した直後、二月二〇日に前田は倒れ、三月一八日に死去した。こうして自由党内における反吉田統一戦線結成はあえなく頓挫した。後の日本民主党結成の際、船田や太田は自由党を脱党せず、前田派からの離脱者は岸支持の若干名にとどまった。また参議院の松野も態度は不明だった。

　前田が反吉田へと立場を変えたことには吉田による処遇が影響したと考えられる。第一に、選挙違反事件の処理が挙げられる。吉田首相に犬養法相を推薦したのは大赦を期待した前田であった。ところが犬養法相が閣議で抑え込まれ前田起訴にいたったという（河和金作「おもかげを偲ぶ」、『前田伝』所収、五九三―五九四頁）。この影響で一九五三年四月一九日の第二六回総選挙で前田は落選した。そのうえ前田派二十日会の構成員の落選が相次ぎ「派閥としてはほぼ崩壊した」とされる（古川「戦後政治史の中の前田米蔵」一〇九頁）。第二に、参議院への転身の失敗が挙げられる。一九五三年一二月初旬に、前田の千葉県参議院地方区補欠選挙への出馬が話し合われた[196]。これが不首尾に終わったことも、吉田ら執行部に対する前田の不信感を高めただろう。

　ここまで分自党結成後の鳩山派の活動を叙述した。三木武吉や河野ら八名を残し、鳩山は復党した。自由党内で多数派工作を行うも、最終的に党内多数派形成は失敗した。こうして鳩山らは自由党外、即ち、改進党との連携を模索したのである。その詳細は第三章で考察したい。

（三）　吉田内閣総辞職へ

一九五四年に造船疑獄が発覚すると、吉田政権は危機に瀕した。そこで「吉田内閣は、政治力を強化すべく、保守合同に着手した[197]」。

このとき活躍したのが緒方である。栗田によれば、造船疑獄の危機感が緒方に新党結成工作へと乗り出す決意を固めさせたという。そのうえで栗田は「吉田内閣のまとめ役としてのみならず、政界のまとめ役として緒方の才腕が最も華々しい活躍を見せたのは、昭和三〇年の保守合同に至る歴史的過程においてであった」と評価する[198]。

第二節第一項で、公職追放により政界復帰した鳩山と緒方の重要性を指摘した。前項で検討した通り、自由党内において、鳩山派はもはや吉田総裁の脅威ではなかった。残る緒方は吉田内閣が総辞職にいたる政治過程でどのように行動したか再検討したい。その際、緒方が吉田後継を視野に入れ行動していたことを考慮せねばならない。あわせて緒方の行動が吉田の視点から如何に判断されたかにも留意する必要がある。要するに緒方と吉田との関係を重視しながら論じたい。

注目すべきは、党運営を担った幹事長と、除名の権限を有する総務会である。これらは吉田内閣が総辞職にいたる政治過程で重要な意味を持った。

（ａ）　造船疑獄と幹事長人事

苦境の打開策の一つが、緒方の主張した保守合同論である。三月二八日、吉田首相と会談した緒方は、直後に記者団と会見し「政局安定の方式として改進党との連立ないし改進党の一部切崩しは考えず、解党して新たな政党に結集する保守合同の方式をとることに首相との間に意見が一致したと述べ」た（『緒方伝』一九五頁）。実際の会談は「合同よりは打割ることが好ましきやうなり。大勢に従う外なかるべし」という内容で（「緒方竹虎日記」一九五四年三月二八日、栗田『緒方竹虎』二三七頁）、緒方声明は吉田の意見の忠実な反映ではなく、吉田も驚きを隠さなかったという（「重光日記」一九五四年三月三〇日）。高宮によれば、緒方が吉田発言を唐突に発表したのは側近の策動による吉田の変心を恐れたためという。[199] 緒方本人は、政局の主導権を握るための発言であること、吉田の動向が決定的に重要であること、世論の賛成も得られるであろうこと、を話した。[200] 三〇日、佐藤幹事長は吉田首相に会い、改進党全体ではなく一部入党という吉田の方針を確認した。吉田構想はいわば自由党拡大路線とでも評すべきものであり、緒方、松野、佐藤が賛成した。一方、池田、麻生、福永らは改進党との連立構想だった。[201]

吉田首相は四月九日に「改進党工作も一応静観致度、沈黙ハ時ニ金且賢明なる策ニ候と存候ニ付、政府の発表ハ官房長官一本とし閣僚諸君ハ新聞発表ニ最も慎重の態度を取ること、致度」と一般論に仮託して緒方の言動に釘をさした。[202] 一方、佐藤ら執行部は積極姿勢を変えず、最悪の場合「中央突破」を考えた。[203] 一三日には緒方が、政局の安定と人心の一新のために新党を結成すべしという趣旨の「爛頭の急務」声明を出した。[204] 緒方の行動は、事前に吉田の了解を得たものであった。

この頃、佐藤幹事長と緒方の立場も別れた。四月一七日に緒方、益谷、池田、佐藤らが逮捕請求された時の対応を協議した時に、緒方が総辞職を主張したからである。[205] 前日の一六日に犬養法相が加藤鐐五郎無任所大臣に「佐藤、池田、両君は逮捕要求ある旨述べた、そしてこれで終る」と造船疑獄の見通しを語ったことが影響したのかもしれない。[206] 二〇日に吉田首相は閣議で総辞職を否定した。[207] 二一日に指揮権が発動され、[208] 二二日に犬養法相は辞職した。こうして造船疑獄も終結した。辞職した犬養法相の後任には、当初、政治的立場が緒方に近い大達文相の兼任が内定していた。ところが、反緒方の策動により大達案が葬られたため、加藤鐐五郎が専任法相に就任した。ここでも緒方対吉田側近という構図が存在したのである。[209]

緒方の言動をまとめる。三月二八日以降、緒方は反吉田の政治家とも会談を重ね、五月半ばまでは新党運動に積極的、ないしは消極的ではなかった[210]。国会をのりきると緒方は新党結成を「破壊したき意向」に転じた[211]。むしろ、緒方は「改進党内における緒方潜在勢力」（宮崎①一四五頁）と呼ばれた旧内務官僚などへ働きかけを強め、新党工作の挫折を狙った[212]。六月二三日には新党準備委員会が決裂した。七月七日には緒方、佐藤、金光、岸、石橋の五者会談が開かれ「緒方は全く新党に消極的（口では必要なりと言えども）、促進会も解散してもらいたき意向。いわんや促進会としての全国遊説には反対」だった[213]。七月一〇日に石橋が緒方に真意を質すと「吉田の外遊を希望、吉田は外遊後隠退すべし、もし隠退せざればその時の話なり」と答えた[214]。

緒方の態度変更は吉田引退の判断が影響していたと推測される。栗田によれば、緒方が吉田の引退の意向を明確に知ったのは六月九日である[215]。吉田引退を確信したのであれば、もはや積極的に新党運動に関わる理由はない。その結果、石橋や岸と距離を置き、吉田帰国まで活動を停止する姿勢に転じたのであろう。

以上が、造船疑獄と保守合同に対する緒方の行動である。

ここまで叙述した三月以降の緒方の行動が吉田首相周辺からどのように判断されたかを検討したい。緒方声明の後、三月二八日には松村改進党幹事長が吉田退陣に言及した。四月一四日には自由党の代議士懇談会で「吉田内閣の存続より新党結成を重しとする」との意見が出た。一九日には自由党幹事会で内閣総辞職が論じられた[216]。この頃を振り返り、宮澤は「重光氏の改進党と「対等合併」をするには、自由党も「解党」する以外に方法がないと考え、それについてやっと吉田首相の承認をひそかに得た、その瞬間に、「自由党に解党の用意あり」という声明が、これを知った緒方副総理から、正面切って出されてしまった。そしてこれを機会に、天下に公然と、「保守新党結成」の運動が起るようになった。ひそかに工作を続けていた私共には、これは意外であり遺憾な出来事であった」と語る。続く文章は実に含蓄に富む。「然し、私共は、当時といえども緒方さんの善意は疑わなかった。今は故人となられた緒方氏の、これは一つの不幸な行違いであろうし、もっと達観すれば、それは防ぐことの出来ない歴史の流れであったのかも知れない」[217]。宮澤の述懐を踏まえると、緒方の行動は吉田引退と自由党解党を既成事実化するものと吉田周辺に受け止められたと考えられる。吉田棚上げと緒方総裁実現は表裏一体の関係にあるから、緒方の権力意思を感じさせる余地が十分すぎるほど存在したのである。

ここで、保守合同の政治過程で緒方の主張した総裁公選の政治的意味を考察したい。結論から言えば、緒方構想と称される総裁公選は、緒方が政治的存在感を発揮するための重要な手段であった。吉田後継を視野に入れる緒方は、吉田との政策的な差異を明確にせねばならない。その意味で、世間一般に与えるイメージが重要となる。例えば改憲への姿勢が挙げられよう。吉田が改憲の意思を明らかにしたのは内々の席で[218]、政権から降りた後も公にしたとは言い難い。対して緒方は改憲の必要性を公の場で訴えた[219]。緒方の憲法改正、再軍備論は入閣以前からの持論である[220]。このように緒方は憲法改正や再軍備に積極的姿勢を訴えた。だが、これだけでは鳩山との違いを明確化できない。緒方が鳩山との差異化をはかるべく主張したのが総裁公選論であった。鳩山・吉田間の総裁交代は禅譲で決まり、鳩山派が吉田に「四条件」の履行を求めたことは詳述した。この鳩山の戦略に対しては批判が根強く存在した。ここに「民主的」選出方法として総裁公選に注目が集まる背景がある。戦後、芦田が幹部公選を主張し、投票のすえ、自由党政調会長や民主党総裁に就任した。御厨貴が指摘するように「芦田から自由党に提示されることによって、逆に当時手詰まりであった緒方竹虎の緒方構想の中に取り入れられていく」のである[221]。こうして緒方は総裁公選論を主張するにいたった。

以上を踏まえると、総裁公選論は、占領が終わった新時代における「民主的」な指導者として、吉田とも鳩山とも一線を画した緒方像を形成する意味を持ったと結論付けられよう。

ところで、造船疑獄終結後に注目されたのは佐藤の後任幹事長人事である[222]。七月一四日時点では、佐藤・松野が

「緒方幹事長、岸政調会長、松野総務会長」を、益谷、林、池田は「緒方幹事長、益谷あるいは林総務会長」を主張した。[223] これらは全党的体制を作り上げることがその目的であった。松野は一五日に態度を変え、吉田に緒方反対を伝えた。「緒方〔竹虎〕幹事長案ハ内閣弱化外遊後投出しと見らる、恐有之政権ハ堅持不退転の外観を維持セさるへからす」との文章が、池田幹事長の持つ意味を率直に伝えている。[224] 幹事長は吉田の党運営で欠くべからざる重要な役職であり、吉田は信頼する池田を起用したかった。一方、幹事長に意欲を持つ緒方は、[225] 二二日に池田幹事長を打ち消す姿を目撃された。[226] 二六日、最終的に吉田は池田を幹事長に起用した。これにより緒方の吉田と池田に対する態度が微妙に変化したという（宮崎②一一九頁）。

吉田は池田幹事長実現のためにいくつか譲歩した。まず、緒方への譲歩である。吉田、緒方、池田の三者間で約束が交わされた可能性が高い。池田幹事長は緒方との会談で「吉田は引退する。内閣は緒方に譲り、党は自分（池田）がみるという方向」と伝えたところ、緒方の態度が変化したという。[227] 次に、従来、意図的に党役職から遠ざけていた大野を総務会長に起用せざるを得なかった（「大野談話」五五頁）。この人事が後に、吉田が総裁辞職に追い込まれる結果を招いた。

以上、緒方の保守合同論、その後の幹事長人事を検討すると、吉田と緒方の間で、対立が表面化しつつあったことが分かる。

(b)　吉田内閣末期の党内状況

吉田首相が外遊に出発したのは九月二六日だった。

九月一四日の芦田・吉田会談で帰朝後の退陣を明言したと受け止められた。[228] このことは吉田首相が緒方と池田幹事長に電話で伝えたため一挙に広まった（『芦田日記』一九五四年九月一四日、一五日）。また「外遊の朝、吉田は緒方に書簡を送り『帰国後引退』と言っていた」という長谷川峻の証言がある。[229]こうして多くの政治家が帰国後の総辞職を予測した。吉田以外の、池田幹事長、緒方副総理、佐藤、みな退陣論だった。[230]

だが、外遊中にロンドンで行われた朝日新聞の単独インタビューで吉田は辞任を完全否定し、内閣不信任案が可決すれば解散と断言した。[231]一一月一七日に帰国すると、吉田は一九日金曜に緒方と池田幹事長と相談する準備を整えた。[232]伊藤昌哉によれば、吉田首相は総理大臣を辞める意思はなかったのである。吉田と二時間半打ち合わせた池田幹事長の案は総理・総裁分離案だったという。[233]この時点で、吉田首相は総理大臣を辞める意思はなかったのである。

首相続投という吉田の意を踏まえ、吉田周辺は解散に向けて活動した。一一月二〇日、保利農相は芦田との会談で解散に言及した（『芦田日記』一九五四年一一月二〇日）。池田幹事長の情勢分析は、反吉田新党結成を目前に控え野党が攻勢を強めており「ここ半ヵ月の間に、どうしても解散しなければ、緒方さんに首班が回ってくる可能性がないことが明らかになってきた。そこで総理の意をくんだ池田さんは、緒方さんに対して「解散を行い、党をひきいて選挙にのぞむ用意があるか」と何度も念をおしてみた。緒方さんはその都度解散の固い決意をひれきしたので、吉田書簡が出された」という。[234]

一一月二二日の吉田書簡には「小生の進退が政権に恋々たるが如き疑いを内外に抱かしむるにおいてはわが民主政治の基礎たる自由党のため甚だ面白からず、暫くは小生一身の進退を度外視し（略）虚心坦懐慎重熟慮相煩わし度、貴慮を得度候」と記されていた。[235]

吉田書簡の到着直前に、鳩山派や岸派、衆議院三五名、参議院二名が離党した。池田幹事長への離党届提出は午後四時で、吉田書簡到着は午後四時半である。[236]離党は当初、二三日の改進党と日本自由党の解党と同時の予定だった。自由党の工作が激化し、悪くすれば結党式を迎えられない兆候も出ていたため、新党参加者は離党を繰り上げた。その結果、離党引き止め工作の一環だった吉田書簡はその意図を挫かれた。[237]

吉田書簡を受けて、池田幹事長は記者団に対して「総理大臣としては残るということ」「民主政治の基本ルールは、不信任案を出されれば、これを受けて立ち、通過すれば、解散して民意を問う、これが筋を通すということ」とコメントしたという。[238]

一方、吉田書簡を受け取った大野総務会長は、党を沈静化させるために緒方後継総裁をほのめかしただけで、実際には引退の意図はないと正確に見抜いた。そのうえで大野総務会長は緒方に「これで詰腹切らせようじゃないか」と相談した。慰留すれば吉田は居直るから、と大野が説得すると、ついに緒方は「君に委せる」と応じたという（『大野回想録』一二五頁、「大野談話」一二八－一三〇頁）。こうして大野総務会長の策動により、吉田の総裁辞職が既成事実化された。

一一月二五日午後には、池田、大野、水田の党三役と林、益谷、佐藤、松野らの会議の結果、後継総裁に緒方副総理を推すことに一致した。[239] 二七日には、緒方は大磯で吉田と会談し、緒方総裁が決定した様子であった。[240] 残る問題は池田幹事長の処遇であったため、緒方の総裁内定と同時に「池田は緒方が総裁となつても、幹事長にとどまつて、緒方を助けることとし、緒方も池田に何事も相談して、事を運ぶことを誓つた。こうして二人の協約はできあが」ったという。[241] そして、二八日には党大会に代わる両院議員総会で、緒方の後継総裁が決定した。

吉田の総裁辞職にいたる経緯からは、一見すると、吉田と緒方の対決は緒方勝利に終わったかに思われる。しかしながら、前述した通り、総裁辞職は吉田にとって既定路線にすぎない。この頃、吉田は次期国会の準備を進めていた。例えば、総裁を辞めた吉田が総理であることが妥当かとの質問を受けた場合に如何に答弁するか、その国会答弁の準備稿が、当時内閣法制局在職中の佐藤達夫の文書に残っている。[242] 一連のメモや想定問答からは、吉田側には内閣総辞職の意図が微塵もないこと、同時に解散に向けた強い意思が読み取れる。その後も、吉田は総理として解散へと政局を動かそうと試みた。

（c）緒方新総裁と吉田内閣総辞職

本項は、一二月六日から七日にかけて、吉田内閣総辞職への政治過程を詳細に叙述する。結論を先取りすれば、吉田政権を総辞職に追い込んだのは緒方であった。

一二月六日、野党による吉田内閣不信任案が提出された。宮崎によれば、解散か総辞職かは「党内の力関係と緒方の出方にかか」っていた[243]。午後七時から、首相官邸では緒方副総理、池田幹事長、大野総務会長、水田政調会長、林、益谷、佐藤ら政府・与党首脳会議が開かれた。解散を明確に主張したのは池田幹事長と佐藤のみだった[244]。午後八時一五分、緒方が目黒の首相公邸を訪れた。この時はじめて緒方が総辞職論を開陳した。吉田首相には寝耳に水で「われわれと同じ意見だとばかり思っていた、いよいよの時違ったからびっくりもし癇癪も起った」とその驚きを語った（「吉田談話」四六頁）。午後九時に緒方は首相官邸に戻った。官邸の会議の結論は総辞職だった（「緒方竹虎日記」一九五四年一二月六日、栗田『緒方竹虎』二六二―二六三頁）。大野や松野が解散を非としたのは、吉田が解散しても選挙や首班指名で勝つことは不可能という認識による（「松野談話」一三六頁、「大野談話」一二一―一四頁）。緒方と入れ替わりに池田が吉田首相を訪問し、午後九時一五分から一二時まで善後策を協議したが結論は出なかった。午後一一時頃、小坂善太郎と保利が呼び出され、緒方を翻意させろと命じられるなど、午前三時頃まで話し合いは続いた[245]。帰宅した佐藤のもとにもひっきりなしに電話があり、床に入ってからも一睡も出来なかったという[246]。

一二月七日午前八時、首相公邸で吉田と緒方が会談した。緒方曰く「前夜池田幹事長の報告にて稍く緩和したるやに思ひたるに前夜に増したる強硬論也。突嗟に引退を決意す。実に下載清風の感也。瞬間総理は僕の罷免を決意したるが如し」という（「緒方竹虎日記」一九五四年一二月七日、栗田『緒方竹虎』二六二―二六三頁）。吉田首相の言い分は、誰が首班になっても解散は確実なのだから政権を持っているほうが有利、緒方の主張する左派社会党の同調が事実としても主義主張が違い自由党の面目がないから蹴るべきの二点である（「吉田談話」四一－四二頁）。

　午前九時から臨時閣議がはじまった。[247] 併行して別室で長老会議も開かれた。福永官房長官によれば「七日当日の閣議は、吉田さんの方針通り解散でいく予定で、書類もちゃんと用意してあった」という。[248] 閣議冒頭で吉田首相が解散すべきと述べた。木村防衛庁長官、大達文相が解散に反対した。緒方副総理は解散に賛成できない旨述べた。愛知揆一通産相も解散反対、石井運輸相、加藤法相も反対だった。加藤法相は後に「大勢は解散はいかん、総辞職すべきものだというのだが、しかし総理がどうしてもやるというなら仕方がないという」閣議の様子を振り返った。[249] 一方、長老会議の結論は断固総辞職だった。閣議の最中、池田からのメモで吉田首相は長老会議が開かれていた別室に移動しすぐ引き返した。林が「絶対解散すべきでない。解散すれば、党は分裂する」と説き、松野が「君を除名する」と怒鳴った。閣議に戻った吉田が再び党三役と長老の会議に出席、池田が「一同総辞職に決定」と報告した。吉田首相は緒方罷免を真剣に考えた。しかし池田幹事長でさえも緒方罷免の非を説いた。[250] ことここにいたって吉田首相は緒方を罷免することも出来ず、解散を諦め、閣議に戻ることなく大磯に帰った。一二時過ぎ、緒方副総理が「閣議は総辞職でまとめたい」と発言し、首相不在のまま吉田内閣は総辞職した。午後一時三七分、吉田内閣の総辞職が福永官房長官から両院に通告された。

　このとき大野総務会長は吉田の除名手続きも視野に入れていた。一九五三年党則改正で総務会の決議のみで除名可能と変更されたことが完全に逆手にとられた（『大野回想録』八一頁）。吉田が総裁に就任する前、鳩山の後継者として登場した瞬間から、内閣総辞職に追い込まれる瞬間まで、総務会は吉田の最大の敵であり続けたのである。

　ここで、緒方が総辞職論に態度を変更した理由を考察したい。

　最大の理由は、吉田総裁の手になる解散に展望を見出せず、党内の解散反対論者が増えたことであろう。解散回避派は一二月二日の時点で七〇名、七日には署名者は一二〇余名にのぼった[251]。後日緒方は「党内の九割迄が総辞職論で、解散を強行すれば分裂しかない」と述べた[252]。こうした情勢下で、党をまとめねばならぬ責任感が、緒方が態度を変えた理由であることは間違いない[253]。

同時に、緒方の地位の不安定さも影響したかもしれない。一一月二八日の両院議員総会で「吉田総裁は適当な時期に勇退すること、その際は後任総裁に緒方を推薦することを決め」たものの「一一月三〇日開会の第二十臨時国会では首相、与党総裁不可分の建前から吉田首相が依然として総裁の地位に留ることを決定」した（『緒方伝』一九九頁）。つまり吉田退陣の時期も総裁交代の日時も不明だった。それゆえ緒方が決断したとの見解がある[254]。

さらにいえば、緒方の野心が影響した可能性も理由の一つと考えられなくもない。吉田が総辞職すれば緒方政権との予想が緒方周辺に根強く存在した。自由党一八五、民主党一二一、両社会党は計一三三と、自由党も民主党も単独過半数を占めない議席数では、政権成立には社会党との関係が重要であった。緒方は一一月二六日に社会党に統一候補を出させる方法を加藤法相に相談した[255]。もし両社会党が統一候補を立てれば緒方との決選投票になる。そうなれば民主党は緒方に票を投じるとの目算だった。これは自由党の意図が見透かされ早々に断られたという[256]。左派社会党の棄権だけでも緒方政権成立可能だったので、両派社会党への働きかけが継続された[257]。一連の工作の成功を疑わなかったからか、吉田内閣総辞職の翌日、緒方は「(首班指名投票では）絶対に勝つ」と断言した[258]。結局のところ、両社会党は鳩山を支持した。ゆえに吉田周辺は野党から緒方に誤った情報が届けられたと回顧する[259]。全体の動向を踏まえると、緒方は楽観的に過ぎたのだろう。

一二月一〇日に鳩山内閣が成立した。敗北した緒方自由党総裁の慰めは党分裂を防いだことだった（『緒方伝』二〇一頁）。

第二章は、自由党系の党組織、特に党中央組織の改廃や役割の変遷を、党則上の文面のみならず、権力闘争をも踏まえ、検討した。その結果、何が明らかになったか。

一九五〇年の党則改正により、執行機関としての幹事長、議決機関としての総務会が確定した。さらに一九五三年の党則改正により幹事長は総裁指名となった。執行機関としての幹事長は吉田総裁のリーダーシップの制度的基盤であった。それゆえ、政権末期まで、腹心を幹事長に就任させることに強くこだわったのである。

吉田総裁が圧倒的な統率力を誇った時代においても、党組織を完全に変容させることは不可能であった。かつて党運営を担った総務会の権限は縮小されたとはいえ、存在を消滅させることはできなかった。一方、総務会の権限を奪取したはずの国会対策委員会は、党則に明記されることはなかった。本章で分析した時期においては、広川や三木武吉による総務会強化構想が試みられたことでも分かる通り、総務会は吉田総裁に対抗しうる組織として存在し続けたのである。

結果的に総務会が強化されることもあった。自由党ですら無縁では有り得なかった「民主化」の風潮の中で、党大会を重視する視点が存在した。これに対抗する形で吉田総裁が執行部を強化した結果、党大会から奪われた除名権は総務会に集約された。それにより吉田政権が総辞職に追い込まれる際には、大野総務会長の威嚇が一定の影響力を発揮した。

自由党系における役職公選論は低調であった。それはひとえに吉田総裁の圧倒的なリーダーシップが確立したからである。逆にいえば、吉田総裁の党内基盤が弱体であった時期には役職公選論が主張された。ただし実施にいたったことはきわめて稀であった。特筆すべきは、一九四八年三月の民主自由党結成の際には、候補者は吉田一人であったとはいえ、投票が実施されたことである。これには、吉田の党内基盤の弱体さと、当時の「民主化」の風潮が影響したといえよう。その後、吉田総裁が戦後派党人派や官僚派を重用し党内基盤を確立していくと、役職公選論の実現可能性は低下の一途を辿った。例えば、一九五一年以降の鳩山ら公職追放解除者の政界復帰以後、幹事長の総裁指名への反対論も出たが実現していない。唯一注目すべきは、一九五二年一〇月の第四次吉田内閣発足の政治過程である。吉田と鳩山による多数派工作が行われたことは事実上の総裁公選と評してもよかろう。ただし鳩山が妥協したため投票にはいたらなかった。一九五四年の吉田政権末期には、保守合同を主張した緒方が総裁公選に言及した。しかし保守合同への緒方の取り組みは、吉田引退の確信とともに落ち着き、総裁公選への言及も止んだ。一連の経緯をまとめると、役職公選論が実施されるか否かは、総裁のリーダーシップの強弱が、かなりの程度影響していたと結論付けられる。

以上、自由党系における党中央組織の整備と役職公選論の展開を検討した。

自由民主党のもう一つの源流である第二保守党系における政党組織と役職公選論については第三章で検討したい。

(1) 升味準之輔『現代日本の政治体制』岩波書店、一九六九年。

(2) 吉田の伝記には、猪木正道『評伝吉田茂』全四巻、筑摩文庫、一九九五年、ジョン・ダワー『吉田茂とその時代』上・下巻、中公文庫、一九九一年がある。先行研究には、高坂正堯『宰相吉田茂』中公叢書、一九六八年、三谷太一郎「二つの吉田茂像」(同『二つの戦後』筑摩書房、一九八八年所収)、渡邉昭夫「吉田茂―状況思考の達人」(同編『戦後日本の宰相たち』中公文庫、二〇〇一年所収)、北岡伸一「吉田茂における戦前と戦後」(近代日本研究会編『年報近代日本研究一六　戦後外交の形成』山川出版社、一九九四年所収)、井上寿一「吉田茂」(御厨貴編『歴代首相物語』新書館、二〇〇三年所収)、原彬久『吉田茂　尊皇の政治家』岩波新書、二〇〇五年などがある。

(3) 高坂『宰相吉田茂』八〇―八一頁。渡邉昭夫「吉田茂」六七―六八頁。政党と吉田の関係は時間とともに改善した。渡邉行男「政党総裁としての吉田茂」(吉田茂記念事業財団編『人間吉田茂』中央公論社、一九九一年所収)四一二―四一三頁を参照。

（4）本章で用いる吉田派や鳩山派は「派閥」であるが、その内実は後世の自民党派閥とは異なる。即ち、構成員が確定し、人数を確定できるものではない。ある人物を中心とした、その支持者や周辺に集ったグループ、緩やかな集団をさす語として用いた。

（5）ブレーン・グループの整理として、楠綾子「戦後日本の安全保障政策、一九四九－一九五一年―吉田茂、外務省、ブレーン・グループによる形成」（『神戸法学雑誌』五〇巻一号、二〇〇〇年）一八九－一九七頁を参照。

（6）吉田と直接結びつき、党役員人事への推薦等を行ったことが影響力の源泉だった。その中核は吉田の三女の麻生和子とその夫・麻生太賀吉である。麻生夫妻に関しては、麻生和子『父吉田茂』光文社、一九九三年、麻生太郎『祖父吉田茂の流儀』ＰＨＰ研究所、二〇〇〇年を参照。他に白洲次郎や武見太郎らも含まれよう。

（7）宮嶋は東京帝大時代の同窓生であり、麻生同様、吉田の政治資金を調達したとされる。吉田との関係については、櫻田武・鹿内信隆『いま明かす戦後秘史』下巻、サンケイ出版、一九八三年、一四－一六、三三－三六、五八－五九頁を参照。

（8）升味準之輔『戦後政治』下巻、東京大学出版会、一九八三年、四〇一頁。

（9）当時の分析として、永田三郎「総裁派の陣容　総裁派グループを解剖する」（『再建』七巻四号、一九五三年四月）を参照。永田は「側近派」「党人派」「官僚派」の三つに分類した。以下、用いる『再建』は、日本自由党中央機関紙『再建』編集局編『復刊　再建』、アテネ書房、一九八六年によった。

（10）永田三郎「総裁派の陣容」七五頁。田々宮英太郎『鳩山ブームの舞台裏』実業之世界社、一九五五年、八三頁を参照。

（11）田村信「戦後代議士論」（『再建』四巻二号、一九五〇年二月）は、戦前派（アパン・ゲール）と戦後派（アプレ・ゲール）の違いについて解説し、戦後派とは「一九四六年一月四日、連合軍総司令部から発せられた「軍国主義指導者追放令」によって、既存の代議士は殆んど全部に近い程追放された後をうけ、あらたに登場して来た新顔代議士の総称」と叙述している（六頁）。

（12）大野派を構成する主だった代議士、水田三喜男、村上勇、神田博らは戦後派であった。大野の行動が鳩山一辺倒となならなかった理由の一つであろう。

(13) 小沢みち「思い出すまま」(「人間小沢佐重喜」編集委員会編『人間小沢佐重喜』小沢一郎後援会・陸山会、一九八〇年所収)三八四―三八六頁。ちなみに、小沢は「党人中の〝能吏型〟」と評された(同書、一六二頁)。

(14) 広川幹事長の米供出問題に関する発言をきっかけに、大野、植原らが更迭を主張し、長老連が斡旋に乗り出した(『朝日』一九四九年八月六日、九月二四日、二五日、二八日、一〇月一日)。広川幹事長更迭問題は吉田・大野会談を機に収束した(『朝日』一九四九年一〇月七日)。

(15) 前田米蔵の関係資料は少ない。有竹修二『前田米蔵伝』前田米蔵伝記刊行会、一九六一年を参照。戦時中は、前田は翼賛政治会総務会長や大日本政治会顧問を歴任した。戦後に関しては、古川隆久「戦後政治史の中の前田米蔵」(『横浜市立大学論叢　人文科学系列』第五六巻第一号、二〇〇四年)を、前田と鳩山の関係は、古川隆久『政治家の生き方』文春新書、二〇〇四年、第六章、及び拙稿「鳩山一郎と政党政治」を参照。

(16) 「石井日記抄」一九五一年九月一九日。鳩山派は前田への警戒感を隠さない(「石井日記」一九五一年七月一日)。

(17) 渡辺恒雄『派閥　日本保守党の分析』弘文堂、一九六四年、八頁。

(18) 猪木正道『評伝吉田茂』第四巻、ちくま文庫、一九九五年、三一四頁。

(19) 宮崎隆次「戦後保守勢力の形成」(中村政則・天川晃他編『戦後日本　占領と戦後改革二　占領と改革』岩波書店、一九九五年所収)二一六頁。

(20) 吉田茂『回想十年』第一巻、中公文庫、一九九八年、三〇二頁。吉田の手法は「大胆な人材登用を行い、使えると見ると徹底して重用した」と評される(北岡伸一『自民党』読売新聞社、一九九五年、四六頁)。

(21) 小田久「政務調査会論」(『再建』三巻五号、一九四九年六月)。

(22) 『自民党政権』二四七頁。

(23) 代表例として、小田久「幹事長論」(『再建』三巻九号、一九四九年一二月)、志賀「佐藤栄作」(『再建』四巻五号、一九五〇年五月)など参照。

(24) 増田甲子七、宇都宮徳馬、松岡松平、小峯柳多、渡部政雄「座談会　自由党草創期と『再建』―『再建』創刊二〇周年記念座談会」（『再建』一九六六年一月号〔のち日本自由党中央機関紙「再建」編集局編『復刊　再建』別巻、アテネ書房、一九八六年所収〕）三四－三六頁。

(25)「新党三役の素顔　山崎・斎藤・周東」（『再建』二巻四号、一九四八年四月）二六頁。

(26)宮崎②六九頁。宮崎の分析には若干の留保が必要である。例えば政権担当者としての後継者育成でもあったとする。これは結果を先取りしすぎと言わざるを得ない。また、戦前型幹事長と戦後型幹事長の区別を自明とするが、いつ頃変化が生じたのかを論じ切れていない。他に、広川を党からの「出向幹事長」として大野や山崎と同一視しているが、広川は大野ら旧党人派に対抗するため吉田に重用されたとの評価が妥当であろう。このように、幹事長経験者は、改めて当時の文脈に置き直す必要がある。

(27)小田「幹事長論」一一－一五頁。松田鐵蔵「十八日会の活動」（『再建』四巻六号、一九五〇年六月）五五頁、及び、同号の巻頭言を参照。

(28)渡辺恒雄『大臣』弘文堂、一九五九年、八二－八六頁。同時に渡辺は政治資金に関与する蔵相の重要性も指摘する。本書は政党を対象としているため、蔵相の役割には触れない。戦前の派閥対立が盛んな時期に関しては、野村『政党の話』二〇六頁を参照。

(29)大野については、宮崎②四八頁を、広川については、井上縫三郎『現代政治家列伝』要書房、一九五三年、七二頁を参照。

(30)第二次内閣組閣時は、吉田は山崎、星島、広川を組閣委員に指名した（『朝日』一九四八年一〇月一八日）。だが組閣委員は意見聴取にとどまり、広川幹事長や佐藤ら少数の側近と人事を決定した。第三次内閣組閣時は、組閣委員すら置かれず、党側の意見聴取は広川幹事長のみにとどまった（『朝日』一九四九年二月三日、一一日、一七日、二〇日）。

(31)『朝日』一九四九年五月八日、六月六日、七日、九日。

(32)木村公平「あの頃の広川の勢力」（『追想の広川弘禅』所収）八三－八四頁。

(33)村川一郎『自民党の政策決定システム』教育社、一九八九年、一二六頁。

(34)『朝日』一九四九年二月二〇日。
(35)大森信「自由党の参謀本部―総務会の役割―」(『再建』五巻二号、一九五一年二月)二九頁。
(36)「自由党の新世帯」(『サンデー毎日』一九五一年六月一〇日号)六頁。
(37)『朝日』一九四八年七月七日。常任総務とは「常時党の重要事項の審議に当る役職」だという。常任総務の人事は『朝日』一九四八年七月九日を参照。
(38)先行研究である、村川『日本国「政府」の研究』一四三頁は、国会対策委員会は、一九四九年から一九五〇年にかけて発足したとする。大森「自由党の参謀本部」三〇頁によれば「第六国会では大村清一総務、その後の国会では周東安本長官が委員長とな」ったという。第六臨時国会は、一九四九年一〇月二五日開会である。
(39)『朝日』一九四八年一〇月二九日。
(40)経緯は、大森「自由党の参謀本部」三〇頁を参照。
(41)『読売』一九五〇年一月一八日。
(42)第二次組閣前に「決定前に党機関にはかること」を総務会の総意として吉田に申し入れた(『朝日』一九四八年一〇月一六日)。第三次に関しては、大森「自由党の参謀本部」三〇頁。
(43)大森「自由党の参謀本部」三〇―三一頁。
(44)『朝日』一九四九年九月二八日。
(45)『読売』一九四九年一二月二四日、一九五〇年一月一八日。
(46)以下の民主自由党発足までの記述は、『朝日』一九四八年二月二三日、二四日、二八日、二九日、三月六日、一四日、一五日、一六日、一七日によった。
(47)新聞では「革新クラブ」「革新会」等と、報道された。本書は「革新会」を使用する。
(48)本書が用いた「民主自由党々則」は、国立国会図書館憲政資料室蔵の『日本占領期資料』のマイクロフィルムである。党則は途中の第二一条までしか存在せず、「第三章　役員並にその職務」の総裁部分までしか確認できなかった。
(49)例えば、『読売』一九四九年五月一九日。

(50) 小田「幹事長論」一四—一五頁。
(51) 「自由党の進路をさぐる—新議員座談会—」(『再建』七巻一号、一九五三年一月)七〇—七二頁。
(52) 経緯は、木舎幾三郎『戦前戦後』政界往来社、一九五六年、三二一—三二四頁を参照。
(53) 当日の様子は、「石井日記」一九五一年六月一一日を参照。出席者には論者によって若干の異同があり、大野出席との説も存在する。例えば、田々宮『鳩山ブームの舞台裏』三一頁。
(54) 「石井日記」一九五一年六月二九日、七月一日。
(55) 升味『戦後政治』下巻、四三〇頁。
(56) 細川隆元・佐藤寛子・猪木正道・福永健司・柴田敏夫「〝あの時〟の吉田茂さんを語る」(『月刊自由民主』一九七八年一〇月号)五八頁。
(57) 前田と吉田は田中義一内閣時代に法制局長官と外務次官として毎日のように交渉したという。前田米蔵「ひとは陰謀政治家と我を呼ぶ」(『前田伝』所収)四七一頁。
(58) 五百旗頭『占領期』二五〇頁。なお、「三条件」に関しては、松尾尊兊が古島一雄の重要性に着目し、独自の解釈を示した。松尾尊兊『日本の歴史21　国際国家への出発』集英社、一九九三年、五七—五八頁を参照。一定の説得力を有する説である。
(59) 鳩山一郎「鳩山一郎回顧録」(『特集文藝春秋　今こそいう　主役のメモ』文藝春秋新社、一九五七年四月)。
(60) 鳩山『ある代議士の生活と意見』二三八—二三九頁。『河野自伝』一九六頁も参照。
(61) 後藤基夫・内田健三・石川真澄『戦後保守政治の軌跡』岩波書店、一九八二年、七四頁。
(62) 例えば、「自由党あっての二人　古島一雄老は語る」(『週刊朝日』一九五一年五月二七日号)一五頁。
(63) 緒方竹虎(一八八八—一九五六)は、早稲田大学卒業後、朝日新聞社に入社、主筆、副社長を歴任。小磯内閣情報局総裁、東久邇内閣内閣書記官長を歴任。伝記に、緒方竹虎伝記刊行会編『緒方竹虎』緒方竹虎伝記刊行会、一九六三年がある。研究に「緒方竹虎日記」を活用した、栗田直樹『緒方竹虎』吉川弘文館、一九九六年がある。他に、高宮太平『人間緒方竹虎』四季社、一九五八年も参照。

(64) 宮澤喜一『戦後政治の証言』読売新聞社、一九九一年、九七頁。
(65) 高宮『人間緒方竹虎』二九五、二九八頁。
(66) 栗田『緒方竹虎』二二五頁。
(67) 『緒方伝』一六二頁。東久邇内閣改造については『東久邇日記』一九四五年九月一七日、『高木日記』一九四五年一〇月一二日の緒方竹虎談話、『木戸日記』一九四五年九月一七日を参照。
(68) 栗田『緒方竹虎』一五一―一六六頁。
(69) 後藤ほか『戦後保守政治の軌跡』九七頁。
(70) 緒方の吉田に対する微妙な感情を伺わせる話として、山室英男「緒方を敬遠する吉田」(政治記者OB会編『政治記者の目と耳』第五集、政治記者OB会、二〇〇三年所収)八六―八七頁を参照。
(71) 宮沢喜一「池田勇人のナミダ 吉田内閣最後の日」(『週刊朝日』一九五四年一二月一九日号)一二頁。
(72) 『宮崎日記』一九五二年八月一日。
(73) 『宮崎日記』一九五二年八月六日、及び、栗田『緒方竹虎』一八八頁。
(74) 広川と三木の総務会強化構想に触れた先駆的な研究に、升味『現代日本の政治体制』一五三―一六六頁がある。
(75) 『毎日』一九五一年六月五日。
(76) 『朝日』一九五一年六月二日、一二月一〇日。
(77) 『日経』一九五一年六月二日。
(78) 「常任総務会に非難の声」(『再建』五巻八号、一九五一年九月)四九頁。
(79) 『朝日』一九五一年一二月一〇日。
(80) 『毎日』一九五一年一〇月四日。
(81) 排除された顧問は、植原、大野、田中万逸、中島守利である(『朝日』一九五一年六月二日)。
(82) 広川の事務局設置に関する経緯、及び引用は「常任総務会に非難の声」四九頁による。
(83) 両者の個別の政策対立(講和全権団派遣や定員法等)については、『朝日』一九五一年一二月一〇日を参照。

(84)『朝日』一九五一年一二月七日夕刊、八日。
(85)『毎日』一九五一年一二月一七日。
(86)『朝日』一九五一年一二月一九日。
(87)『朝日』一九五一年一二月二九日夕刊。
(88)大森信「自由党総務会の新陣容―独立日本のパイロット―」(『再建』六巻六号、一九五二年六月)二一頁。
(89)保利茂・坪川信三・増田甲子七・細川隆元「戦後保守党の誕生と占領時代」(自民党①所収)二〇頁。保利の発言。
(90)増田と池田や佐藤との関係は、池田は特に思うところはなかった。佐藤は「増田運輸相・佐藤次官当時のいきさつから、増田を買っていな」かった。その後、広川・佐藤・池田が結束し、増田と対抗したという(土師二三生『人間 池田勇人』講談社、一九六七年、一四一頁)。佐藤栄作『今日は明日の前日』KKフェイス、一九六四年、一九二頁も参照。
(91)反対派の中心であった石田博英の意見は、石田博英「自由党の中の〝不自由〟党員の嘆き」(『改造』臨時増刊号、一九五二年)を参照。
(92)小宮山千秋「保守合同前後」(『民族と政治』一九六八年一月号)七二頁。
(93)石橋の回想は、石橋湛山「今だから話そう」(筒井清忠『石橋湛山』中央公論社、一九八六年所収)一〇七―一〇九頁より再引用。当日の様子は、篠田弘作『政界三十三年』篠田政治経済研究会、一九七八年、七〇頁を参照。なお、『石橋日記』で確認したところ、一九五二年には増田の名は登場しない。
(94)丸山昌夫「占領体制是正のための安保改定」(政治記者ＯＢ会編『政治記者の目と耳』第四集、政治記者ＯＢ会、一九九九年所収)二七頁。
(95)池田側から見た経緯は、伊藤昌哉『宰相盗り』ＰＨＰ研究所、一九八六年、三七―四〇頁を参照。
(96)〔一九五二〕年九月五日付林幹事長・益谷総務会長宛吉田書簡、『吉田茂書翰』五二一頁。
(97)後藤ほか『戦後保守政治の軌跡』九三頁。

(98)『読売』一九五二年九月二九日夕刊。
(99)井上『現代政治家列伝』二九頁。福永幹事長事件までは「明らかに大野派は鳩山派を意味し、広川派は吉田派を意味していた」という(二九頁)。
(100)河野一郎『今だから話そう』春陽堂、一九五八年、一八〇頁。
(101)戦前の国政一新会、中島知久平派以来の顔ぶれである。拙稿「鳩山一郎と政党政治」四九頁、奥健太郎『昭和戦前期立憲政友会の研究』(慶應義塾大学出版会、二〇〇四年)第四章を参照。
(102)『毎日』一九五二年一〇月二日。『宮崎日記』一九五二年一〇月一日も参照。
(103)田々宮『鳩山ブームの舞台裏』三四―三五頁。
(104)宮崎吉政『宰相　佐藤栄作』新産業経済研究会、一九八〇年、四二頁。
(105)石原登「政界・忘れがたきこと」(『自由新報』一九八六年三月一八日)。
(106)「吉田・鳩山両派の首班工作　本社政治記者座談会(上)」(『毎日』一九五二年一〇月六日夕刊)。百武功「その頃あの頃」(『民族と政治』一九七三年五月号)一〇二頁も参照。
(107)『毎日』一九五二年一〇月二三日夕刊。
(108)若宮小太郎・富岡健吉・小林幸三郎・和田教美「混迷の政局とその実態」(『改造』臨時増刊号、一九五二年)一九〇頁。
(109)中村隆英『昭和史Ⅱ』四五四頁。
(110)若宮ほか「混迷の政局とその実態」一九〇頁。
(111)「石橋氏ら百二十一名　鳩山派、メンバーを発表」(『毎日』一九五二年一〇月三日)。
(112)土師『人間　池田勇人』一七二頁。
(113)『毎日』一九五二年一〇月一六日夕刊。
(114)「吉田・鳩山両派の首班工作　本社政治記者座談会(下)」(『毎日』一九五二年一〇月七日夕刊)。
(115)「特別国会と首班指名」(『毎日』一九五二年一〇月一三日夕刊)。

(116)『毎日』一九五二年一〇月四日。なお、一〇月七日に「党一本化同盟」が結成された。『朝日年鑑　一九五四年版』朝日新聞社、一九五三年、一八六頁。
(117)「吉田・鳩山手打ちの内幕　本社記者座談会（下）」（『毎日』一九五二年一〇月二五日）。
(118)田々宮『鳩山ブームの舞台裏』三六頁。
(119)三木武吉「鳩山だましこみ作戦のかげに」（『文藝春秋　臨時増刊　政界読本』文藝春秋社、一九五四年）、中『回想の戦後政治』二〇二―二〇三頁。
(120)「吉田・鳩山手打ちの内幕　本社記者座談会（上）」（『毎日』一九五二年一〇月二四日）。
(121)以下、民同派の活動は、升味『戦後政治』下巻、四一二―四一八頁を参照。
(122)『佐藤日記』一九五三年一月一九日、二四日、二五日、二六日、二八日、二九日、三〇日。
(123)石原登「政界・忘れがたきこと」（『自由新報』一九八六年三月一八日）。
(124)『三木武吉』三五五頁、広川の談話。三木の証言は、「三木武吉」（一九五五年八月二九日対談、徳川夢聲『徳川夢聲の世界　問答有用Ⅲ　政財界篇』深夜叢書社、一九九六年所収）二六三―二六四頁を参照。
(125)『朝日』一九五三年二月一二日。
(126)「ノシてきた自由党総務会」（『朝日』一九五三年二月一一日）。
(127)村川『日本国「政府」の研究』九九頁。なお、一九五〇年の党則改正で、幹事長は「総裁の推薦」と変更された。
(128)田々宮『鳩山ブームの舞台裏』八四頁。
(129)「ノシてきた自由党総務会」（『朝日』一九五三年二月一一日）。
(130)田々宮『鳩山ブームの舞台裏』六一頁。
(131)『石橋日記』一九五三年三月一日。
(132)篠田『政界三十三年』一二八頁。
(133)『宮崎日記』一九五三年三月二日。
(134)『朝日』一九五三年三月三日夕刊。

(135)『朝日』一九五三年三月五日。
(136)『朝日』一九五三年三月六日。
(137)『宮崎日記』一九五三年三月六日。
(138)『朝日』一九五三年三月六日夕刊。
(139)『朝日』一九五三年三月九日夕刊。
(140)『宮崎日記』一九五三年三月九日。
(141)『佐藤日記』一九五三年三月一三日。
(142)『佐藤日記』一九五三年三月一四日。重盛『三木武吉太閤記』二〇三―二〇五頁も参照。
(143)中『回想の戦後政治』一二三頁。
(144)『佐藤日記』一九五三年三月一六日。
(145)『朝日』一九五三年三月一五日。
(146)篠田弘作「惜しみても余りある人材」(『追想の広川弘禅』所収)九七頁。
(147)石橋正二郎『回想記』石橋正二郎、一九七〇年、一二九頁。
(148)『佐藤日記』一九五三年三月五日、一六日。
(149)緒方派に吸収される過程は、栗田『緒方竹虎』二一九頁を参照。
(150)例えば、前述した第三回党大会での党則改正など。『政党年鑑 昭和二三年』一三二一―一三三頁。
(151)「分自党工作への配慮 自由党、党則改正のねらい」(『朝日』一九五三年九月二六日)。
(152)本部役員の「顧問、相談役、常任総務、評議員」の廃止や、政調会正副会長は「総裁が推薦して総務会の承認によって決めること」を踏まえ「総務会中心主義を明確にした」とも報じられた(『朝日』一九五三年九月一二日)。たしかに党大会や議員総会との関係では、総務会の地位は強化された。しかし、総裁の権限強化こそが決定的に重要である。
(153)「議員総会骨抜きに」(『毎日』一九五三年九月一二日)。

(154)「分自党工作への配慮　自由党、党則改正のねらい」(『朝日』一九五三年九月二六日)。同記事は「もともと今までの党則はかつて広川弘禅氏が幹事長時代に総裁の〝おすみ付き〟を濫用して専制的にふるまったのに対して党内民主化の建前から定められたもの」と指摘した。
(155)「党則改正を決定」(『再建』七巻九号、一九五三年一一月)六六頁。
(156)『毎日』一九五二年三月一八日、一九日。
(157)篠田『政界三十三年』二二七頁。
(158)田中角栄「政界の巨木倒る」(『民族と政治』一九六五年八月号)七九頁。
(159)田々宮『鳩山ブームの舞台裏』八一頁。なお、入党の規定は「党員の紹介によらねばならない」のままで(一九五〇年の党則第三五条、一九五三年の第三三条)、変更された形跡はない。
(160)一九五三年八月二八日付松野鶴平宛吉田茂書簡、伊藤隆「吉田茂新発見書簡と自衛隊の誕生」(『諸君!』二〇〇七年一二月号)一九四頁より引用。
(161)宮澤喜一『東京―ワシントンの密談』中公文庫、一九九九年、二八―三〇頁。
(162)田々宮『鳩山ブームの舞台裏』九〇頁。
(163)他に、資金関係では、吉田首相の指示で一九五四年六月に松野鶴平委員長のもと、党務委員会が設置され、「自由党の党務ならびに選挙資金の運用を行う」とされた(『朝日』一九五四年六月二二日)。但し、その後の活動実態は不明である。
(164)坪川起用の理由は、北国新聞社編『戦後政治への証言―益谷秀次とその周辺―』北国新聞社、一九七四年、七九頁、坪川の証言を参照。
(165)保利茂『戦後政治の覚書』毎日新聞社、一九七五年、七八―八一頁。
(166)田々宮『鳩山ブームの舞台裏』八六頁。
(167)「資金局を正式機関　自由党党則改正」(『読売』一九五三年九月一六日)。なお、保利証言が言及した一九五三年五月時点では常設でなかったのかもしれない。「資金局を常設」(『朝日』一九五三年九月一六日)を参照。

(168) その内訳は「党大会の季節」(『再建』七巻二号、一九五三年二月)三六頁によれば、「代議員三名、青年部、婦人部各一名の代表者計五名」である。この記述を踏まえれば、一九五〇年と一九五三年の間に、一部の党則改正が行われた可能性が高い。
(169) 一九五三年六月三日付益谷総務会長・佐藤幹事長宛吉田書簡、『吉田茂書翰』六九四頁。
(170) 「第六回臨時党大会」(『再建』六号四巻、一九五二年四月)、及び、「党大会の季節」(『再建』七巻二号、一九五三年二月)、『朝日』一九五二年三月一八日を参照。
(171) 柴田秀利『戦後マスコミ回遊記』上巻、中公文庫、一九九五年、一五八—一五九頁。
(172) 高宮『人間緒方竹虎』二九三頁。
(173) 栗田『緒方竹虎』二二四—二二五頁。
(174) 以下の経緯と引用は、村井順『日本人の良心』善本社、一九八一年、二〇一—二〇九頁によった。
(175) 『毎日』一九五三年一一月六日。
(176) 詳細は、宮澤『東京—ワシントンの密談』一九三—二〇〇頁、及び『宮澤喜一オーラルヒストリー』政策研究大学院大学、二〇〇四年、一一一—一一三頁。
(177) 重光側から見た、吉田・重光会談に関する評価は、武田『重光葵と戦後政治』二二〇—二二四頁を参照。
(178) 〔一九五三〕年七月一一日付佐藤栄作宛吉田書簡、『吉田茂書翰』三二八頁。
(179) 〔一九五三〕年七月七日付緒方竹虎宛吉田書簡、『吉田茂書翰』一六九—一七〇頁。
(180) 宮澤『戦後政治の証言』九八頁。
(181) 『宮澤喜一オーラルヒストリー』一一一—一一二頁。
(182) 宮澤『戦後政治の証言』八一頁。
(183) 以下の記述は、後藤ほか『戦後保守政治の軌跡』八〇—八一頁による。
(184) 陳肇斌『戦後日本の中国政策』東京大学出版会、二〇〇〇年、九四—一〇七頁も参照。
(185) 池田勇人「新党の重圧に喘ぐ自由党」(木舎『戦前戦後』所収)七九—八〇頁。

(186)「鳩山分自党復党工作一件　昭和二八年」及び「手帳　昭和二八年四－八月」（『安藤文書』）を参照。
(187)石橋正二郎『回想記』二二五－二三三頁を参照。
(188)『毎日』一九五三年一一月一七日夕刊。
(189)『毎日』一九五三年一一月三〇日。
(190)村川一郎「自由党（分）史・日本自由党史・日本民主党史」（『行動論研究』第四八号、一九九六年）九一頁。ほかに、平林太一が両院議員総会長とある（同、九一頁）。
(191)竹山祐太郎『自立』竹山祐太郎自伝刊行会、一九七六年、一四四頁。及び、『田川誠一オーラルヒストリー』上巻、政策研究大学院大学、二〇〇一年、八五頁を参照。
(192)鳩山「鳩山一郎回顧録」五五－五六頁。二〇〇〇万円に関係する記述は、単行本化の際に削られた。出典は細川隆元と鳩山の対談である（『鳩山回顧録』資料　その三」二三三－二四八頁）。細川が自著『男でござる　龍の巻』山手書房、一九八一年や『昭和人物史』文藝春秋新社、一九五六年で繰り返したため、広範に知られるようになった。
(193)石田博英『勝負の孤独』東京書房、一九五八年、一〇二－一〇四頁を参照。
(194)『石橋日記』一九五三年一二月八日、一七日、二八日。
(195)ちなみに、宮崎吉政は、石橋と河野の反目を「河野は糧道を絶たれた恨みがあるから。保守派というのは、みんなあれがあるんですよ、ファンね。選挙資金の金づるがある。それをね、どうも石橋派に取られちゃってね」と語った（二〇〇二年一一月一二日、宮崎吉政氏インタビュー）。
(196)「加藤鐐五郎日記」一九五三年一二月六日、七日、一〇日（『加藤資料』W一六－二三七四「当用日記（昭和二八年）」）。
(197)中北『一九五五年体制の成立』一一九頁。
(198)栗田『緒方竹虎』二二七、二二九－二三五頁。
(199)高宮『人間緒方竹虎』三二一頁。
(200)『宮崎日記』一九五四年三月二九日。

(201)『佐藤日記』一九五四年三月三〇日。
(202)〔一九五四〕年四月九日付緒方竹虎宛吉田書簡、『吉田茂書翰』一七一頁。
(203)『佐藤日記』一九五四年四月九日、一二日。
(204)緒方の声明の全文は『緒方伝』一九五―一九七頁を参照。
(205)『佐藤日記』一九五四年四月一七日。
(206)「加藤鐐五郎日記」一九五四年四月一六日(『加藤資料』W一六―二三七七「博文館当用日記(昭和二九年)」)。
(207)『宮崎日記』一九五四年四月二〇日。
(208)指揮権発動に関しては、藤永幸治『特捜検察の事件簿』講談社現代新書、一九九八年、宮本雅史『歪んだ正義―特捜検察の語られざる真相―』エビデンスコーポレーション情報センター出版局、二〇〇三年、渡邉文幸『指揮権発動』信山社、二〇〇五年を参照。
(209)『毎日』一九五四年四月二三日。
(210)栗田『緒方竹虎』二四六―二五一頁。
(211)『石橋日記』一九五四年六月一九日。
(212)木舎幾三郎『政界五十年の舞台裏』政界往来社、一九六五年、四〇五頁。
(213)『石橋日記』一九五四年七月七日。
(214)『石橋日記』一九五四年七月一〇日。
(215)栗田『緒方竹虎』二五六頁。
(216)『宮崎日記』一九五四年三月二八日、四月一四日、一九日。
(217)宮澤『東京―ワシントンの密談』二七八―二七九頁。
(218)例えば、『岸証言録』七五―七六頁。
(219)例えば、「新生日本の政治を語る」(『朝日』一九五二年一月一日)。
(220)栗田『緒方竹虎』二二二頁。

(221) 御厨貴「もう一つの保守党」（北岡伸一・五百旗頭真編『占領と講和　戦後日本の出発』情報文化研究所、一九九九年所収）一二〇頁。
(222) 栗田『緒方竹虎』第五章第四節を参照。
(223) 『宮崎日記』一九五四年七月一四日。
(224) 〔一九五四〕年七月一五日付池田勇人宛吉田書簡、『吉田茂書翰』四五頁。
(225) 「政治家時代裏話」（『緒方資料』一三）七八―七九頁。高橋円三郎の談話。
(226) 木舎『政界五十年の舞台裏』四〇九頁。
(227) 塩口喜乙『聞書　池田勇人』朝日新聞社、一九七五年、一四二頁。宮澤『戦後政治の証言』九八頁も参照。
(228) 田々宮『鳩山ブームの舞台裏』一九三―一九八頁。会談の内容は、「吉田・芦田会談メモ（昭和二九年九月一四日）」（『芦田日記』第七巻所収）四二七―四二九頁。
(229) 『宮崎日記』一九五四年一一月二三日。
(230) 池田と緒方は『芦田日記』一九五四年一一月七日、一五日を、佐藤は『宮崎日記』一九五四年一一月一四日を参照。
(231) 吉武信「吉田首相単独会見記の顛末」（政治記者OB会編『政治記者の目と耳』第二集、政治記者OB会、一九九一年所収）三五九―三六二頁を参照。
(232) 〔一九五四〕年一一月一七日付池田幹事長宛吉田書簡、『吉田茂書翰』四七頁。
(233) 伊藤昌哉『宰相盗り』五一頁。
(234) 宮沢「池田勇人のナミダ」一二一―一二三頁。
(235) 〔一九五四〕年〔一一〕月〔一二〕日付大野伴睦宛吉田書簡、『吉田茂書翰』一五九―一六〇頁。
(236) 『宮崎日記』一九五四年一一月二一日。
(237) 田々宮『鳩山ブームの舞台裏』二〇四―二〇五頁。
(238) 伊藤昌哉『宰相盗り』五一―五二頁。

(239)『朝日』一九五四年一一月二五日夕刊。
(240)『宮崎日記』一九五四年一一月二七日。〔一九五四〕年一一月二七日付池田幹事長宛吉田書簡、『吉田茂書翰』四八頁も参照。
(241)中『回想の戦後政治』二六一頁。
(242)「国会関係資料三　昭和二九年度」(『佐藤達夫文書』一四二三)を参照。同資料をご教示頂いた村井哲也氏に感謝する。
(243)一二月六日の記述は、特に断らない限り、『宮崎日記』一九五四年一二月六日によった。
(244)田々宮『鳩山ブームの舞台裏』二〇六頁。
(245)保利『戦後政治の覚書』九〇―九一頁、小坂善太郎『議員外交四十年』日本経済新聞社、一九九四年、五六頁。
(246)佐藤寛子『佐藤寛子の宰相夫人秘録』朝日文庫、一九八五年、一三六頁。
(247)閣議の様子は、宮崎①一五四―一五六頁、及び『宮崎日記』四〇〇―四〇二頁。以下、特に断らない限り、『宮崎日記』四〇〇―四〇二頁によった。宮崎が後日、愛知通産相(閣議当時)から聞いたものである。
(248)福永健司「総辞職か解散か」(自民党③所収)二七頁。
(249)「吉田内閣末期の話」(『緒方資料』三二)二六頁。
(250)宮澤『戦後政治の証言』九九頁、宮沢「池田勇人のナミダ」一三頁を参照。
(251)『宮崎日記』一九五四年一二月二日、「変態内閣がくやばなし」(『サンデー毎日』一九五四年一二月一九日号)七頁。
(252)一九五四年一二月一二日付緒方四十郎宛緒方竹虎書簡、『緒方伝』二〇〇頁。
(253)高宮『人間緒方竹虎』三二九―三三〇頁。
(254)田々宮『鳩山ブームの舞台裏』二〇七頁。
(255)「加藤鐐五郎日記」一九五四年一一月二六日(『加藤資料』W一六―二三七七「博文館当用日記(昭和二九年)」)。
(256)「政界夜話　追いつめられた吉田自由党」(『エコノミスト』一九五四年一二月四日号)二〇頁。

(257)「変態内閣がくやばなし」四－五頁、木舎『政界五十年の舞台裏』四一九頁、鈴木茂三郎『忘れえぬ人々』中央公論社、一九六一年、四一頁、田村祐造『戦後社会党の担い手たち』日本評論社、一九八四年、二八〇頁、宮崎①一五七－一五八頁を参照。

(258)『朝日新聞記者の証言一　政治への凝視』朝日ソノラマ、一九八〇年、七六頁。

(259) 保利『戦後政治の覚書』九四頁。

表4　主要政治家のキャリアパス

キャリアパス		大臣	党三役（自由党系のみ）	20・8・17 東久邇	20・9・17	20・10・9 幣原	*20・11・9* 自由党結成	21・5・4	*21・5・15*	21・5・22 吉田Ⅰ	*21・6・20*	*21・8・18*	*21・10・12*	22・1・31 吉田Ⅰ改造
戦前派 鳩山派	鳩山一郎		○				**総裁**	公職追放						
戦前派 鳩山派	河野一郎		○				**幹事長**	↓	↓	↓	公職追放			
戦前派 鳩山派	三木武吉		○								公職追放			
戦前派 党人派	安藤正純	○	○				**政調会長**							
戦前派 党人派	星島二郎（党）	○	○						**政調会長**	↓	↓	**総務会長**	↓	↓
戦前派 党人派	星島（内閣）									商工相				国務相
戦前派 党人派	芦田均	○	○			厚相	↓	↓					**政調会長**	
戦前派 党人派	山崎猛	○	○											
戦前派 党人派	木暮武太夫		○											
戦前派 党人派	青木孝義	○	○											
戦前派 御三家	大野伴睦	○	○								**幹事長**	↓	↓	↓
戦前派 御三家	林譲治	○	○							書記官長	↓	↓	↓	↓
戦前派 御三家	益谷秀次（党）	○	○											
戦前派 御三家	益谷（内閣）													
戦後派 官僚派	吉田茂（党）	○	○						**総務会長**	↓	↓	**総裁**	↓	↓
戦後派 官僚派	吉田（内閣）				外相	↓	↓	↓	↓	首相・外相	↓	↓	↓	↓
戦後派 官僚派	池田勇人	○	○											
戦後派 官僚派	佐藤栄作	○	○											
戦後派 官僚派	増田甲子七	○	○											運輸相
戦後派 官僚派	周東英雄（党）	○	○											
戦後派 官僚派	周東（内閣）									副書記官長	↓	↓	↓	↓
戦後派 官僚派	吉武恵市（党）	○	○											
戦後派 官僚派	吉武（内閣）													
戦後派 党人派	広川弘禅	○	○											
戦後派 党人派	水田三喜男	○	○											
戦後派 党人派	緒方竹虎	○	○	国務相	↓									
戦後派 党人派	石井光次郎	○	○											商工相
戦後派 党人派	斎藤隆夫	○	○							国務相	↓	↓	↓	行調
戦後派 党人派	大村清一	○	○							内相	↓	↓	↓	
戦後派 党人派	根本龍太郎	○	○											

注　(1)イタリックは党役職人事関係　(2)太字は内閣役職関係
(3)党役職は村川『日本政党史辞典』より作成、内閣は『自民党政権』より

区分	派	人名	大臣	党三役	22·6·1	22·6·21	22·7·1	23·3·10	23·3·15	23·3·16	23·10·19	23·10·20	23·10·26	24·2·16	25·3·1
		内閣			片山 22·5·24成立			芦田			吉田Ⅱ 23·10·15成立			吉田Ⅲ	
		キャリアパス（自由党系のみ）							民主自由党						自由党
戦後派	党人派	根本龍太郎	○	○											
戦後派	党人派	大村清一	○	○		政調会長									
戦後派	党人派	斎藤隆夫	○	○						総務会長					
戦後派	党人派	石井光次郎	○	○											
戦後派	党人派	緒方竹虎	○	○											
戦後派	党人派	水田三喜男	○	○											
戦後派	党人派	広川弘禅	○	○								幹事長			
戦後派	官僚派	吉武（内閣）													
戦後派	官僚派	吉武恵市（党）	○	○											
戦後派	官僚派	周東（内閣）									農林相				
戦後派	官僚派	周東英雄（党）	○	○						政調会長					
戦後派	官僚派	増田甲子七	○	○			政調会長				労相			官房長官	
戦後派	官僚派	佐藤栄作	○	○							官房長官			政調会長	
戦後派	官僚派	池田勇人	○	○										蔵相	
戦後派	官僚派	吉田（内閣）									首相・外相				
戦後派	官僚派	吉田茂（党）	○	○											
戦前派	御三家	益谷（内閣）									建設相				
戦前派	御三家	益谷秀次（党）	○	○											総務会長
戦前派	御三家	林譲治	○	○							副総理				
戦前派	御三家	大野伴睦	○	○											
戦前派	党人派	青木孝義	○	○									政調会長	安本	
戦前派	党人派	木暮武太夫		○											
戦前派	党人派	山崎猛	○	○					幹事長						
戦前派	党人派	芦田均	○	○	副総理			首相							
戦前派	党人派	星島（内閣）													
戦前派	党人派	星島二郎（党）	○	○									総務会長		
戦前派	党人派	安藤正純	○	○											
戦前派	鳩山派	三木武吉		○											
戦前派	鳩山派	河野一郎		○											
戦前派	鳩山派	鳩山一郎		○											

キャリアパス（自由党系のみ）

人名	派	大臣	党三役	25・4・13	25・5・6	25・6・28（吉田Ⅲ）	26・3・13（改造①）	26・5・31	26・7・4（吉田Ⅲ改造②）	26・12・26（吉田Ⅲ）	26・12・28（改造③）	27・1・18	27・1・23
鳩山一郎	鳩山派		○										
河野一郎	鳩山派		○										
三木武吉	鳩山派		○										
安藤正純	戦前派・党人派	○	○										
星島二郎（党）	戦前派・党人派	○	○										
星島（内閣）	戦前派・党人派												
芦田均	戦前派・党人派	○	○										
山崎猛	戦前派・党人派	○	○			運輸相				国務相			
木暮武太夫	戦前派・党人派		○										
青木孝義	戦前派・党人派	○	○										
大野伴睦	戦前派・御三家	○	○										
林譲治	戦前派・御三家	○	○				衆議院議長						
益谷秀次（党）	戦前派・御三家	○	○								総務会長		
益谷（内閣）	戦前派・御三家								国務相				
吉田茂（党）	戦後派・官僚派	○	○										
吉田（内閣）	戦後派・官僚派												
池田勇人	戦後派・官僚派	○	○										
佐藤栄作	戦後派・官僚派	○	○	幹事長					郵政相				
増田甲子七	戦後派・官僚派	○	○		建設相			幹事長					
周東英雄（党）	戦後派・官僚派	○	○										
周東（内閣）	戦後派・官僚派					安本							
吉武恵市（党）	戦後派・官僚派	○	○					政調会長					
吉武（内閣）	戦後派・官僚派									労相			
広川弘禅	戦後派・党人派	○	○			農林相		総務会長		農林相			
水田三喜男	戦後派・党人派	○	○										政調会長
緒方竹虎	戦後派・党人派	○	○										
石井光次郎	戦後派・党人派	○	○										
斎藤隆夫	戦後派・党人派	○	○										
大村清一	戦後派・党人派	○	○										
根本龍太郎	戦後派・党人派	○	○	政調会長					農林相				

派		人名	大臣	党三役（自由党系のみ）	キャリアパス 27・8・1 吉田Ⅲ 省庁改組	27・8・2	27・10・30 吉田Ⅳ	27・11・24	27・11・29	27・12・5	28・1・30	28・3・3
戦前派	鳩山派	鳩山一郎		○								
戦前派	鳩山派	河野一郎		○								
戦前派	鳩山派	三木武吉		○							総務会長	
戦前派												
戦前派	党人派	安藤正純	○	○								
戦前派	党人派	星島二郎（党）	○	○								
戦前派	党人派	星島（内閣）										
戦前派	党人派	芦田均	○	○								
戦前派	党人派	山崎猛	○	○		27・9・2 経審						
戦前派	党人派	木暮武太夫		○				政調会長				
戦前派	党人派	青木孝義	○	○								
戦前派												
戦前派	御三家	大野伴睦	○	○		衆議院議長（27・8・26-28・10・24）						
戦前派	御三家	林譲治	○	○		幹事長						
戦前派	御三家	益谷秀次（党）	○	○								
戦前派	御三家	益谷（内閣）										
戦後派	官僚派	吉田茂（党）	○	○								
戦後派	官僚派	吉田（内閣）										
戦後派	官僚派	池田勇人	○	○			通産相		不信任案可決			
戦後派	官僚派	佐藤栄作	○	○	郵政相		建設相				幹事長	
戦後派	官僚派	増田甲子七	○	○								
戦後派	官僚派	周東英雄（党）	○	○								
戦後派	官僚派	周東（内閣）			経済審議庁							
戦後派	官僚派	吉武恵市（党）	○	○								
戦後派	官僚派	吉武（内閣）			労相（厚生兼任）							
戦後派												
戦後派	党人派	広川弘禅	○	○	農林相					農林相		罷免
戦後派	党人派	水田三喜男	○	○								経審
戦後派	党人派	緒方竹虎	○	○			副総理					
戦後派	党人派	石井光次郎	○	○			運輸相					
戦後派	党人派											
戦後派	党人派	斎藤隆夫	○	○								
戦後派	党人派	大村清一	○	○								
戦後派	党人派	根本龍太郎	○	○								

		大臣	党三役	28・3・15	28・3・24	28・5・21	29・1・9	29・2・1	29・7・26	29・7・29	29・11・24	29・12・8	29・12・9
	キャリアパス（自由党系のみ）										日本民主党結成		
	内閣					吉田V	吉田V 改造						
戦前派 鳩山派	鳩山一郎		○								民・総裁		
戦前派 鳩山派	河野一郎		○										
戦前派 鳩山派	三木武吉		○								民・総務会長		
戦前派 党人派	安藤正純	○	○			国務相					辞任		
戦前派 党人派	星島二郎（党）	○	○										
戦前派 党人派	星島（内閣）												
戦前派 党人派	芦田均	○	○										
戦前派 党人派	山崎猛	○	○										
戦前派 党人派	木暮武太夫		○										
戦前派 党人派	青木孝義	○	○										
戦前派 御三家	大野伴睦	○	○			国務相			総務会長				
戦前派 御三家	林譲治	○	○										
戦前派 御三家	益谷秀次（党）	○	○	総務会長									
戦前派 御三家	益谷（内閣）												
戦後派 官僚派	吉田茂（党）	○	○										
戦後派 官僚派	吉田（内閣）												
戦後派 官僚派	池田勇人	○	○			政調会長			幹事長				
戦後派 官僚派	佐藤栄作	○	○										
戦後派 官僚派	増田甲子七	○	○										
戦後派 官僚派	周東英雄（党）	○	○										
戦後派 官僚派	周東（内閣）												
戦後派 官僚派	吉武恵市（党）	○	○										
戦後派 官僚派	吉武（内閣）												
戦後派 党人派	広川弘禅	○	○										
戦後派 党人派	水田三喜男	○	○							政調会長			
戦後派 党人派	緒方竹虎	○	○									総裁	
戦後派 党人派	石井光次郎	○	○										幹事長
戦後派 党人派	斎藤隆夫	○	○										
戦後派 党人派	大村清一	○	○										
戦後派 党人派	根本龍太郎	○	○										

		キャリアパス 人名	大臣	党三役（自由党系のみ）	内閣 鳩山 29・12・10	自由民主党結成 30・11・15
戦前派	鳩山派	鳩山一郎		○	首相	総裁代行委員
戦前派	鳩山派	河野一郎		○	農相	
戦前派	鳩山派	三木武吉		○		総裁代行委員
戦前派	党人派	安藤正純	○	○	文相	
戦前派	党人派	星島二郎(党)	○	○		
戦前派	党人派	星島(内閣)				
戦前派	党人派	芦田均	○	○		
戦前派	党人派	山崎猛	○	○		
戦前派	党人派	木暮武太夫		○		
戦前派	党人派	青木孝義	○	○		
戦前派	御三家	大野伴睦	○	○	↓	総裁代行委員
戦前派	御三家	林譲治	○	○		
戦前派	御三家	益谷秀次(党)	○	○		
戦前派	御三家	益谷(内閣)				
戦後派	官僚派	吉田茂(党)	○	○		
戦後派	官僚派	吉田(内閣)				
戦後派	官僚派	池田勇人	○	○		
戦後派	官僚派	佐藤栄作	○	○		
戦後派	官僚派	増田甲子七	○	○		
戦後派	官僚派	周東英雄(党)	○	○		
戦後派	官僚派	周東(内閣)				
戦後派	官僚派	吉武恵市(党)	○	○		
戦後派	官僚派	吉武(内閣)				
戦後派	党人派	広川弘禅	○	○		
戦後派	党人派	水田三喜男	○	○	↓	政調会長
戦後派	党人派	緒方竹虎	○	○	↓	総裁代行委員
戦後派	党人派	石井光次郎	○	○	↓	総務会長
戦後派	党人派	斎藤隆夫	○	○		
戦後派	党人派	大村清一	○	○	防衛庁長官	
戦後派	党人派	根本龍太郎	○	○	官房長官	

第三章　第二保守党系の党組織と役職公選論の展開

本章で扱うのは、いわゆる第二保守党系である。具体的には、日本進歩党の系譜に位置づけられる、民主党、国民民主党、改進党、日本民主党である。あわせて、途中から第二保守党系に合流する協同党系も対象とする。[1]こちらは日本協同党、協同民主党、国民協同党と変遷し、国民民主党に合流した。本書では、前者を第二保守党系、後者を協同党系と呼ぶ。これら非自由党系かつ非革新政党の諸政党を対象とする。

先駆的な研究として伊藤隆、内田健三、御厨貴の研究がある。[2]その後、福永文夫、伊藤悟、三川譲二、村川一郎の研究が登場した。[3]協同党系に関しては、塩崎弘明、竹中佳彦の研究がある。[4]第二保守党研究を踏まえた研究に、武田知己、河野康子、中北浩爾の研究がある。[5]

本章では、第二保守党系と協同党系の諸政党について、その政党組織に着目して分析する（日本進歩党は第一章第二節を参照）。対象期間は、一九五五年二月総選挙までで、おおむね第二章の自由党系と対応する。また、政党組織論の中でも特に、総裁及び総裁に準ずる役職の選出過程、及び幹部公選論の展開を詳細に検討したい。そして、役職公選論の担い手たる、いわゆる「革新派」に注目する。以上を分析することで、第二保守党系の特徴を政党組織論から明らかにしたい。

第二保守党系の歴史は分裂の歴史だった。長い野党時代に、与党との協調か純粋野党かという路線闘争が繰り広げられた。純粋野党路線とは、与党との違いを打ち出し、来たる総選挙で勝利するという戦略であった。それゆえ独自性確保と党勢拡大の戦略が問われ続けた。前者に着目した先行研究は「修正資本主義」や「保守革新」といったイデオロギーに着目し思想的な位置づけを試みた。後者は余り検討されていない。それは資料的な制約が大きいからである。党勢拡大と密接に絡む党組織を対象とした研究は、わずかに、内川正夫、武田知己による改進党研究のみである。[6] 他に、御厨貴は、第二保守党系の遺産として総裁公選論を指摘する。[7] 御厨の用いる「幹部公選論」(本書の定義では「役職公選論」)が、総裁公選へと結実する政治過程は単調ではない。これも含め、第二保守党系の政党組織論を論じることは大きな意義を有すると考えられる。

ところで、第二保守党系の特徴に内部対立の激しさがある。第二保守党系の基本的な構図として、片山・芦田政権以降、与党か野党かという路線対立が常にあった。[8] 与党志向は究極的には保守大合同路線となった。野党志向は中道政党論、保守二党論と姿を変えた。これが党内対立とも結びついた。進歩党は幹部を含め所属議員の大部分が公職追放された直後に、犬養健を中心とした党内若手の活動と党外の芦田との連携により、保守革新の民主党へ衣替えした。公職追放により中心を欠いた「保守派」が復権し始めるのは公職追放解除以後のことである。一方、追放解除前に、協同党系が合流し、国民民主党が結成された。その上、追放解除者が合流したのだから、改進党は党内に更なる相克を抱え込んだ。以上の構図を踏まえつつ論じたい。

第一節では、一九四七年から一九五一年まで、民主党成立から国民民主党の成立と変容を扱う。第二節では、主に一九五〇年から一九五三年にかけての政局を扱う。公職追放解除をきっかけに、野党再編が起こり、一九五二年には改進党が結成された。その結党過程、及び、その後の党組織改革、役職公選論の展開を考察したい。第三節では、日本民主党と鳩山内閣の成立を扱う。一九五四年を中心に考察したい。

第一節　民主党から国民民主党へ

本節では、一九四七年の民主党成立から、一九五一年の国民民主党の成立までを扱う。まずは民主党の総裁選出過程、その党組織を扱う。次に協同党系の党組織を扱う。そして、民主党と協同党系が合流して出来た国民民主党とその党組織を扱う。

（一）民主党

本項で扱うのは、民主党の芦田均総裁と犬養健総裁の時代である。民主自由党との連立内閣をめぐり、連立派と野党派に分裂するまでを扱う。とりわけ芦田と犬養の総裁選出過程に注目したい。

（a）芦田総裁時代

第二保守党系の源流の一つは、第一章第二節で扱った進歩党である。一九四六年五月から一九四七年五月までの第一次吉田内閣時代には、犬養健を中心とした若手の少壮派が、新綱領導入や役職公選実施に際して大きな役割を果たした。その後、少壮派と自由党の芦田均とが連携した。

民主党結成は一九四七年三月三一日である[9]。結党時一四五名と自由党一四〇名を上回った。その綱領は修正資本主義を明確に打ち出すなど、「国体擁護」を掲げた進歩党とは一線を画す「革新的」なものだった[10]。結党時には総裁を置かず、芦田、斎藤隆夫、一松定吉、河合良成、木村小左衛門らを最高総務委員とする集団指導体制をとった。幣

組織図4　民主党（昭和22年）

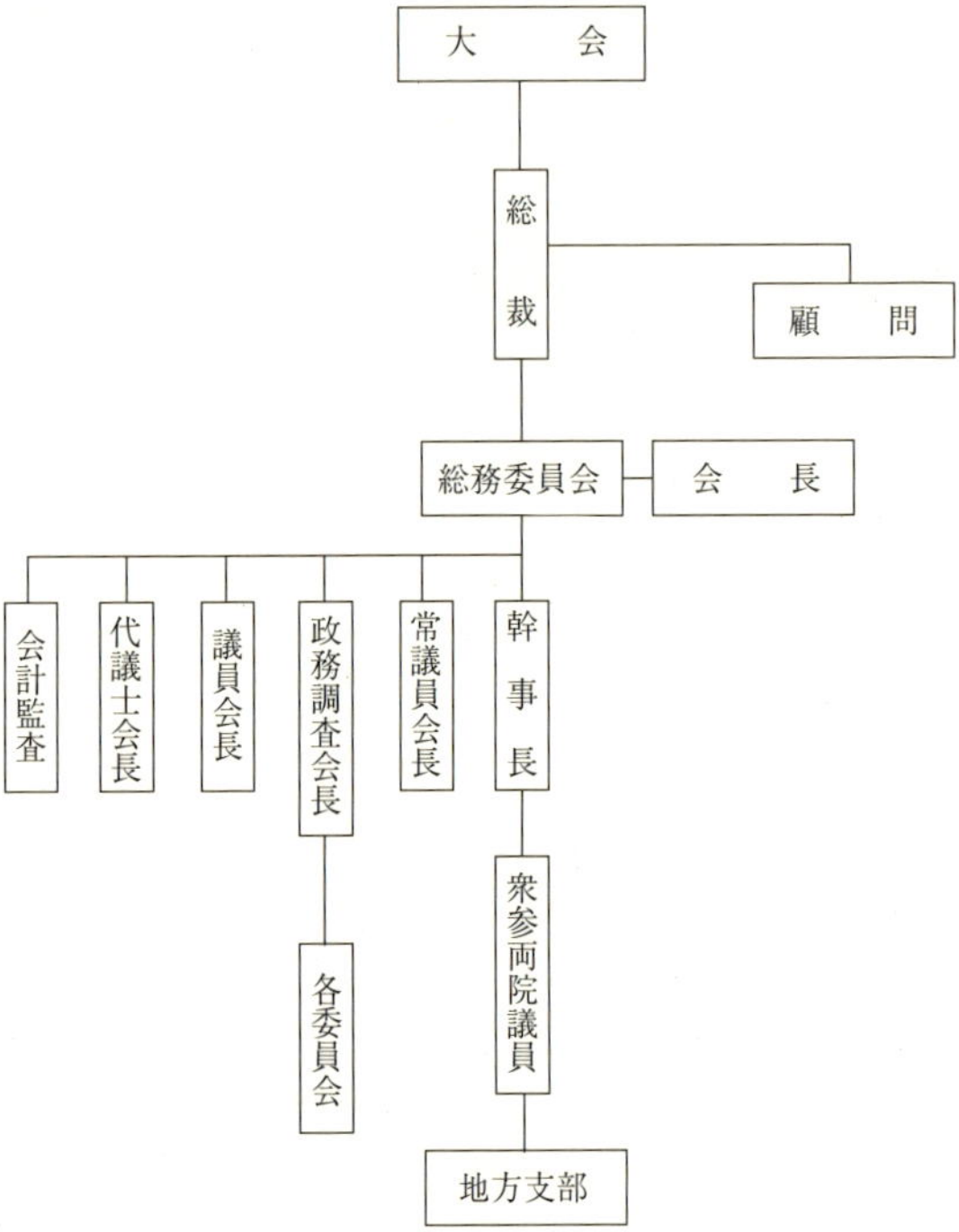

出典：村川編，528頁。

原は最高顧問だった。幹事長は石黒武重、政調会長は矢野庄太郎だった。党人事は芦田派の実質的勝利である。総裁人事は選挙後に持ち越された。

総選挙直前に、主要幹部が次々と公職追放された。四月四日に楢橋、八日に犬養と石黒幹事長、一一日には石黒の後任の地崎幹事長、保利の追放が決定した。党幹部、それも芦田擁立派が狙い撃ちにされたのは一目瞭然だった。一連の追放は、通称「Y項パージ」と呼ばれる政治色濃厚な事例であった。[11] 空席となった幹事長は芦田最高委員が兼任した。[12]

四月二五日の総選挙の結果は、社会党一四三、自由党一三一、民主党一二四、協同党三一だった。民主党は第三党へと転落したのである。

選挙後、総裁が選出された。候補者は幣原、斎藤、芦田だった。五月一七日、斎藤、芦田、一松、木村ら最高委員、幣原最高顧問、田中、林ら顧問、矢野政調会長、長尾常議員会長の九名が出席し、候補者指名を一任された最高幹部会が首相官邸で開かれた。一八日、再び首相官邸に集合し、林から「総裁芦田、名誉総裁幣原、最高顧問斎藤」案、「総裁幣原、副総裁芦田」案、現状維持案など七案が提示された。話し合いの結果、満場一致で第一案「総裁芦田、名誉総裁幣原、最高顧問斎藤」に決定した。同案は数日前に芦田が考案したもので、幣原・田中らは反対した。そこで芦田が幣原の立場を重んじ緊密に連携することで合意したという[13]。だがその後、芦田と幣原の対立は厳しさを増した[14]。

一連の総裁選考は幹部主導で行われた。自由党のように鳩山一人が決定権を握っていたわけではないため、幹部間での調整が試みられたのである。

決定までの政治過程で限定的ながら若手が政治的影響力を発揮した。芦田支持の若手は「青年将校」と呼ばれた。彼らの指導者は北村徳太郎だった[15]。北村派は第二保守党系における、いわゆる「革新派」の源流の一つである[16]。

この若手の活動を斎藤隆夫は批判した。斎藤は、幣原と芦田の対立が党大会での決選投票実施や党分裂に繋がることを危惧し、妥協したと主張する。そのうえで「政党の総裁たる者は人格、識見、徳望、経歴等より見て、全党員一致の与望を荷《（ママ）》い、自然の大勢に押されて浮び上るものでなくてはならぬ」とし、総裁公選を「識者の指弾すべき不公明なる手段方法」と批判した（『斎藤自伝』二三〇頁）。その総裁公選批判は政党人における戦前と戦後の断絶を示唆し興味深い。

六月一日、片山内閣が成立した。民主党は連立に参加した。六月二日には入閣した役員を補充する形で役員改選が行われ、芦田の総裁就任以来欠員だった幹事長に竹田儀一、政調会長に北村が就任した[17]。一一月二五日、竹田幹事長が病気のため、北村政調会長が幹事長代理に就任した[18]。一二月四日に苫米地が幹事長に決定した[19]。

片山内閣における最大の問題は炭鉱国家管理案だった。一二月八日に臨時石炭工業管理法が成立した。同法案に反対した幣原一派を民主党執行部が除名し、幣原らの同調者も離党した。幣原一派の結成した同志クラブは一九四八年に民主クラブと改称し、三月一五日に自由党と合同し民主自由党を結成した。

一九四七年一二月一〇日に行われた役員改選の主な人事は、最高顧問に斎藤隆夫、顧問に木村小左衛門、一松、矢野庄太郎、小坂順造、竹田、北村、板東幸太郎、政調会長に稲垣平太郎、政調副会長に川崎、西田隆男、両院議員総会長に佐々木鹿蔵、代議士会長に米田吉盛、常議員会長に佃良一、幹事長補佐に小島徹三、橘直治、深川栄左衛門である。一九四八年一月二〇日には丸ビル静養軒で第三回党大会が開かれ、党規約が一部改正された（『政党年鑑　昭和二四年』一五九頁）。

二月一〇日に片山内閣が総辞職し、三月一〇日に芦田内閣が成立した。これを「所謂政権の盥回し」と批判したのが斎藤隆夫である。斎藤は戦前来の主張である憲政常道論に照らして、片山内閣の与党には次期政権を担う資格がないと論難した。「憲政運用の根本義において意見を異に」した結果、三月三日に斎藤は離党した（『斎藤自伝』二二五－二二八頁）。戦前の憲政常道論と、戦後のルールなき多数派形成との乖離を感じさせる出来事といえよう。

芦田内閣発足後の民主党について簡単に叙述する（『政党年鑑　昭和二四年』一五九－一六一頁）。入閣した苫米地幹事長の後任は、木村小左衛門で、木村は総務会長も兼任した。民主党は与党として当面の政策を決定するために、五月四日、五日、上野静養軒、明大講堂で第四回党大会を開催した。七月二〇日に犬養と保利が公職追放を解除された。既に楢橋、田中伊三次が解除されており、有力議員の復帰を受け、八月二日、党役員を改選した。木村幹事長の後任は苫米地官房長官が務め（兼任）、木村は総務会長専任となった。犬養、楢橋、竹田厚相、栗栖安本長官、苫米地幹事長の五名からなる党勢拡張委員会が設置された。補佐役の委員会幹事には小島徹三、小畑哲夫が起用された（『朝日新聞』一九四九年八月三日）。

一〇月七日、昭電疑獄に巻き込まれ、芦田内閣は総辞職した。

芦田内閣総辞職の前後に表面化したのが山崎首班事件である。[20]九月下旬から、次期政権をめぐり、民自党は吉田首班説と山崎首班説とで分裂した。一連の「混迷の中心は民主党」と指摘された（宮崎①六四頁）。芦田周辺は民主、社会、国協で民自党の山崎猛幹事長を推し、決選投票で勝利する目論見だった。[21]政党の枠を超えた多数派形成であり、「青年将校」たちは「革命にルールなし」とまで話していた[22]。かつて犬養を支持した新進会は、犬養追放中に、椎熊、川崎ら「行動派」が芦田に接近し、小坂、坪川ら「知性派」と分裂していた（『政党年鑑　昭和二四年』一六二頁）。民主党は山崎首班を推進する芦田総裁と「青年将校」グループ、吉田首班を推進する犬養顧問と若手に二分された。その後、民主党内は山崎擁立論が優勢となった。

民自党は山崎幹事長に一〇月一三日午後の役員会と議員総会、参議院議員総会で「他党から推されても断じて受けない」と宣言させた。一方、民主党は一〇月一三日午後の緊急総務会でも山崎擁立が大勢を占め、午後七時の代議士会で採決を行った結果、山崎首班挙国連立が党議決定された。吉田首班を主張したのはわずか一二名だった。この状況を踏まえ、民自党幹部は、山崎幹事長を議員辞職させた。そこで民主党は代議士会を開催し、白紙投票、三木武夫首班、吉田首班の三案を検討した。まず三木武夫首班と吉田首班の両案を無記名採決した結果、三木指名四五、吉田指名三〇となった。次に白紙か三木武夫首班かを挙手で問い、白紙投票に決した[23]。

こうして山崎首班工作は挫折し、一〇月一九日に第二次吉田内閣が発足した。一連の山崎首班工作を通じて「芦田派と犬養派とに大別される流れを産んだ[24]」。

一一月八日、芦田は総裁の辞表を提出した。総務会では椎熊による総裁辞任撤回論もあったが、犬養派は後任の早期決定を求めた（『芦田日記』一九四八年一一月八日）。最高首脳部会議は辞表を預かるのみとし、党運営は新任の総務会が善処することになった。具体的には最高委員制が考慮され、総務会が選任を急いだという。実際には選任されなかった。役員人事前に「役員の改選－機構、人事の改革について具体案の検討をまかされていた五人委員会」で話し合われ「党則の範囲内でできる限りの刷新を行うということをきめ（中略）顧問会にはかってその結論にもとずいて芦田総裁に答申し、ようやく決定をみた」という（『政党年鑑　昭和二四年』一六二－一六三頁）。一一月一一日、役員改選が発表された。苫米地総務会長（衆）、稲垣幹事長（参）、北村政調会長（衆）、北村圭太郎両院議員総会長（衆）、早稲田柳右衛門代議士会長（衆）、桜内辰郎参議院議員会会長（参）、佃良一常議員会会長（衆）、一松院内総務会長（衆）だった。選挙対策本部の最高委員は、犬養、楢橋、木村小左衛門、竹田、坂東だった。「機構人事の全面的刷新の期待にはずれ、大規模な人事異動にとどまった」こともあり「椎熊三郎、川崎秀二氏など風当りの強いところさては山崎擁立工作の面々が少しあとへ下げられ、また犬養系諸氏もまだ中心に乗り出していない感を与える人事で（略）総花的人事」と総括された。[25] 一一月一七日、総務会で「党の代行機関はとり止めて総務会長、政調会長、幹事長で仕事を見ることにして、大事なことは顧問会で相談する方針に決定した」という（『芦田日記』一九四八年一一月一七日）。芦田の意図通り、犬養総裁は先送りされたのである。

（b）　犬養総裁時代

芦田の後継総裁候補は犬養健顧問と苫米地義三総務会長だった。前者は芦田総裁時代の党内反主流派を中心に支持され、後者は芦田総裁時代の党内主流派が支持した。これは民自党との保守連携を目指す前者と、中道政治に拘る後者との政策対立の反映でもあった。犬養支持派は、苫米地と比べ政治歴が長いこと、総選挙前に全国的な人気があること、を理由に挙げた。[26] ＧＨＱとの良好な関係も民主党員の念頭にあったであろう。一二月七日の総務会で、候補者選任を、顧問二一名と稲垣幹事長に一任することが決まった。彼らは八日に会合を開いた。党内情勢は、代議士の約半数が犬養支持、参議院も犬養支持の色が濃く、楢橋の延期論に一部の苫米地支持派が同調した。[27]

一二月九日午前中から幹部が犬養総裁・受諾は総選挙後という妥協案で調整を試みた。しかし犬養が拒否した。顧問会は結論を出せず、午後八時から総務会、午後一〇時に議員総会が開かれた。議員総会では、川崎の強い要求に応じて、無記名投票が実施された。結果は犬養四八、楢橋一七、苫米地四、稲垣、北村、芦田が各々一、無効三であった。一〇日の第五回党大会では、椎熊三郎が選挙手続きを省略する動議を提出し、全会一致で犬養を総裁に決定した。[28]他の党役員人事は総選挙後に持ち越された。そのため、稲垣幹事長、苫米地総務会長は交代しなかった。一部では、党則改正して副総裁を置き、苫米地が就任する案も考えられたという。[29]

一連の犬養総裁選出過程は画期的と評価できる。留意すべきは、党大会での公選ではなかった点である。実施されなかった理由は、党分裂の恐怖が優越したからである。例えば、六日時点で党大会での選挙実施は党分裂を誘発しかねないとの危惧を楢橋が語った。[30]同様の危惧はそれ以外の幹部にも存在し「民主的な方法で総裁を決定するまでにはまだまだ距離がある」とこれを放棄したという。[31]党大会を重視すれば、一九四八年三月の民自党結党大会における吉田総裁選出よりも形式的には劣るかもしれない。だがしかし、議員総会での無記名投票、それも複数候補者で争われたことは、戦後の保守党で特筆すべき出来事と評価できる。このとき、選挙という解決策が用いられたのは、路線対立が激しすぎ、調整不可能という党内状況の反映でもあった。自由党と違い、幹部の誰かが傑出した政治的影響力を発揮したわけではない。総裁公選のルールに着目するならば、幹部の話し合いによる総裁選出という従来型の原理が、多数決での総裁選出という新しい原理によって凌駕されたのである。

ここで、民主党の党則を確認したい。用いるのは、一九四八年一月に一部改正されたという「民主党々則」である。[32]総裁は「党大会に於て選挙し其の任期は四年とする」（第五条）、「必要と認むるときは、他の機関を設けることを得る」（第一六条）と規定された。総務会関連は「総務は総務会を組織し、党の重要事項を審議する」、「党務の運営上必要と認むるときは総務会長を置くことを得る」、「総務会長は総務の互選による」と規定された。総裁指名総務に関しては「所属国会議員中より総務を指名することを得る。但し、其の員数は選挙による総務の員数を越えることを得ない」とされた（第七条）。幹事長は「総務会の決議に基き党務を執行する。幹事長は総務会に諮り総裁之を選任し其の任期は一年とする」と規定された（第八条）。第一〇条は「幹事は総務及幹事長を輔け党務を分担する。幹事は幹事長の推薦により総務会に諮り総裁之を選任し其の任期は一年とする」と、幹事が総務及び幹事長を補佐する規定である。これは第二章で論じた自由党の事例と同様、総務会と幹事長の権限が未分化だったことの痕跡であろう。

党大会と代議員に関する規定は「第一八条　党大会は本部役員、所属国会議員、地方支部より選出した代議員を以て之を組織する。代議員の員数は、各都道府県支部三名宛（一般党員代表一名、青年部代表一名、婦人部代表一名）を選出するものとする。更に各都道府県選出の衆参両院議員一名につき一名の代議員を、一般党員代表とともに選出するものとする。緊急の必要により党大会を招集すること能はざる場合は、常議員会を以て大会に代へることを得る。大会に代るべき常議員会は過半数以上の出席あることを要する」である。地方支部選出代議員の枠を一般党員、青年部、婦人部に割り当てたところは興味深い。

次に、「民主党々則案」[33]（一九四八年一二月一〇日）を考察したい。前述した「民主党々則」との違いに注目することで、党組織改革に関する意図が読み取れるからである。同案の作成者は、内容から、犬養総裁と対立する苫米地側と考えられる。その特徴は、第一に総裁任期の短縮と副総裁の設置、第二に執行機関としての幹事の役割の確定、第三に総務会の権限強化と議決機関としての役割の確定、である。「民主党々則」と比較しつつ検討する。

第一に、総裁任期が四年から二年に短縮された。同時に副総裁の規定が追加された（第五条）。総裁選出過程で犬養と苫米地の対立が激しかったため、任期を短くし、あわせて総裁を牽制するために副総裁を設置したと推測される。

第二に、幹事長に関する第八条には変更はない。注目すべきは、幹事の役割を規定した第一〇条である。「幹事は幹事長を輔け党務執行を分担する」と変更された。幹事長のみを補佐すること、及び、「党務執行を分担」とは、執行機関としての幹事長と議決機関としての総務会という役割分担を明確化するために、幹事の執行機関の側面を強調する形に変更されたと推測される。

第三に、第七条の総務会は「総務、幹事長及政務調査会長を以て総務会を組織」と、総務以外の役職が含まれるよう変更された。そのうえで、元の党則では「表決《ママ》」に加わることを認めていた総裁等、総務以外の党幹部は「総務会に出席することを得る」と変更された。これらは、総務会の役割を確定する意味、特に総務会は総務が議論する場である、との考えを反映したものであろう。同時に、他の党幹部の議決権を制限しているのも、総務会の権限を確定するものと考えられる。次に、総裁指名総務に関しては「党員中より互選と同数を超えざる範囲内の総務を選任することを得る」と変更された。これは、国会議員より党員を重視する、後の国民民主党以降の動向を先取りした提案と評価できる。

同案全体を通じて、総務会の地位は高い。幹事長の選出（第八条）、幹事の選出（第一〇条）、政務調査会長・副会長・理事の選任（第一一条）は「総務会に諮」らねばならない。会計報告を「総務会に報告することを要する」（第一九条）、入党は「総務会の承認を経ることを要する」（第二一条）、除名は「総務会の議を経て」行われる（第二二条）。それに加え、新たに党組織を作る際には「総務会の議を経て」との文言が追加された（第一五条）[34]。党大会と代議員に関する規定でも「常議員会」は「総務会」に変更された（第一七条）。党大会を代行する役割をも期待されたのだから、党則案では議決機関としての総務会の地位が強化されたことが理解できよう。

以上、一二月一〇日付の「民主党々則案」を検討した。第二と第三の論点、執行機関としての幹事長、議決機関としての総務会、という党中央組織の権限確定を試みたことが、特に重要である。その内容は第二章で扱った吉田の党組織改革と同様である。これは、第二保守党系において自由党系より先んじて、党中央組織の権限確定が実施された可能性を示唆しており、重大な岐路であったといえよう。だが、残念なことに、第五回党大会でどの部分が採用されたか不明である。犬養総裁に敵対する側の草案であるため、採用されなかった可能性も高い。そして、もし新たな党組織が導入されたとしても、わずか三ヶ月後の一九四九年二月に民主党は分裂したため、短期間すぎて、その実効性を論じることは難しい。

一九四九年一月二三日の総選挙の結果は、民自党二六四、民主党六九、社会党四八、共産党三五、国民協同党一四だった。昭電疑獄の影響で民主党は惨敗した。その後、吉田民自党との連立をめぐり党内議論が行われた。犬養総裁以下執行部は吉田民自党との連立を推進した。以下、連立支持派を連立派（民主党連立派）、連立反対派を野党派（民主党野党派）と呼ぶ[35]。

犬養総裁が最初に着手したのは総務会人事である。一月三一日の両院議員総会で総務の選挙が行われた。苫米地総務会長は総務から外された[36]。総務でなければ互選の対象ではないから、これで苫米地総務会長更迭が確定した。芦田は「総裁指名の総務となると全部が犬養側近者」で「一度も顧問会議に諮らない。あれではあまりに露骨」と疑問を呈した。さらに犬養総裁は二月一日の総務会で連立決定を多数で強引に決定した。議員総会では反対が多かった。五日に顧問会議が開かれた。芦田によれば、顧問と最高顧問の人事も犬養総裁の独断専行だった[37]。九日に開かれた顧問会議で、犬養総裁は稲垣総務会長、保利茂幹事長、千葉三郎政調会長を指名した。稲垣と保利は政治的に犬養に近いと目された[38]。こうして犬養は人事権を行使し、総務会、役員と着実に自派勢力を拡大したのである。

だが、党議決定を行うための両院議員総会は、一九四九年二月一〇日、一一日、一二日、一四日と延期に延期を重ねた。一二日の代議士会は大混乱し、同日の参議院議員総会は二六対五で野党派が勝利した。一四日の議員総会は紛糾した。連立派の大多数が退席した後、野党派は連立参加か閣外協力かを無記名投票で問うた。結果は、出席者七二、投票総数七〇、閣外協力六一、連立八、白票一だった。さらに議員除名は総務会決定のみではなく、議員総会で決定すべき事も承認された。これは犬養支持派による恣意的な除名権の行使を封じるための行動であろう。野党派の代表委員として、北村徳太郎、苫米地義三、稲垣平太郎、福田繁芳、桜内辰郎、鬼丸義斉を選出した[39]。

最終的に、犬養総裁は連立参加を強行した。民主党から稲垣平太郎商相と木村小左衛門国務相の二名が入閣し、第三次吉田内閣が二月一六日に発足した。

その後の野党派の動向をまとめる。二月一五日に議員総会を開き、閣外協力の方針を宣言した。幹事長、両院議員総会長、代議士会長、全総務の不信任決議を行い、党執行機関処理対策委員に北村、千葉、桜内ら一〇名を選出した。一六日に鬼丸総務会長、北村幹事長、千葉政務調査会長ら新役員を決定した。一九日には、苫米地、北村、桜内、鬼丸が会合を開き、欠席した千葉を含め、総裁代行委員会とし、主席に苫米地を決定した。[40] 三月八日の第六回党大会で、犬養総裁の除名を確認し、最高委員制採用を決定した。九日に苫米地最高委員長を選出した。所属議員数は野党派六六名、連立派四一名であった。[41] 野党派の宣言要旨は、犬養はじめ連立派を強く非難し、進歩的資本主義政策と愛国主義を主張したものである。[42] その後、九月三日の総会で千葉政調会長が幹事長を兼任した。一一月一四日には、荒木が政調会長に就任し、千葉は幹事長専任となった。[43]

一九五〇年二月、民主党連立派と民自党の合同が議論された。焦点は犬養の処遇と党名変更である。前者は犬養が無所属になることで解決した。三月一日、民自党は党名を自由党に変更し、民主党連立派は解党した。[44]

一方、民主党野党派は「民主党一本化」と称し、民主党連立派切り崩しを試みた。[45] 同時に、新党結成運動も活発化した。二月六日、苫米地最高委員長は車中談で三月中の新党結成を語った。二一日には、民主党野党派から川崎、中曽根ら、国協党と新政治協議会からも代表が出席し、進歩的国民勢力の結集について民主党野党派からその構想を各党各派に示し促進することに意見が一致した。民主党野党派は二三日の両院議員総会で「民主党一本化はここに完了した、今後は進歩的国民勢力の結集に乗出す」との声明を発表した。[46]

(二)　協同党系

一九五〇年四月二八日の国民民主党結成に参加した国民協同党、その前身の協同党系を分析する。ここで扱う協同党系とは、日本協同党、協同民主党、国民協同党などを指す。他に、国民党にも言及する。

協同党系の日本政治史上における意義は次の三点にまとめられよう。まず、保守党と一線を画する協同主義政党としての足跡を残した。次に、保守党と異質の政党組織を持つ協同党系の流入が、国民民主党や改進党の党組織に影響を与えた。最後に、後に首相まで辿り着く三木武夫を生む土壌となった。以後の叙述でも折々に三木武夫に言及したい[47]。

（a）　協同党系の変遷

日本協同党は一九四五年一二月一八日に結成された。代表世話人は黒沢酉蔵、船田中、世話人は吉植庄亮、木村寅太郎、中谷武世、吉田正、井川忠雄だった。そのうち井川と北勝太郎のみが公職追放を免れた。一九四六年二月二八日の全国代表者会議で執行部の立て直しがはかられ、常任世話人に井川、船田享二、宮部一郎、宮城孝治、山本実彦の五名が選ばれた[48]。だが、四月の総選挙は一四名と振るわなかった。

そこで翌年五月二四日に協同民主党を結成した[49]。山本実彦委員長、井川忠雄書記長、船田享二政調会長という陣容であった。協同民主党は第一次吉田内閣に対して野党の立場をとった。八月二五日に東京日比谷の陶々亭で開催した初の全国大会では、新政会との合同問題が議題にあがり、大会議事規則、党則改正が決定された。役員選挙では、山本委員長、井川書記長を再選し、総務委員公選は後日に持ち越された（『政党年鑑　昭和二二年』一八八頁）。その後、役職公選が実施されたか定かではない。このとき、三木武夫が筆頭常任中央委員に就任した[50]。

一九四七年二月、山本委員長の公職追放が決定し、井川書記長の死が重なった。執行部壊滅を機に主導権を握ったのが三木武夫と松本瀧蔵である。ＧＨＱとの折衝を担当する松本に対し、三木は党運営を担当し国民党との合併工作をすすめた[51]。

ところで、国民党は三三名で一九四六年九月二五日に結党された「ほとんど唯一といってよい純粋な戦後政党」だった。役員は、中央常任委員に、笹森順造、野本品吉、岡田勢一、小川一平、伊藤恭一、早川崇らであった。立党趣意書と綱領は全て早川崇の手になる[52]。

協同民主党と国民党により、一九四七年三月八日に七五名の国民協同党が結成された。委員長は置かず、書記長に三木武夫（協同党）、副書記長に早川（国民党）、中央常任委員会議長に岡田勢一（国民党）、政調会長に船田享二（協同党）、政調副会長に東隆（協同党）と池上隆祐（国民党）、代議士会長に笹森順造（国民党）という陣容だった（『国協党年鑑』二頁）。両党のバランス重視が明らかで、党首を置けなかったのだろう。国民党の早川らから「新党の綱領に、協同民主党の協同組合主義をそのまま看板にかかげることは、国民政党としていかにもそぐわない」との異論が出て、組合の文字を省略し「協同主義」を基本綱領とすることに決まった[53]。

国民協同党は四月二五日の総選挙で議席を大幅に減らし、三二名の小政党に転落した。六月一日に成立した片山内閣では、三木書記長が逓相、笹森代議士会長が国務相に就任した。

六月三〇日の第二回党大会で役員改選と党則の一部改正が行われた。三木武夫が初代委員長に就任、書記長に岡田勢一、政調会長に船田享二、政調副会長に秋田大助、井出一太郎、三好始、常任顧問に笹森、栗村栄一、代議士会長に松原一彦、参議院会長に三島通陽という陣容だった[54]。三木の委員長就任は、片山内閣の閣僚割当が各党の議席比で計算すると国協党は閣僚一・五ポスト（〇・五は法制局長官）だったところ、三木が粘り腰で閣僚二を獲得したため、党内の声望が急速に高まった結果である[55]。党則改正の目的は「党組織拡大強化対策要綱を採択し新党員の三十万獲得を目標としてすすむこととなり、更に之に関連し」たものだった。特に重要だと考えられたのは青年部の設立で、外郭運動（党外の思想団体や文化グループ）とは別に組織されることになった。のち、一一月二八日、二九日と青年部第一回全国大会が開かれ、規約や以後の全国的な実践活動展開が決まった（『国協党年鑑』二四、二九―三二頁)。

片山内閣期には、民主党と国協党が中央政党として結集する動きが表面化した[56]。最終的に、国民党の脱党者のごく一部と社会党を脱党した全農派有志議員クラブが、三月二六日に社会革新党を結成した[57]。この間、社会党左派の造反により二月一〇日に片山内閣は総辞職し、三月一〇日に芦田内閣が成立した。

社会革新党は、書記長に佐竹晴記、副書記長に大神善吉、会計に赤松明勅、議員総会長に高瀬傳、代議士会長に松沢一、政務調査会長に藤田栄、同副会長に鈴木善幸、早川、成重光眞という陣容だった[58]。山崎首班事件では吉田を支持したが、一〇月に発足した第二次吉田内閣時代は野党であった。その後、一九四九年一月二三日の総選挙で当選五名の大惨敗を喫した。五月九日には、国民協同党、社会革新党、農民新党や公正倶楽部といった諸派の一部議員が新政治協議会を結成し、野党結集を目指した。最終的に、一一月八日に早川や佐竹、大石ヨシエらが社会革新党を再組織したという(『早川崇』一二二―一二三頁)。

国民協同党は一九四八年五月一五日に第三回党大会を開いた。改選前の役員は、委員長に三木武夫、書記長に岡田勢一、書記長代理に竹山、常任顧問に笹森、政調会長に船田享二、政調副会長に井出と三好始、国会議員総会議長に木下栄、代議士会長に松原一彦、同副会長に川野芳満、参議院会長に奥むめを、だった[59]。改選後は、委員長に三木武夫、書記長に竹山、常任顧問に笹森、岡田勢一、船田享二、政務調査会長に松本瀧蔵、政調副会長に井出、野本品吉、三好始、議員総会長に的場金右衛門、代議士会長に酒井俊雄だった[60]。一九四九年一月の総選挙で三二名から一四名へと数を減じた。そこで、野党結集をはかり、一九五〇年四月二八日に国民民主党に参加した。

(b) 協同党系の党組織

党組織の特徴を検討したい。日本協同党と協同民主党は現時点で綱領しか発見できなかった。協同民主党に関しては、一九四六年八月二五日の協同民主党全国大会の様子から、僅かながら情報が得られる（『政党年鑑　昭和二二年』一八八頁）。「総務委員」の用語は保守党と同一だが、「委員長」と「書記長」は革新政党の用語である。現時点では、この二政党に関してさらなる検討は不可能である。

一九四六年九月二五日発足の国民党は党則が確認できる。党中央組織に設置された「中央常任委員」や「中央委員」は保守党には存在しない役職である（第四条、第一〇条）。「中央常任委員会は党本部の執行機関」（第七条）との規定は、革新政党における中央執行委員会を想起させる。中央常任委員が地域ごとに選出される規定は（第一〇条）、保守党の「総務」に対応すると考えられる。全体的に、保守党とも革新政党とも異なる中間的性格が見て取れる。

一九四七年三月八日発足の国民協同党は綱領と党則が確認できる。役職の名称「中央委員長」と「書記長」は保守党には存在しない（第一〇条）。書記長は革新政党に存在する。注目すべきは書記長の役割で「中央委員長を補佐し」、「常時党務を運営処理」とある（第二二条）。「常任中央委員会」の「常時党務を執行」（第二三条）は、社会党の中央執行委員会に対応する規定と考えられる。一九四八年五月一五日以前の常任中央委員は、飯田義茂、松本六太郎、野本品吉、石田一松、井出、河野金昇、木下栄、竹山、宇田国栄、岡村文四郎、奥むめを、駒井藤平、的場金右衛門の一三名だった。役職兼務者を挙げると、竹山は書記長代理、井出は政務調査会副会長、木下が国会議員総会議長、奥が参議院会長兼婦人部長だった。常任中央委員の部長兼任は奥の婦人部長のみである（『国協党年鑑』四六－四七頁）。自由党と進歩党は総務が各部長級として党務を担ったことを踏まえると、常任中央委員と総務の機能の違いは明確であろう。

以上、協同党系の党組織は保守党とは断絶している。党則で全国組織が党役員、即ち党中央組織より先に置かれた点にも革新政党の影響が見て取れる。こうした大衆組織政党を意識した党組織が、後の国民民主党や改進党に影響を与えたのである。[61]

(三) 国民民主党の結成

一九五〇年四月二八日に衆議院議員六七名、参議院議員四三名の国民民主党が結成された。総裁は置かれず、苫米地（民主党、以下括弧内は旧所属政党）が最高委員長を務めた。幹事長は千葉（民）、政務調査会長は北村（民）であった。[62] 総務会長に木下栄（国）、七名の最高委員は、苫米地、北村、桜内辰郎、鬼丸、楢橋（以上、民）、三木武夫、岡田勢一（以上、国）だった。[63] 国会対策委員長は椎熊、党務局長は早稲田柳右衛門、組織局長は竹山、資金局長は福田繁芳、国際局長は松本瀧蔵であった。[64]

宮崎隆次は国民民主党の成立をもって、第一に、戦後派議員の大部分が「保守」党側に吸収されたこと、第二に、協同党系の「協同主義」が薄められたこと、を指摘する。[65] 前者はいわゆる「革新派」の政治的影響力拡大に繋がり、後者は政策面において影響を与えたことを意味する。協同党系合流の影響は政策面のみに限られるわけではない。ここからは協同党系が合流した影響に注目しながら、国民民主党の党組織を分析する。

(a) 結党過程

まず、結党過程をとりあげる。国民協同党（以下、国協党と略記）と民主党（民主党野党派[66]）と新政治協議会の三派交渉委員会が開かれた。一九五〇年三月一日、国協党は「完全野党たること」、「農村、中小企業などの積極的振興政策および完全雇用ならびに広範なる社会保障制度の確立に重点をおくこと」、「新党の性格は協同主義を基調とする進歩的国民政党たること」の申し入れ事項を確認した。[67] 三日、竹山国協党幹事長が民主党の苫米地、北村、千葉らと会談、民主党側は一二日の大会で態度を決めると回答した。[68] 農協党と社会革新党は拒絶した。こうして、野党結集は民主党と国協党の合同に絞られた。

三月一二日の民主党党大会では「吉田内閣に対しては健全野党の立場をとる」「わが党を中心に進歩的国民勢力の結集をはかる」との動議が可決された。党大会前には総裁制導入が一部で模索されたというが[69]、苫米地最高委員長、千葉幹事長、荒木政調会長は留任、最高委員の苫米地、北村、鬼丸、桜内辰郎、楢橋は全員留任した。最高顧問は一松（留任）、木村小左衛門であった[70]。一六日に、民主党は国協党に対して「進歩的国民勢力の結集を進めたい」と申し入れた[71]。

三月二二日の交渉で「完全独立を大胆に訴えること（日本の自主的立場を国民に訴える）」、「農山漁村、中小企業、勤労者の擁護を重点とする新経済政策を行う組織的大衆政党たること」、「吉田内閣に対しては完全野党たること」という原則論で両党は一致した。その後、政策や綱領が議論された。三〇日の交渉委員会では、民主党から新党の機構試案が提出された。その内容は、最高委員制度、幹事会、政調会、党務局、組織局、資金局、宣伝局等が存在し、三一日の交渉委員会の議題とされた。三一日の交渉委員会では、党組織に関しては民主党の機構試案が了承され、最高委員制度が決定し、委員会案となった[72]。

予想外に紛糾したのが党名である。民主党議員総会でも議題の中心となり、参議院は党名がまとまらなければ参院選後まで新党結成延長を主張した。一〇日の新党交渉委員会で新政協が提案した「国民民主党」を軸に調整され、最終的に、一二日の新党交渉委員会で「国民民主党」に決定した[73]。

四月一四日には最後の新党交渉委員会が開かれ、第一回新党結成準備委員会を一五日に開いて三派共同声明を出して院内外に呼びかけることに決まった。一七日の新党結成準備委員会では「党則機構」「政策」「庶務」の三小委員会を決定し、二〇日までに小委員会案をまとめることを申し合わせ、更に二一日に三派両院議員の初顔合わせが行われることになった。二二日の国民民主党結成準備会では党則機構問題を協議し、最高委員、中央常任委員制が決定した。最高委員は七名が有力視され、現行の民主党の五名に、国協党から二名加わると予測された[74]。実際には最高委員と総務委員が採用され、中央常任委員は採用されなかった。後者は国協党で用いられた名称である。それゆえ革新色が嫌われたのであろう。

（b）国民民主党の党組織

国民民主党の党組織を検討したい。

注目すべきは役員の選任方法である。第一一条に「一、総裁、最高委員及び会計監督は大会において選挙する」とあり公選である。最高委員会は「総裁が欠けたとき又は総裁が長期にわたる事故あるときは最高委員会が総裁の職務を代行する」と非常時の組織である（第一四条）。最高委員長は最高委員会の互選である（第一五条）。

総務委員の選出方法は、第一一条「二、総務委員は別の定むるところにより選出し、大会に於て総裁がその承認を求める」である。「第一七条　総務委員は総務委員会を構成し重要な党務を常時審議決定する大会に次ぐ議決機関とする」、「第一八条　総務委員会会長は総務委員会の議長となり議事を掌理し、最高委員会に出席し意見を開陳することができる」と、大会に次ぐ議決機関として、行動を日々決定する役割を担った。ただし最高委員会という指導部が存在するため、行動の決定機能を実質的に有していたか、疑問が残る。

幹事長は第一一条「四、幹事長、副幹事長、幹事並に政務調査会会長、同副会長及び各局長並に次長は総務委員会に諮ったのち、最高委員長が指名する」とある。役割は「第二〇条　幹事長は総裁の命をうけ全国大会又は総務委員会の議決に基き党務を掌理する」とされた。「第二一条　幹事会は幹事長の諮問に答申する協議機関とする。常時諮問に応ずるため常任幹事会を設けることができる。常任幹事会及び幹事会は幹事長がこれを運営する」や「第二二条　幹事会は常に国会の各常任委員会の審議状況を詳細に検討して、関係各局及び部に適時注意を促すことが

組織図5－1　国民民主党（1950年4月28日）

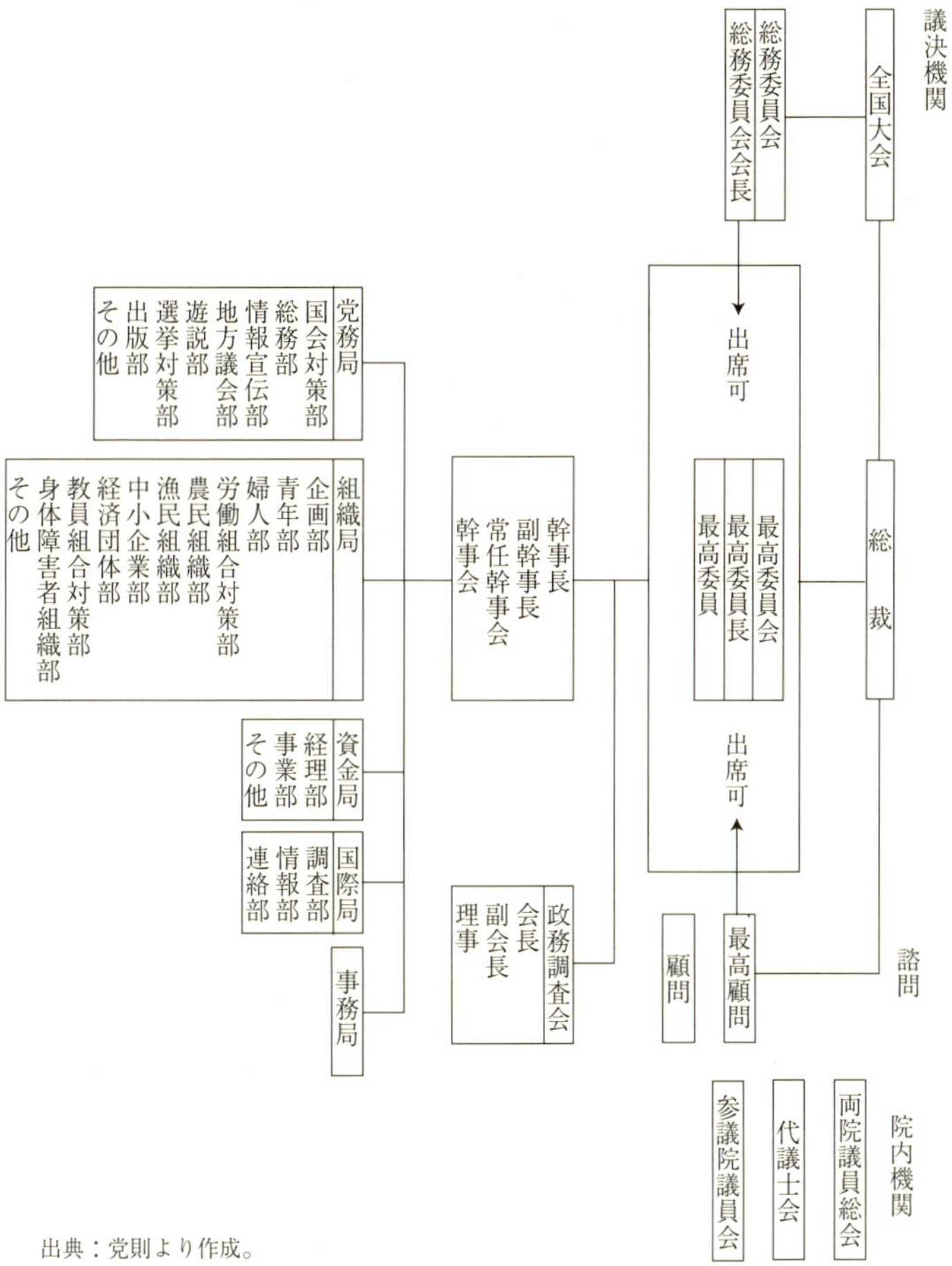

出典：党則より作成。

できる。常任幹事会は国会の各常任委員会委員の変更補充等につき国会対策部と協議してその処置を幹事長に具申することができる。幹事長は前項の具申に基いて速かに国会の各常任委員会の委員の変更補充を処置する」との規定からは、幹事会は限定された機能しか有していないことが分かる。党務を実際に担ったのは、幹事長の下に置かれた党務局、組織局、資金局、国際局の各局であった。役割分担を進めながら組織が成立したのである。

党組織に関する最大の変化は、全国大会と党中央組織の関係であろう。政党組織の分類に、大衆組織政党、中間政党、幹部政党がある。大衆組織政党と幹部政党は、院内グループと全国組織のどちらが党指導を担うかによって区別される。大衆組織政党は「党指導の重心は後者にあ」り、「選挙運動の駆動力が議会外組織にある限り、院内グループは、中央委員会への服従を余儀なくされる」という。[75] GHQもまた「党大会が代表機関としての能力をどれだけ有し、党がその規約にどれだけ忠実かが党の性格をある程度知る材料となる」とした。社会党の充実振りを高く評価した上で「一九四八年初めになると、民主党は意識的に社会党のやり方にならって定期党大会を開催し始め、党大会により充実し詳細な報告を提出し始めた。これにより議員総会の地位はますます低下し、党の支持者の代表が集まる党大会の地位はますます上昇した」と指摘した（『GHQ日本占領史一一』一四一－一四三頁）。つまり、政党の「民主化」の風潮を反映し、民主党時代から党大会重視の姿勢が存在したのである。

その後の民主党分裂の際には、自由党との連立を唱える犬養健総裁に対抗するため野党派が党大会の開催を求めた。そうした経緯もあり、民主党野党派が合流した国民民主党では「党内の声をより重視する方向へと党を導いた」と指摘された（『GHQ日本占領史一一』一四四頁）。

以上を踏まえれば、おそらく国民民主党は、従来の幹部政党から大衆組織政党への転換をはかったと考えられる。その象徴が党則における党大会や地方支部の重視であろう。具体的に党大会の代議員や地方支部の規定を検討したい。

総則に「第一条　本党は国民民主党と称し、本部を東京に置く。支部並に分会・班を別に定める地域及び職域に設け、都道府県に支部連合会を置く」とある。後段の支部や分会・班、地域、職域の規定は諸政党の党則と比較しても異色である。例えば、自由党の第一条は「本結社ハ日本自由党ト称シ、本部ヲ東京ニ置キ、各地方ニ支部ヲ置ク」（一九四五年一一月九日）、「本党は、自由党と称し、本部を東京に置き、各地方に支部を置く」（一九五三年九月二五日改正）に過ぎない。

次に置かれたのは、党役員ではなく、全国大会の規定である。[76]

「第四条　全国大会（以下大会と称す）は党の最高の議決機関であって、本部役員、所属国会議員、元国会議員及び第七条によって選出された代議員をもって構成する」

「第七条　大会の代議員は都道府県支部連合会より次の基準に従って選出する。

一、支部連合会代表（青年部、婦人部代表を含む）三名

二、当該支部連合会所属国会議員一名に付き一名

三、地方議会議員代表は一〇名以内に付二名を原則とし、都道府県議会議員及び五大都市議会議員一〇名を増す毎に一名を加う。但し東京都区議会議員は四〇名に一名を加う。

地方組織の準備期間中または組織拡張の過程にある地域または職域については、総務委員会の承認を得て総裁は一名の代議員を指名することができる。但し、支部連合会の代議員数の三分の一を超えてはならない。

代議員の任期は次の定期大会までとし本部より代議員証を交付する」

地方や職域代表からの代議員選出が著しい特徴である。第二章第二節（三）で述べた自由党の二名（一九四五年）、三名（一九五〇年）、五名（一九五三年）という変遷と比較しても、全国大会の中に占める地方支部の割合の大きさが実感できよう。

さらに、地方支部などの組織が続く。「第三章　組織」には

「第一節　支部連合会」

「第三三条　都道府県支部連合会は各都道府県に当該都道府県内の単位支部二つ以上を以て組織する。
第三四条　都道府県支部連合会の設立に当っては所属単位支部党員名簿、党費徴収調書、役員経歴調書、会則を本部に提出して承認を得なければならない。都道府県支部連合会は本部の指示、規律に従わなければならない。以下下部組織も同じ。」

「第二節　単位支部」

「第三五条　衆議院議員選挙区もしくはこれに準ずる地域及び職域に単位支部を置く。単位支部は三つ以上の分会をもって組織する。
第三六条　単位支部の設立に当っては第三二《ママ》条に準じて都道府県支部連合会承認を得なければならない。都道府県支部連合会のない場合は第三四条による。」

「第三節　分会、班」

「第三七条　分会は単位支部の下に郡市区或いは職域に四班以上を以て、班は町村単位に党員五人以上をもって組織する。」

地方支部連合会という組織で各地方の支部を束ね、単位支部の下部に分会と班を設置した。これは従来の保守党には存在しなかった組織である。

全国大会を重視したことは、幹事長の規定からもうかがえる。「幹事長は総裁の命をうけ全国大会又は総務委員会の議決に基き党務を掌理する」という規定が存在する（第二〇条）。全国大会の議決に基づくとの規定は、前身の民主党党則にも、後身の改進党党則、日本民主党党則にも存在しない。全国大会重視の姿勢が表出した顕著な例である。

以上に関連して、注目すべきは、幹事長の機能である。国民民主党党則には院内役員会の規定が存在する。

「第三一条　院内の役員会は総裁の承認を得て幹事長が随時これを招集し、主として国会の議事に関する重要事項の協議機関とする。

院内役員会の協議事項は、役員会閉会後、速かに両院議員総会或は代議士会、参議院議員会に報告し、その承認を求めなければならない。但し、両院の議員総会で一任された事項はこの限りでない。

第三二条　院内役員会は、部長以上の党役員で構成し、幹事長が議長となる。

別表。第二、第三項の総務委員は院内役員会の構成員になれない。」[77]

民主党々則第一一条にも院内役員の規定が存在するが、それを統括する院内役員会の規定は存在しない。即ち、国民民主党において、幹事長が院内活動を統括する役割だと明記されたのである。

国民民主党の党組織に関してまとめたい。その特徴は、代議員の重視、及び、代議員選出母体である地方組織の拡大が構想され、導入されたことである。全体的には保守党の党組織を踏襲したうえで革新政党の組織論の導入をはかった、即ち幹部政党から大衆組織政党への脱皮を目指したと評価できよう。これは民主党以来の党大会重視の姿勢のみならず、国協党の合流の影響であろう。従来の保守党に存在しない党組織をスムーズに導入できたのは、少数野党だったからであろう。国民民主党の議席数は、衆議院六七、参議院四三にすぎない。党勢拡大こそが最大かつ喫緊の課題であるために、積極的な地方組織拡大を試みたと考えられる。

（c）　国民民主党の変容

一九五〇年六月参議院選挙の結果は、自由党五二、社会党三六、緑風会九、国民民主党九、共産党二、労農党二、無所属・諸派二四だった。国民民主党は二〇余名の当選を予測したが惨敗した。

その敗因は、二年越しの「民主党一本化」工作、さらに新党結成のために、選挙対策が不十分だったとする見解が有力だった。三木武夫最高委員は「かつての「民政党」ゆずりの地盤をいつまでも過大評価することをやめて「進歩的国民政党」として新しく地盤を再組織せねばならない」「第二保守党の行き方を改めない限り党の再建は困難だ」との見解を披露した。[78] 党内対立を招いた党の性格に関しても、六月一四日の最高委員会で自由党との連携を否定し、健全野党方針の堅持を申し合わせた。[79]

指導力強化のために議論されたのが総裁設置である。七月から議論されたが、一一月の臨時国会までに決定できなかった。一〇月末の各派の対応は、椎熊国対委員長や西田らは苫米地最高委員長の昇格を主張し、川崎ら中堅議員は苫米地案を支持、旧国協党系は適任者がいないとして現状維持を主張、他に追放解除組には旧民政党系の追放解除を待つべきで当分置くべきでないとの意見が存在した。一一月九日の最高委員会で、渡米中の三木武夫最高委員の帰国と追放解除組の復党問題を考慮し、総裁設置は一月の党大会まで見送りが決定された。[80]

指導力強化と並び、党勢拡大も重要だった。議席数六六と自由党二八四に遥かに及ばない国民民主党は、積極的に追放解除者の取り込みをはかった。一〇月頃から進歩党以来の歴代政調会長や幹事長の会合を開いた。一二月一三日の代議士会で民主党系追放解除者を含めた党勢拡大委員会の設置が求められ、一六日の最高委員会で正式に決まった。現議員全員と、既に入党した追放解除者（地崎、高田転平）、未入党の党友（平沼亮三、宮沢胤男、中島弥団次、野田武夫、小泉純也）で構成され、他の解除者に呼びかける趣旨で作られた。一二月一八日には苫米地最高委員長、千葉幹事長ら党幹部と、中島弥団次、野田武夫、小山倉之助、宮沢胤男らが出席し「進歩的国民勢力結成準備会」を設け、解除者の復党を翌年一月初旬と予定し双方の結集を図ることになった。[81] ここでいう党勢拡大とは、いわば代議士レベルでの規模拡大であり、地方組織の充実とは別次元の議論であった。

一九五一年一月二〇日の党大会（正式名称は「進歩的国民勢力結集党大会」）では、宣言、綱領、党活動方針が発表され、役員改選も行われた。[82] 最高委員長は苫米地、最高委員は苫米地、北村、木村小左衛門（以上、衆議院）、鬼丸、稲垣（以上、参議院）、幹事長に三木武夫（衆）、政調会長に千葉（衆）、総務会長に桜内辰郎（参）となった。二六日には、両院議員総会長に鈴木強平、代議士会長に内藤友明、参議院議員会長に駒井藤平、党務局長に河野金昇、組織局長に川崎が決まった[83]。

ここで一九五一年一月二〇日に行われた党則改正の該当部分のみを引用する[84]。第二章機関、第一節全国大会は、第七条の三「但し東京都区議会議員は一五名毎に一名を加う」と変更された。第八条には「大会に上程する議案は大会当日の五日前に地方各支部に届くよう送付しなければならない。但しやむを得ない事由があるときは総裁の承認を得て五日の期間を短縮することが出来る」が付け加えられた。これは、社会党の党則「第一〇条　大会に提出する議案は中央執行委員会で整理し少なくとも二週間以前に支部連合会へ到着するよう送附《ママ》しなければならない」を踏まえたのだろう[85]。党組織の改編では、幹事長の下に党務局と組織局のみを置いたことが大きな変化である（第二三条）。資金局と国際局が削除されたことに伴い、会計監督が資金局長を監督するという規定も削除された（第四五条）。さらに、党務局から出版部が削除された[86]。組織局から身体障害者組織部が削除され文化部、科学技術部が設置された。別表の三において総裁が大会に推薦できる人数を「五名以内」が「七名以内」と変更された。以上、党組織において大きな変更はなかったことが分かる。

これらの党則改正よりも重要なのは、党のとるべき路線や党組織改革であった。ここから、総裁制の導入、参議院の自主性、役員改選を順番に確認したい。

第一に、総裁制の導入である。一月一六日の役員会で、総裁設置見送りと最高委員七名を五名に減らすことを決めた。二〇日の党大会では、大森玉木が提出した総裁設置要望の緊急動議に対して、三木武夫幹事長が実現に努力すると返答して終了した。その後、五月末に党の主体性確立を要求する政治家たちが、まずは人事の更新が必要とし、最高委員制の廃止と総裁設置を訴えた。六月一七日には三木幹事長と千葉政調会長が、七月末大会開催、最高

組織図5－2　国民民主党（1951年1月20日）

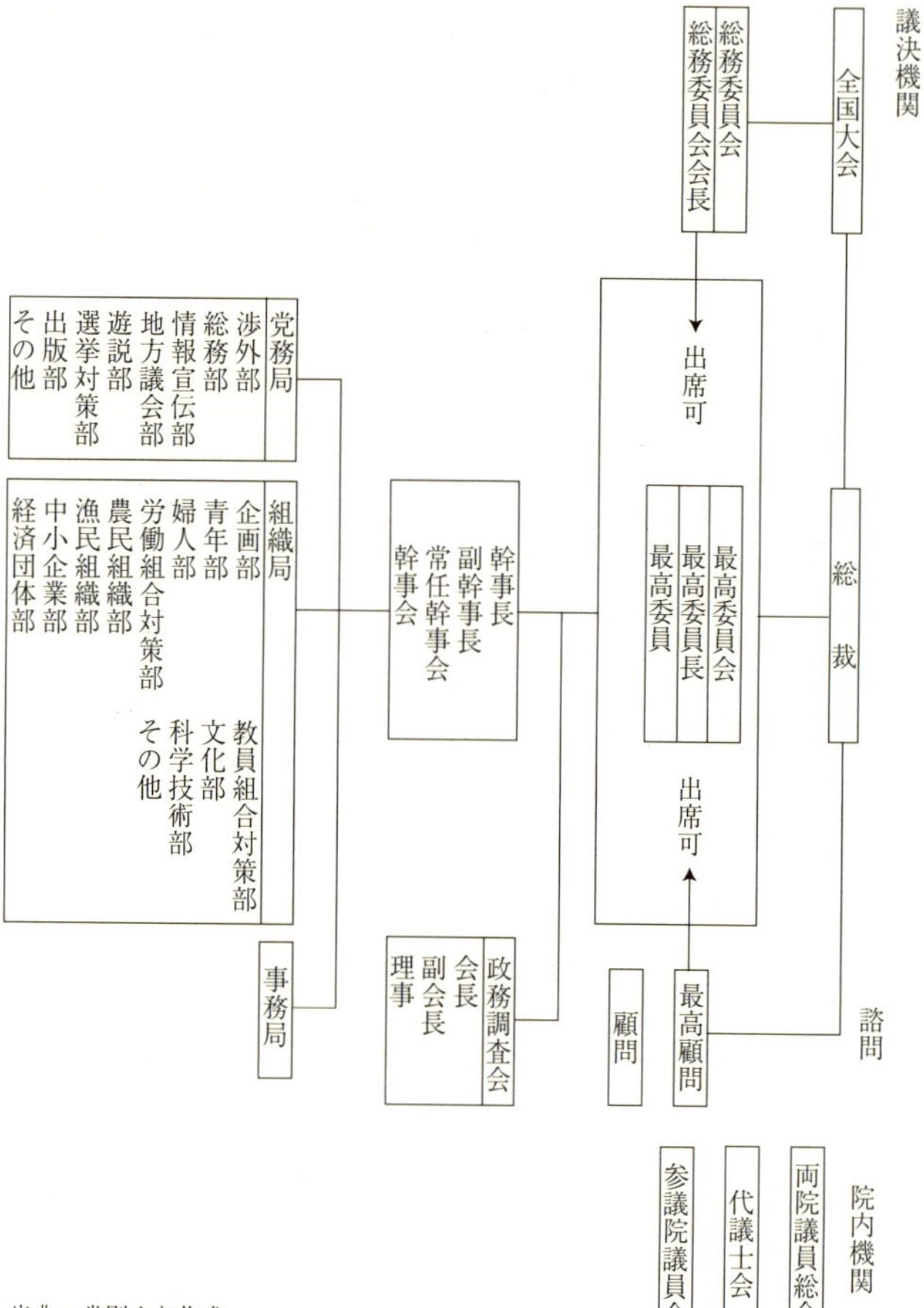

出典：党則より作成。

委員制廃止、総裁の人選（追放解除者および党外も考慮）、党組織全面改編、を表明した[87]。このように根強く要求が存在した総裁設置が実現しなかった最大の理由は、講和条約への対応に象徴されるように（後述）、激しい路線対立が存在したからであろう。

　第二に、参議院の自主性である。参院民主党は衆議院と別行動を取ることを認めよと主張した。具体的には自由党との連携を正当化すべく活動したのである。これは参議院ではいわゆる「革新派」の政治的影響力が衆議院ほど大きくなかったこととも関係するだろう。当然ながら衆議院側は反発した。特に「革新派」は参議院も党の決定の内部に留まるべきと主張し、更に参議院の自民連携派を排撃すべきとも主張した。党大会前から完全野党を目指す「革新派」と自民連携を模索する参議院との対立は激化し、参議院に独自のクラブ結成の動きが存在した。党大会では、青年部全国委員大会の決議として「一、自民連携など分派行動者の即時除名、二、参議院民主クラブ結成絶対反対、三、苫米地・吉田会談中止」が動議提出された。第三項は三木武夫幹事長の説明で撤回したものの、前二項を譲らず議場は大混乱に陥った。最終的には、川崎が提出した「わが党は時局重大の際、他党の謀略に乗ぜられず主体性を確立し、分派行動者には断固たる態度で望み挙党一致前進する」という動議が採択された。これにより「〃対立野党〃の線で進むことに決めた」と評された。一月二二日には参議院議員総会が開かれ、党大会で青年部が提出した分派行動者排撃の動議は参議院の自主性を無視したものとして、苫米地最高委員長に参議院の自主性の再確認を申し入れることが決まった。二三日、苫米地最高委員長と三木武夫幹事長に、駒井参議院議員会長と大隈信幸・小川副会長が自主性再確認を申し入れた[88]。以後も、参議院の自主性は議論された。

第三に、役員改選である。参議院選出役員は、最高委員の稲垣、鬼丸、総務会長の桜内辰郎だった。参議院議員の党三役への起用の例は自由党系には存在しない。おそらく政友会・民政党以来の伝統の反映と考えられる。政友会では基本的に衆議院議員のみが党役職に就き、貴族院議員に勅撰されることは党の最前線から退くことを意味した。対して、民政党では、貴族院議員の川崎卓吉が幹事長に就任したように、党役職から排除する意志が存在したとも思われない。前述した独立・自立を強く志向する参院民主党の離反を防ぐ目的もあり、党三役に起用したのだろう。一二月末に中間派が党三役改選を主張した。中間派案は、三木武夫を幹事長にし、総務会長には参議院の自民連携派の西田、政調会長に千葉か、竹山、川崎、木内四郎という構想で、自民連携派と党内左派との妥協を狙ったものだった。一九五一年一月七日には、千葉幹事長が参院からの党三役起用の車中談を述べた。参院民主党は一月一七日に打ち合わせ、最高委員二名と総務会長を要求することを決定した。[89]最終的に参議院の意向が反映する形で役員改選は決着した。

以上、三つの議論は、党の主体性確立という点で分かち難く結びついている。この後も野党路線か保守連携路線か、総裁設置か否か、参議院の独自性を認めるべきか否か、事あるごとに論じられた。最終的に、これらの問題は未解決のまま、改進党に引き継がれたのである。

第二節　公職追放解除から改進党へ

一九五〇・五一年は政界再編の動きが活発化した。これを促進したのは公職追放解除である。本節では国民民主党内の「革新派」と「保守派」の路線対立に着目し、改進党結党過程を考察したい。国民民主党における「革新派」とは「民主党を修正資本主義もしくは中間政党的性格にとどめようとする」勢力であった。[90]これと激しく対立したのは芦田だった。芦田は一九五〇年六月に朝鮮戦争が勃発すると再軍備論を主張した。芦田の再軍備論は改進党に継承され、自由党と異なる独自性となった。

一九五一年九月にサンフランシスコ講和条約が締結された。講和に関する議論の焦点は超党派外交だった。超党派外交への参加、即ち講和全権団参加に対する党内の反応は、自由党との協調を目指す連立派の林屋、稲垣、西田は賛成（皆、参議院議員）、苫米地最高委員長、三木武夫幹事長らは反対であった。[91]赤間英夫によれば、国民民主党内においては、衆議院では「革新派」より「保守派」・「中立系」の方が多く、参議院は大部分が「保守系」、それも連立をも辞さぬ議員が多かったという。[92]吉田首相は両院の民主党に働きかけ、全権団参加を実現させた。[93]一〇月二六日に衆議院本会議で講和条約と安保条約の採決が行われた。講和条約を批判したものは、三木、北村はじめ一七名いたという。三木幹事長の説得が功を奏し、北村は欠席、稲葉は安保条約のみに反対した。園田直、石田一松、小林信一は両条約に反対した[94]。

（二）改進党の結成

ここでは改進党の成立を扱う。国民民主党と比較しながら、改進党の党組織の特徴を指摘したい。先行研究の使用する小楠正雄の関係文書[95]のみならず、一貫して新政クラブ側から関与した小柳牧衛の資料を用いることで[96]、各会派の中心人物、政策、政綱案等々を検討し、よりバランスの取れた記述を試みる。

（a）　結党過程

改進党結党過程の先行研究には内川正夫論文がある（内川「政界再編下の改進党結成に関する一考察」）。内川は新政クラブ事務長を務めた小楠正雄の関係文書を使って、結党過程の各種草案を通じて、各派の議論を丁寧に論じた。次に、武田知己も小楠正雄の関係文書を使って、結党過程の各種草案を比較検討し、「結党時の改進党の政策面で総裁派が関与した形跡はない。改進党の政策綱領は、主として「革新派」が提示した政策試案を下地としていた」と結論付けた[97]。また竹中佳彦は、中道政治の観点から改進党結党を論じた[98]。

改進党の結党過程では、革新政党の組織原理を採用するにとどまらず明示的に革新たらんと欲する「革新派」と、保守党の枠内に留まろうとする「保守派」の対立が表面化した。なによりも「革新派」の積極的な革新政党志向が激しい衝突を惹起した。主要なアクターは、新政クラブを結成した追放解除者、農民協同党との連携を目指す三木武夫ら国民民主党左派、参院民主党の「保守派」である。ここから、以上の三者の動向に注目しつつ、叙述する。

公職追放後、大麻や松村ら旧民政党政治家は、亡き町田忠治総裁の伝記作成を名目に集まった[99]。追放解除を前にして、当初、彼らは戦前の二大政党復活を目指した[100]。だが、その構想の核であった幣原が一九五一年三月二四日に死去した。そこで旧民政党の系譜を引き、かつての同志たちも在籍する国民民主党との合同が現実的な案と考えられた[101]。旧政党人による会派結成後の対等合併を目指し、八月の第三次公職追放解除を見据え、七月一四日に民政旧友会を組織した（九月に新政クラブと改称[102]）。この頃、鶴見祐輔が作成した「新党創立に関する覚書」では、「新党の内容」の「二、地盤」で「旧民政系地盤を主軸とし、これに旧中島系政友地盤、及び現社会党の右派地盤、並に国民協同党地盤を包容する広汎なる国民大衆を目標とし、中産階級のみならず、勤労大衆、農民大衆、殊に青年層と婦人層との獲得に主力を置くべし」としている[103]。大麻や松村は、鳩山や緒方と同じ八月六日に追放解除された。八月三一日には民政旧友会代表の松村と三木武夫幹事長とが会談し、新党の政策につき意見交換を行い完全に一致した[104]。

ところが国民民主党は態度を変え、新政クラブの入党を求めた[105]。国民民主党の態度変更は党内対立に起因する。「革新派」は、農協党やそれ以外の野党との合流を先に目指すべきと主張した[106]。その根底には、新政クラブ合流により「革新派」の主導権が揺らぐことへの恐れがあった。「新党の政治方針を中道より左へ置くことを目標」とした三木幹事長は[107]、九月一七日に農協党に新党参加を申し入れた[108]。三木は参院民主党の自民連携派が反対することを見越し、その切り捨てを視野にいれ、行動したとされる[109]。

一一月一九日には、民主党、新政クラブ、緑風会、第一クラブ、農民協同党といった党派が集まり「自由党と左翼政党を除く各会派を糾合して新党を結成する」目的で「一、進歩的組織勢力を母体とし吉田内閣の打倒を目ざす政党で第二保守党でない新党樹立のために努力する。二、各党会派は解党して新党に参加する。三、農漁民、中小商工業者、労働者など勤労大衆に重点をおく新政策を掲げる」ことを申し合わせた。これが第一回目の新政治力結集懇談会であろう。第二回新政治力結集懇談会は二一日に開かれた。農協党は一一月二四日の同党在京中央執行委員会の席上、来る二六日の第三次懇談会で新党の性格に「協同社会主義を採用するよう強く主張」すべきと決定した。参院民主党は二四日に「一、進歩的保守政党たる事。二、党の拡大方策は同系たる新政クラブを主とする事。三、既成勢力を目標とせず国民の支持と信頼とを獲得して勢力の増大を企図する事。四、独立後の日本に備える適切なる政策を掲げ広く中外に宣揚しその実現を期する事」との申し合わせを行い、党最高幹部に手交した[110]。二六日の第三次新政治力結集懇談会で、中村寅太農協党書記長は「各派有志のめざす新党の性格として協同社会主義の考え方を強く打出してもらいたいこと、院外勢力の拡大に重点をおくこと、新政治力結集の時期については民主党の臨時党大会とは切離して考えてもらいたいこと」を要望した。「協同社会主義をとり入れた進歩的国民政党」という新党の性格に関して衆院の右派も了承したものの、参院には保守新党の枠にこだわる強い反対意見が存在した。新党の性格や政策をめぐる対立が解消されない状況に鑑み、二九日には民主党最高委員会も新政治力結集は了承したものの、一二月八日に新党結成準備委員会を発足させることは農協党や第一クラブとの交渉次第との態度を崩さなかった。一二月三日には最高委員会と総務委員会が連続して開かれた。総務委員会に「参院民主党連携派の「保守新党」申合せに署名した鈴木強平、油井賢太郎、木内キヤウの三氏も出席したが、三木幹事長が鈴木氏の質問に答え「連携派を党大会で除名するようなことは考えていない。参院の独自性はひきつゞき尊重する」と述べ」た。これに「革新派」が反発した。川崎組織局長は党大会での参議院「保守派」の除名を求め、青年部には党紀粛正に関する議案提出の動きが存在した[111]。

民主党臨時党大会は一二月八日に開かれた[112]。当初は総裁選任や党組織改革を行う予定だったが、新党にあわせる方針に変わった[113]。臨時党大会では、政策、緊急五政策（外交、地方行政、食糧、戦争犠牲者対策）が決定された。「革新派」や青年部による参院民主党連携派の除名動議は、右派と中間派の仲介でとりさげられた。そのかわりに

「新党の性格明確化に関する決議案」が提出され「①新党は第二保守党でない組織的政党であること、②選挙により単独政権の組織をねらう政党であること、③新党参加者は野党の苦節に耐え、政治行動について世の疑惑を受けるがごときものでないこと」の三点を明らかにすることを要求した。同決議案は参院の連携派や衆院右派に楔を打ち込む意図が明瞭で、大会運営委員間に論争を巻き起こした。最終的に決議案の上程はとりやめられ、中曽根が幹部に対して決議案と同様の質問を行い、三木幹事長と北村最高委員が主旨に賛同するという形で決着がはかられた。

大会後も参院民主党の独立化が燻り続けた。一二月一〇日夜に、参院の栗栖、前之園、境野清雄ら連携派九名は、衆院の吉田安、有田ら右派、中間派と会談し「新党の性格が左旋回することを阻止して進歩的保守党の実現に共に努力することを申合」せ、さらに「総会の会則を変更して「院内活動についてはいかなる政党の制限をも受けない」との一項を加え、事実上の参院民主党の独立化を申合せる」と報じられた。一一日の議員総会では「参院議員総会の会則に（一）院内活動については所属政党の拘束を受けない。（二）会則違反者は参院特別議員総会（出席者三分の二以上）の決議で除名できる。（三）参院民主党内に国会対策委員会などを別途に設ける。の三条を追加改正」すべく協議した。これを受け、連携派と野党派の対立は激化した。一五日午後の議員総会で「一、参院民主党に議員総会、院内総務会、政策審議会および国会対策委員会を置く。一、院内活動については参議院の特殊性に鑑み必要な場合は独自の行動をとる。一、会員が会則に違反し、または会の面目を汚したりした場合は総議員の三分の二以上の同意を得て除名することができる」の三点を主眼とする会則改正案が仮決議され、一七日の議員総会で決定される予定だった。会則改正には議員の三分の二以上の出席が必要だが、当日は参院野党派が全員出席しなかった。一連の動きに対して、三木幹事長は改正を強行すれば最高委員会での処置を慎重に考慮する旨、語った。[114]

一二月一七日正午に農協党の中村書記長と河口陽一が三木幹事長、新政クラブの松村、第一議員クラブの堀木鎌三と会談した。三木幹事長は「新党は農協党の主張する協同社会主義に基く具体的な農業政策その他をとり入れる」

ことを了承し、同日の民主党議員総会にはかると確約したと農協党は主張した[115]。こうして農協党も新党参加に転換した[116]。

一二月一七日の民主党最高委員会、総務委員会、両院議員総会で新党問題と参院民主党の会則改正問題が話し合われた。新党問題は、一八日午後に新政クラブ、農協党などとの各派連絡委員会で調整を行い、一九日に新党結成準備会の発足が決まった。同日、参院民主党は一五日に仮決議した会則改正案を決議し、谷口弥三郎総会長が民主党最高委員会に通達すると決めた。最高委員会は事前に会則改正を行わないよう勧告したが、参院「保守派」が強行したため、三木武夫幹事長、北村最高委員らが絶対に容認できないと反発した。新党発足前の混乱を回避したい中間派幹部と三木・北村の対立の結果、結論が出ないまま総務委員会へと場を変えた。総務委員会では右派と中間派の意見が大勢を制し、参院の決議を一部最高委員の手許にとどめ置くことで分裂回避しつつ、新党結成を目指した[117]。農協党の参加決定は予想外の成果で、自由党に対抗できる大政党となる可能性も高まった。そこで参加議員を増やすために宥和策を取ったのだろう。参院民主党の動向について先取りすれば、結党直前の最終段階で、農協党が連携派の排除を主張し、これに千葉・一松・三木武夫が同意したとの話が伝わり（『芦田日記』一九五二年二月六日）、ついに参院民主党の一七名は不参加となった。彼らは一九五二年二月七日に民主クラブを結成した。

こうして新党結成準備委員会の発足は一二月二二日と決定した。一九日には、新党結成準備委員会に総務《ママ》、組織、政策の委員会を置くこと、事務局長に桜内義雄、二二日に各派共同声明を出すことを決定した。二二日午後一時半から衆議院第一会館で新党結成準備大会が開かれ、新党結成準備委員会が発足した[118]。

（b）　改進党の党組織

ここからは、各種私案や成案を、まず組織委員会での議論、それから党務委員会での議論、最後に完成した党則の順番で検討したい。

参加した諸団体と代表的な人物を確認すると、新党結成準備会への参加団体は「国民民主党、農民協同党、新政クラブ、一新会、新人会、新生会、日本新生協議会、又新会」、個人参加は「第一議員クラブ、第三倶楽部、緑風会、社会民主党」だった。[119]このうち、参議院の第一クラブ（第一議員クラブ）から参加した堀木鎌三は綱領政策の試案を提出した。[120]一新会は、旧官僚グループで、後に改進党事務局長を務めた宮本吉夫、他に大和田悌二、亀山孝一、池田清志らが所属していた。[121]

一二月二二日の新党準備大会で各派から新党結成準備委員会常任委員（党務、政策、組織の三委員会）が選出され、各委員会で新党の綱領・党則・政策に関して議論が進展した。

組織委員会の第一回会合は一二月二四日に開催された。[122]第二回は一二月二六日に開催され、組織要綱を決定するために組織要綱小委員会を設置した。小委員は長谷川俊一、高橋長治、松浦定義、萩洲重之、石井満の五名である。一九五一年（推定）中の会議をメモした小楠の手記に「党則及び機構」の項で「党則は一応民主党、農協のを揃えた」、「党機構　一、総才・総ム・幹事長制　二、委員長、書記長制　三、折衷案」とある。[123]第三回は一九五二年一月九日に開催された。このとき萩洲と長谷川の二案が提出された。日本新生協議会所属の萩洲が提出した試案は一〇項目からなる。[124]同案には「二　党大会は党員を基盤として構成すること（国会議員、前国会議員、知事等党外の地位によって党大会構成員たる資格を認める様なことは避けるべきである）」「三　党役員は大会において直接選出し、大会に責任を負う」「四　党務の執行運営は執行委員会を中心として行うこと」「五　総裁でなく委員長であること」「七　連合組織でなく、支部の組織であり、従って本部の統制に服すること」とある。これと長谷川私案の組織要綱（詳細は後述）、その後の議論を踏まえ「組織綱領（案）」が作成された。[125]全一五項目には「（二）党の最高執行機関は中央執行委員会である」「（一四）国会内活動と党活動が一致するよう考慮すること」などあり、革新政党を強く意識していることが分かる。この後、党則に関しては党務委員会とともに議論することが決定された。

一九五二年一月一二日に党務・組織連合委員会が開催され「党則についての事務局案を検討したが、党務委員会より五名、組織委員会より五名及び両委員会の連絡委員による党則小委員会を設置することに決定した」。組織委員会の党則小委員会は、吉田安、高橋長治、長谷川俊一、松浦定義、萩洲重之、石井満、小林運美、松浦周太郎、石川清一の九名である。ここで検討された「党則草案」（以下、事務局案）の叩き台は、「党則草案　日新生協議会案」（以下、日新生協議会案）と「党則草案（保守私案）」（以下、保守私案）である[126]。保守私案は国民民主党時代の最高委員関係の規定の削除以外に目立った変更はない。同案には幹事長が総裁代理を務める規定も存在しない。日新生協議会案の第一章から第四章までと保守私案の第四章[127]以降とを組み合わせ、総裁と中央執行委員長、総務会と中央執行委員会、幹事長と書記長、支部連合会と地方支部、本部と中央本部、と両案の役職名称を併記したのが、事務局案である。事務局案第二二条は「党務を遂行するため」として「党務局」「政治局」「組織局」「政務調査局」「出版局」を設置した。日新生協議会案第二二条は総務部、政治部、組織部を、保守私案は総務会、幹事会、政務調査会を設置した。これらからも事務局案は保革両陣営の主張を並べただけと分かる。

一月一四日に党務・組織連合委員会が開催され「新党の組織特に党首、執行機関並に機構問題について協議」、一六日の党則小委員会では「党首の名称、組織機構を重点的に協議」した。両日の議論の手がかりは、日新生協議会案の表紙にある小楠正雄の書き込みで、一四日には「総才（中央執行委員長）」「組織党となること（共同声明）」、一六日には「総務会と中央常任委員会（中谷）と云、委員会制度デアル」「党務委―（幹事長）」「政策―（政調会長）」「組織―（組織委員長）」とある[128]。一六日の記述は党中央組織を三委員会に再編する意図のあらわれではないか。以上が、組織委員会に即した、一月一六日までの議論である。

ここからは、党務委員会系統の「党則草案（中谷私案）」（以下、中谷私案）を検討したい[129]。中谷武世は戦前来の代議士経験を持ち、国民民主党から党務委員会に所属、各常任委員の連絡委員に選出された政治家である。一月九日の党務常任委員会では農民協同党による党則草案（以下、農協党案）が検討された[130]。農協党案には、中央執行委員会、中央執行委員長、書記長が使用され、中央執行委員長（第三五条）、書記長（第三六条）に関する規定は革新政党そのままである。余りにも革新政党よりだったため、党内情勢からもそのままの採用は難しかった。一月一四日には党務・組織連合委員会が開かれた。新党組織は「かんじんの最高執行機関を「総務会」とするか「中央執行委員会」とするかについては各派の意見がわかれ、総裁－幹事長－会計－総務の方式を主張する新政クラブや民主党の大部分と、中央執行委員長－書記長－会計－中央執行委員の方式を主張する農協党などとの見解が対立し」た[131]。一六日には党則小委員会で「主として党首の名称、及び組織機構につき有志の試案提出を求めること」が決まり、一九日には党則に関して党務・組織合同委員会が開かれた[132]。このとき党務委員会から提出されたのが中谷私案であろう。

中谷私案の特徴を指摘する。第一に、中谷私案には農協党案を取り込んだ部分がある。具体的には「第四章　統制委員会」「第八章　議員」は農協党案「第二章　機関　第六節　統制委員会」「第七章　議員」に対応する。統制委員会の規定は日新生協議会案には存在せず、農協党案を参照したことが明らかである。農協党が統制委員会設置を強く求めたことに、「保守派」議員は排除のために使うのではと疑念を抱き、設置そのものが問題となった[133]。同委員会はついに設置されなかった。中谷私案が採用した中央常任委員という名称は国民民主党には存在しない。それ以前の国民党、国民協同党で使用された名称であり、いわゆる「革新派」への譲歩ではないか。

第二に、中谷私案には書き込みが存在する。第七条の代議員の選出比率が重要である。「（一）登録党員の五〇〇名につき一名」の「五〇〇」を「二〇〇」と訂正、「（二）都道府県会議員五名につき一名」の「五名」を「三名」と訂正しており、「但、端数ハ一名とす」との書き込みもある。「党則草案（党務・組織連合委員会案）一九五二年一月二二日」では「(一) 登録党員の二〇〇名につき一名」「(二) 都道府県会議員三名につき一名、但し端数は一名」と印刷されている。代議員に関する修正は中谷私案のみに存在することから、これが「党則草案（党務・組織連合委員会案）一九五二年一月二二日」に取り入れられたことが分かる。

第三に、中谷私案の組織図から、党中央組織の大規模再編の意図が分かる。総裁のもとに統制委員会、中央常任委員会、幹事長を置く。中央常任委員会の下に、党務、組織、政策という三委員会が設置され、委員会の下に複数の部を置く。この三委員会は新党結成準備委員会の三委員会をそのまま引き継いだのであろう。従前の党則草案全てとも、従来の保守党組織とも異なる大規模再編である。

組織図6－1　党則草案（中谷私案）

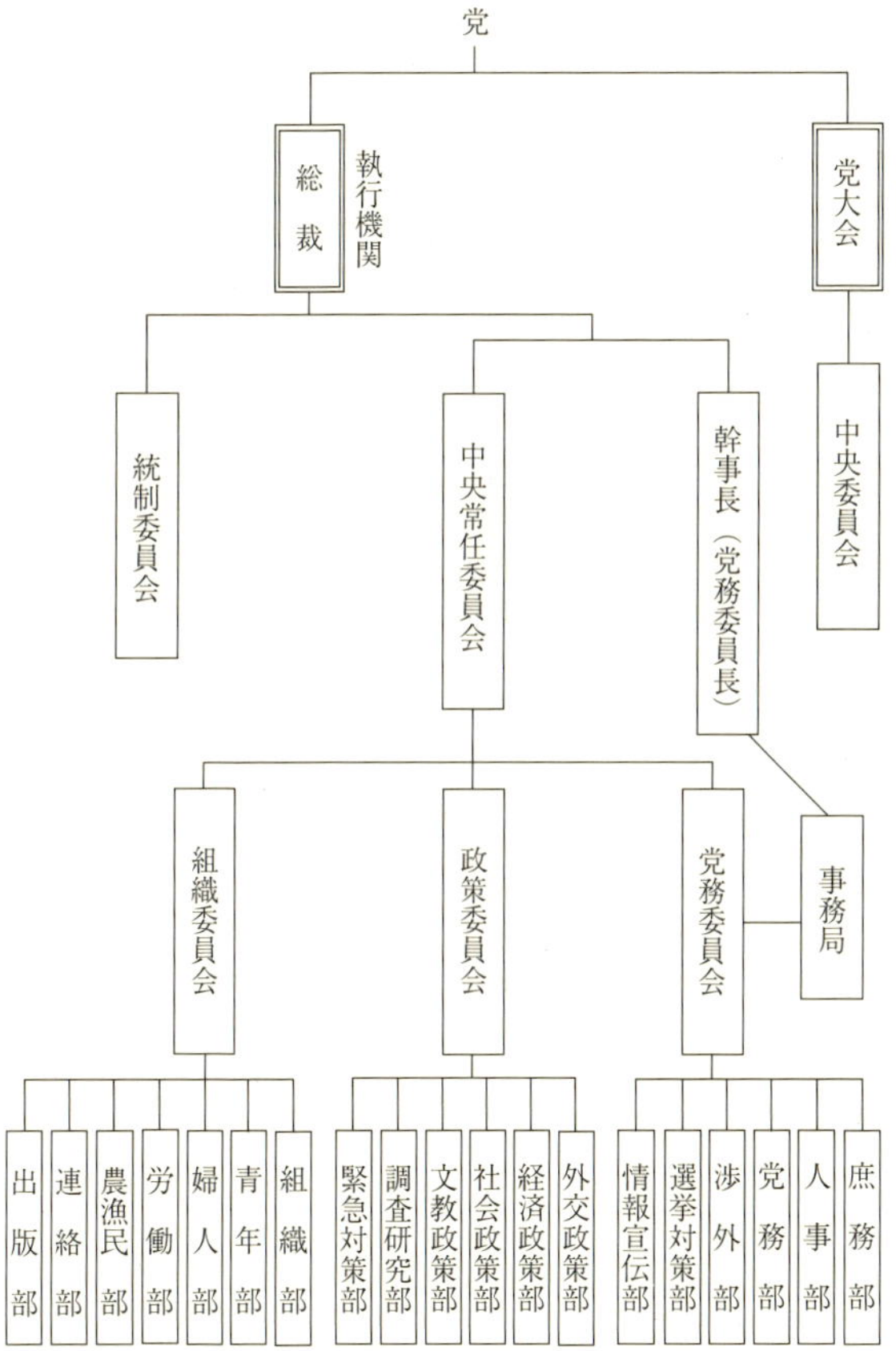

出典：『小柳文書』2－95所収。

党中央組織に関して、注目すべき点が二つある。一つ目は、情報宣伝局が設置されなかったことである。後述する長谷川私案には情報宣伝局と政策審議会が存在するなど[134]、政策審議の重視と情報宣伝機能の強化が重要と考えられた[135]。だが採用されなかった。

二つ目は、総裁のもとに幹事長と中央常任委員会が併存したことである。なかでも、中央常任委員会の下部組織であり「党務の常時処理に当」る（第二二条）党務委員長と、幹事長の関係が問題であろう。幹事長も党務を処理し（第二八条）、中央常任委員会に参画する（第二〇条）。党務の処理機能に着目すれば、党務委員長と幹事長の違いは明瞭ではない[136]。党務委員長を務めた山本粂吉によれば、資金集めは幹事長と党務委員長が共同で担当したという[137]。

なぜ幹事長と中央常任委員会が併存したのか。参考になるのは、時系列的に中谷私案より前に提出された長谷川両案である[138]。長谷川俊一（東蔵）は岐阜県会議員を経て第二三回総選挙で衆議院議員に当選した[139]。新政クラブ名簿に掲載されており民政党系の政治家であった。組織委員会に所属し、一九五一年一二月二六日の組織委員会で設置された組織要綱小委員会の委員、一九五二年一月一二日の党務・組織連合委員会で設置された党則小委員会の委員にも選出された。

長谷川両案は組織政党を目指したところにその特色がある。とりわけ幹事長の役割はきわめて独特といえる。「新党組織案（第一）長谷川私案」（以下、長谷川A案）と「新党組織案（第二）長谷川私案」（以下、長谷川B案）の二案が存在し、前者は一月九日より前の作成と推測され、後者は一月一二日から二二日までの間に作成された可能性が高い[140]。長谷川A案には「三（五）書記長は総裁の中央常任委員中からの指名」とある。中央常任委員会は「三（三）（ハ）中央常任委員の定数の三分の一は現衆参議員以外の者たることを明確にする」とされた。都道府県、市町村といった各レベルにおける委員会の最上部に位置し、議員のみから構成される指導部とは違う組織である。長谷川B案には「三（二）書記長は中央常任委員中から総裁指名により決定し、常任委員会の議長となる」とある。

組織図6－2　新党組織案（第一）長谷川私案

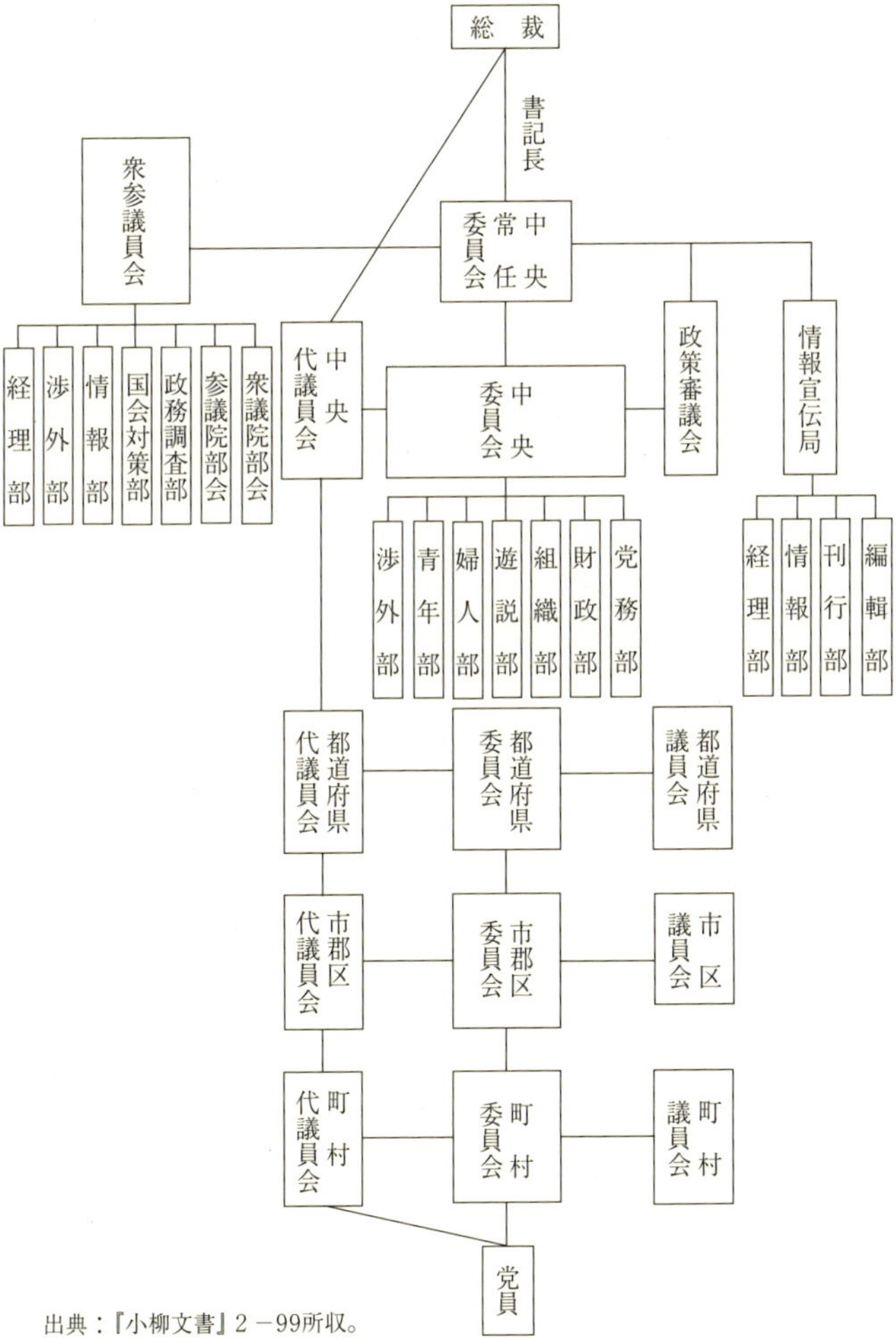

出典：『小柳文書』2－99所収。

これは改進党結成時に置かれた中央常任委員会議長が書記長を念頭においた役職だったことを示唆する。もう一つ、中央常任委員会の下部に配置された衆参議員会に会長、幹事長、幹事が置かれた。

長谷川両案を比較・検討するとその意図が明確となる。即ち、院外も含めた党活動を担うのが書記長で国会内活動を担うのが幹事長という役割分

組織図6－3　新党組織案（第二）長谷川私案

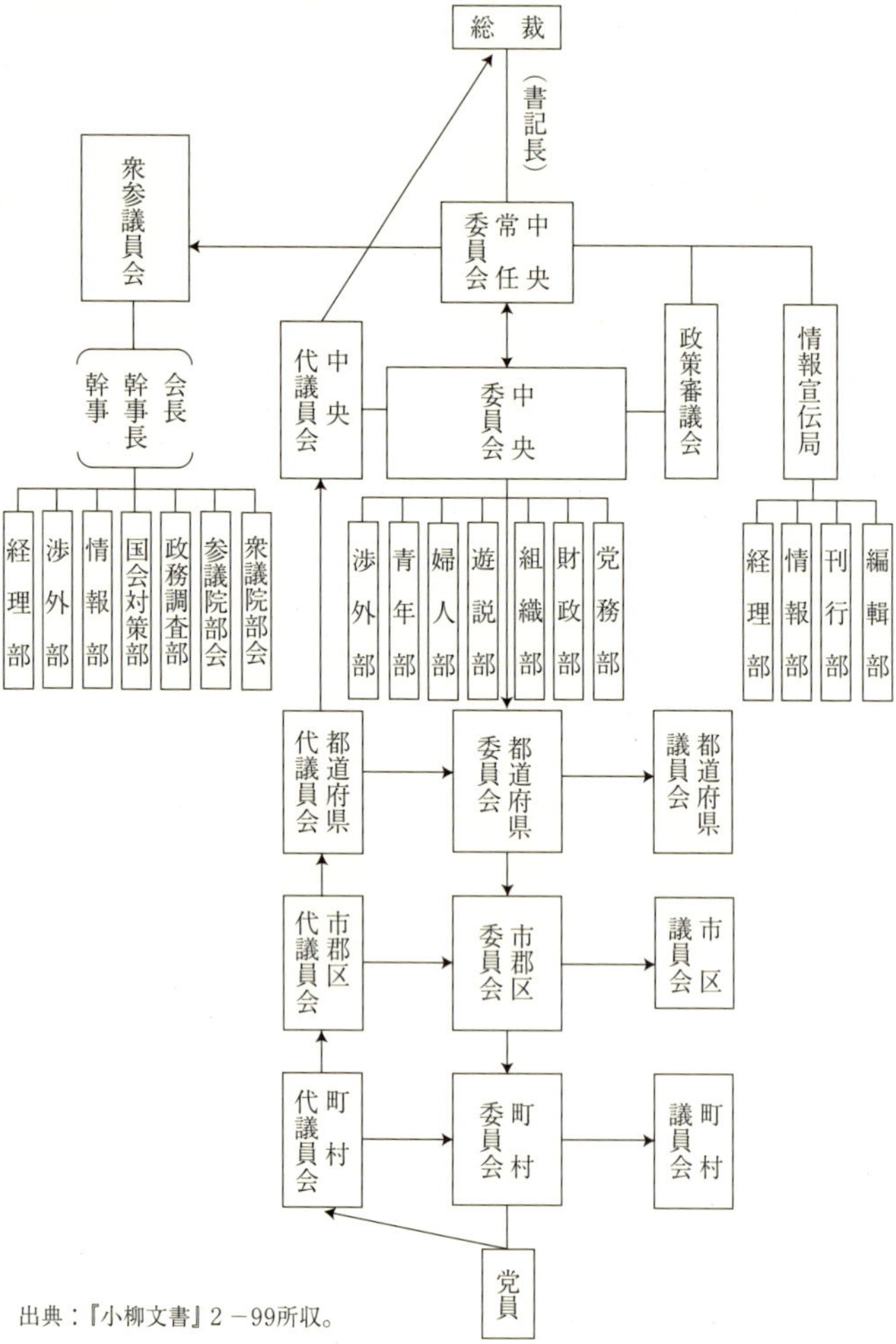

出典：『小柳文書』2－99所収。

担であり、それこそが長谷川両案の最優先課題と考えられる。国会内活動と党活動の分離への対策も練られていた。「一（七）国会内活動と党活動が一致するやう考慮すること」（長谷川A案）は「一（八）国会内活動と党活動が合致する方策を講ずること」（長谷川B案）と表現が強められた。もし長谷川B案が実現したとすれば、地方の党組織を拡大する中央常任委員会に党ナンバー二の書記長が置かれ、幹事長の権限は国会内活動のみに限定される。各部局は幹事長ではなく中央委員会の下に置かれた。中央常任委員会に直結する政策審議会は「三（八）政策審議会委員は総裁の指名にて定め、職域的代表の参加の方途を講ずること」（長谷川A案）、「三（八）（ロ）職域代表者、学識経験者から中央常任委員会の議を経て総裁が指名したるもの」（長谷川B案）とある。新党を「国民的政党」として拡大する意思の表れと評価できよう。このように、長谷川は従来の議員政党とは全く違った組織政党を念頭に置き、党組織を考案したと考えられる（組織図6－2、6－3を参照）。

長谷川両案に関連して、前述した国民民主党の院内役員会が想起される。院内役員会は「幹事長が議長となる」組織であった（第二一条）。この国民民主党における幹事長の機能を踏まえたうえで、院内役員会のみを担当するように幹事長の機能を限定すれば、長谷川両案の幹事長の機能、国会内活動のみを担当する役職に帰結するだろう。即ち、長谷川両案における幹事長の機能は、それまでの諸政党の党組織を踏まえたものと位置づけられる。長谷川両案における幹事長の機能は極めて独特であるが、実現可能性は十分に存在したのではないか。

しかし院内外の組織を分離する長谷川の案は実現しなかった。中央常任委員会に権限を集中し書記長を置く試みは失敗したのである。もっとも幹事長に権限が集中されたわけでもない。中谷私案では、三委員会は中央常任委員会の下に置かれ、中央常任委員会には議長が置かれた。院外までも含めた党組織を統括する中央常任委員会と院内を統括する幹事長が併存する結果となった。その際、長谷川の重視した中央常任委員会との関係はあえて不明確にされた節がある。

以上が、中谷私案と長谷川両案の検討である。

この中谷私案をもとに「党則草案（党務・組織連合委員会案）一九五二年一月二二日」が作成された[141]。総裁、中央常任委員会、中央常任委員、幹事長、支部連合会などの名称は、中谷私案が採用された。とはいえ「次の全体会議迄に更に再検討すること」との書き込みがあり、名称は最終段階まで争われた。[142]

最終的に「党則案（新党結成準備会案）一九五二年二月二日」に結実した。[143] 同案第二八条には「総裁事故ある場合は中央常任委員会これを代理する」との書き込みがある。[144] 最終段階でも総裁代理の権能をめぐり、中央常任委員会の権限を強化する試みが存在したことが理解できよう。改進党党則では「総裁事故ある場合はこれを代理する」とされ（第二八条）、総裁代行の役割は中央常任委員会には与えられなかった。

二月四日に組織委員会で「党則案の承認」が行われた。[145] 二月六日には党務委員会で「党名及び党則その他」が決定され、[146] 二月八日に改進党が結成された。

以下の段落では、完成した党則と党組織を検討する。宮本吉夫は改進党の特徴として「従来革新政党の特質とされた組織政党の要素をも包含しようとして、その組織や機構において相当注目すべきものを採用」と指摘する。具体的には、党の最高議決機関としての全国大会、大会代議員の選出方法、大会の権能としての役職公選、党の最高執行機関としての中央常任委員会、の採用を挙げた。とりわけ組織委員会の重要性を指摘した。[147] これを参考に、名称と組織、組織委員会、代議員の規定、自由党との比較、という順番で検討したい。

第一に名称と組織である。党中央組織の名称では、中谷私案の時点で、革新政党を想起させる委員長や書記長が忌避された。

党中央組織の中央常任委員会は革新政党の中央執行委員会に対応する。[148] 一連の条文から、中央常任委員会は党の最高執行機関であること（第一九条）、総裁や幹事長を包摂すること（第二〇条）、三委員会の上部組織であること（第二二条）、が分かる。議論の途中で「党則草案（党務・組織連合委員会案）一九五二年一月二二日」の附則第五四条「本党則に基く細則は中央常任委員会の議を経て総裁が決定する」は「党則案（新党結成準備会案）一九五二年二月二日」で「中央常任委員会が決定する」と変更された。[149] 総裁ではなく中央常任委員会の権限強化の意図が見て取れる。

総務という役職は存在しないが（第二五条）、役員表では院内総務の存在が確認できる[150]。全国政党たる改進党の名称には中央常任委員を用いつつも、議会政党たる改進党は院内総務という戦前来の名称をそのまま使用したのではないか。全国政党は「革新派」の、議会政党は「保守派」の意向が反映したと理解するのが妥当であろう。もし、以上の推測が正しいとすれば、折衷の象徴的な事例といえよう。

注目すべきは、国会対策委員会が党則に明記されたことである。「第二四条　国会対策委員会は国会開会毎に構成し、国会運営諸事項を協議処理する」と規定された。前身の国民民主党党則では、党務局の下に国会対策部が設置されている（第二三条）。さらに、国民民主党には、幹事長が議長を務めると規定された院内役員会という組織も存在した（第三一条、第三二条）。院内役員会は「主として国会の議事に関する重要事項の協議機関」と規定された（第三一条）。機能の面に注目すれば、改進党における国会対策委員会は、院内役員会を継承した組織と考えるのが妥当ではないか。ただし、国民民主党の院内役員会が、両院議員総会や代議士会、参議院議員会への報告と承認を得ることが義務づけられていたことと比べれば、改進党でも方針を決定するのは両院議員総会、代議士会、参議院議員会であったものの（第二三条）、国会対策委員会の独立性が高まったことが指摘できよう。ちなみに、同時期の自由党の党則には国会対策委員会は明記されていない（第二章第一節を参照）。

また、「革新派」の一大牙城となった青年部も重要である。青年部には、全国大会、全国委員会、全国常任委員会が存在し、部長、副部長、書記長、全国常任委員、会計監督が置かれた。全国常任委員会のもとに書記局が置かれ、書記局内部には総務部、会計部、組織部、情報宣伝部、調査研究部が設置されるなど充実した組織を有した。青年部は保守党であることは否定せず、あくまでも革新政党と一線を画した。とはいえ後の保守連携の動きを強く批判することから、その性格が窺える[151]。

なお、「大会は支部連合会会長一名、書記長一名（以下略）を選ぶ」（「支部連合会規約準則」第一〇条）、「大会は、支部長、書記長、会計並びに支部委員若干名（以下略）を選ぶ」（「支部規約準則」第八条）と、一部に革新政党志向の残滓が存在した。このように書記長の名称を用いた事例は、保守党ではかなり珍しい[152]。実際には、支部では「連合会長、幹事長、会計、会計監査、党務委員長、政策委員長、組織委員長」等、党中央組織に準じた役職名が用いられた[153]。

第二に、組織委員会である。前身は国民民主党の組織局で、党務局とともに幹事長のもとに設置された（国民民主党党則第二三条）。自由党には、幹事長のもとに、一九五〇年時点では、党務局、組織局、情報局が存在した。一九五三年の党則改正により、党務局、組織局、情報局、資金局が設置された（「自由党々則（二五・一・二〇）」第一八条、「自由党党則（一九五三年九月二五日改正）」第一八条）。これら改進党結成前の保守党では、組織局は幹事長のもとに置かれた一部局に過ぎない。革新政党はといえば、農民協同党の党則第二二条で「中央執行委員会は党務を遂行するために次の部門を設ける」として、総務局、組織局、機関紙局、政務調査会、統制委員会が置かれた[154]。保守党と比較すると組織局の扱いは上である。機関紙局は、改進党党則案の検討過程における情報宣伝局に比すことができよう。つまり、組織委員会の設置は革新政党を模したと考えられ、先に引用した宮本の評価は妥当である。また機関紙上で地方組織の強化の重要性が訴えられた。長期的な視点に立ち、下から積み上げて党組織を作る強い意志が読み取れる[155]。一連の革新政党の組織の援用は、「革新派」の主張が取り入れられた結果であろう。

第三に、代議員に関する規定である。改進党発足時の「第七条　大会の代議員は支部連合会より次の基準で選ぶ。但し支部連合会の組織なき場合は、中央常任委員会の承認を得て支部より選出することが出来る。一、登録党員の二〇〇名につき一名、二、都道府県会議員三名につき一名、特に五大都市市会議員については五名につき一名、但し端数は一名」は「党則第七条（一）号に左の但書を加える。但し、定期大会の最も近くに行われた衆議院議員、参議院地方区議員又は同全国区議員選挙における各支部連合会地域内の得票総数中多きものを標準とし三万票につき一名（三万票に満たざる端数についても一万票以上につき一名）として算出したる代議員数が本号の数に超えるときはこの数に依る」と改正された[156]。党員名簿の完成後は、原則として党大会の代議員も党員数を基礎に選出し、党員名簿がない支部のみ上記の規定を適応するよう変更する予定だった[157]。

同時に「改進党選挙規程案」も提出された[158]。全八条の主要部分を引用する。まず案の前に「本規程は第六回全国大会以前の中央常任委員会の決議又は之に代る中央常任委員会理事会において之を定め、これによって大会準備を進行し、第六回全国大会の劈頭に同大会の承認を得て直ちに施行するものである」と書かれている。「第一条　本党党則第六条及び第十条による選挙はこの規程に依る」とは、大会における、大会議長と同副議長（第六条）、総裁・中央常任委員・幹事長・党務委員長・政策委員長・組織委員長・宣伝情報委員長・資金局長・中央委員・会計責任者・会計監督（第一〇条）に関する選挙を規定したことを指す。一人一票（第四条）、記名・無記名や連記等の手続き（第五条）、多数者の当選（第六条）を定めつつ、選挙以外の方法を規定（第七条）しているのは、選挙実施に対する忌避感のあらわれと考えられる。

第四に、自由党との比較である。自由党は一九五〇年一月二〇日の党則改正で、総務会は議決機関であること、幹事長は執行機関であることを明記し、総裁・幹事長ラインによる党運営を明文化した（第二章第一節を参照）。一方、改進党は、結党過程で全国政党と議会政党の分離を構想したが実現しなかった。重要な変化は幹事長の地位向上である。国民民主党では「総裁の命をうけ全国大会又は総務委員会の議決に基き党務を掌理する」（第二〇条）役職であったが、改進党では「総裁を補佐し、党務を掌る」（第二八条）と総裁に直結した。総裁と幹事長の関係のみに絞れば、自由党と同様の状態に近づいたのである。さらに総裁不在時に代行する役割を、第二保守党系では日本進歩党以来、総務委員会や最高委員会が担ったが、改進党では幹事長が担った。

結党過程全体を踏まえて党則を評価したい。党組織に着目し、複数の党則草案を比較・検討すると、いわゆる「革新派」や農民協同党の意見が党組織にも反映されたことが判明した。だが「保守派」の意見で修正された部分も多い。同時に、「保守派」の側にも党勢拡張への関心も強く存在した。その結果、党中央組織から地方へと広がる全国政党と議会政党が併存する党組織が採用されるなど、双方の意見を折衷した中途半端な党組織が完成した。その象徴が議論の途中で出て来る「組織政党的なること」という表現である[159]。こうして改進党は戦後保守党史上でも特異な党組織を有することとなったのである。

改進党の党組織の運用の実態については、次節で検討したい。

(二) 重光葵総裁時代

一九五二年二月八日、改進党が結成された。

結党時に総裁は決定できなかった。幹事長は三木武夫、中央常任委員会議長に松村、党務委員長は三木幹事長の兼任、政策委員長に北村、組織委員長に河口陽一、顧問芦田という陣容である[160]。その後、深川栄左衛門が党務委員長に就任したようである[161]。

ここからは重光葵の総裁選出過程と重光総裁時代の党組織改革を論じたい。

(a) 重光総裁選出過程

改進党の総裁候補には多数の名前があがった。有力視されたのは、石黒忠篤、村田省蔵、重光葵、芦田均だった。芦田は昭電疑獄で係争中の身、重光は未だ公職追放中、村田は非公式な打診に曖昧な返答しか返さなかった[162]。「革新派」は総裁の資格として「一、自主外交を推進できる人、一、反自由党の反骨のある人、一、進歩的で、中小企業、

組織図6－4　改進党（1952年2月8日）

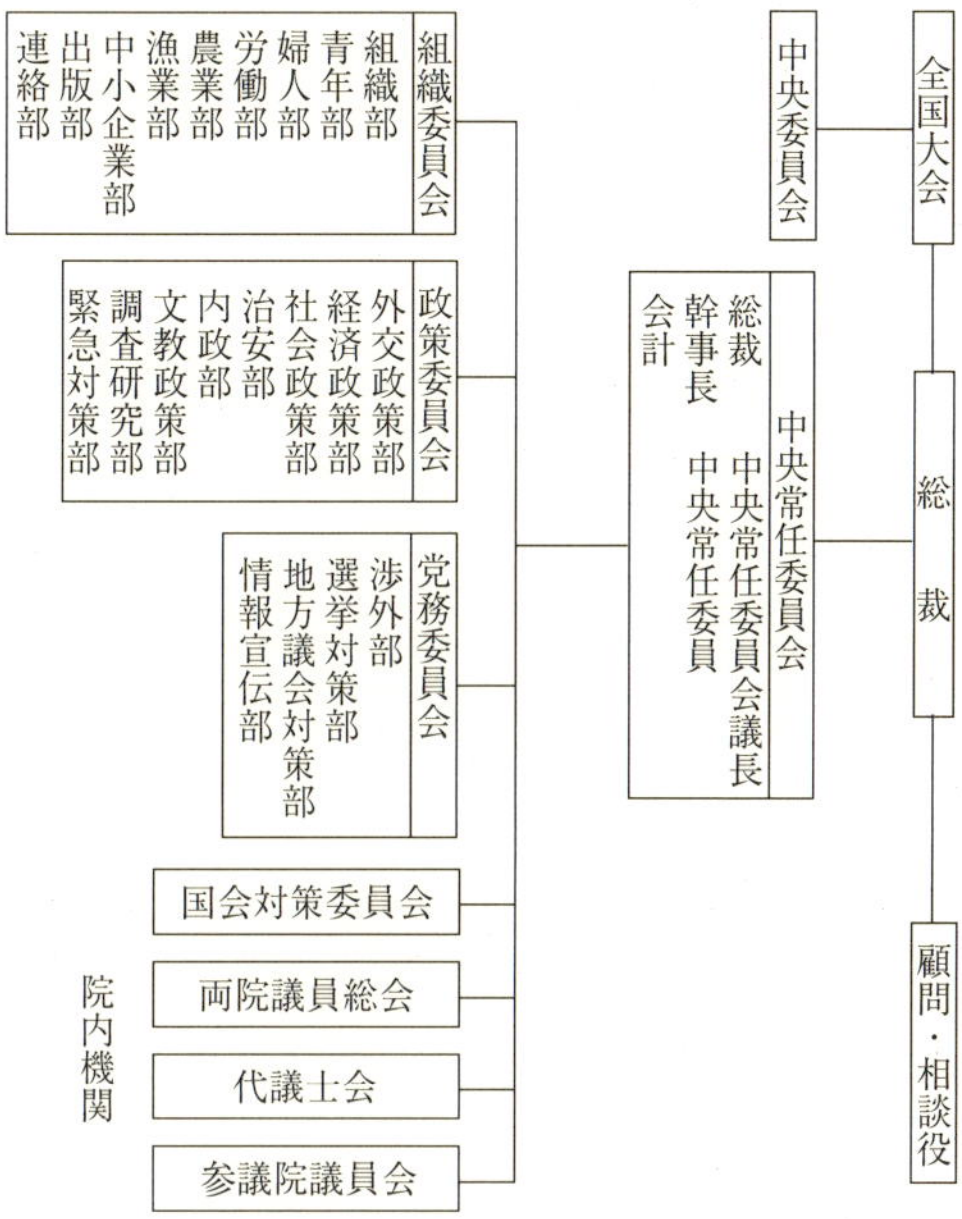

出典：党則より作成。

農村とも対話できる人」を挙げ、三木武夫幹事長に提出した。彼らの意中の候補者は小泉信三、石黒忠篤だったが、両人とも辞退した。[163] 重光周辺は一九五一年頃から活動をはじめた。[164] 重光擁立に積極的だったのは追放解除された新政クラブ系の政治家である。五月初頭、重光総裁実現が有力視されると、「革新派」は三木もしくは北村擁立を画策した。「党内の空気は重光支持派四〇％、芦田支持派二〇％、決選派三〇％、という色分けだった。決選派というのは三木、北村両氏の何れかを候補として、決選投票で総裁を選ぼうというものであ」り、三木に松浦周太郎、中村寅太、中谷武世が立候補を迫った。[165] 三木が承諾しなかったため、五月七日の総裁選考委員会の席上、農協系・国協系・鶴見系の三派が合同候補として北村を決定した。三木武夫は「重光の総裁に反対論が強いので困る」と語り「戦犯責任や側近にも面白くない点がある」と理由を述べた（『矢部日記』一九五二年五月七日）。さらに「革新派」は、一部幹部による総裁選出という手続きを疑問視し、両院議員の合同会議での決選投票を主張した。つまり、幹部の主導権打破のために総裁公選を主張したのである。五月一〇日の総裁選考委員会で農協党出身の河口陽一組織委員長が北村を推した。だが北村は決選方式を避けるべきと発言した。北村の出馬断念により、重光総裁が決定した。[166] そして六月一三日の党大会で重光が正式に総裁に就任した。重光総裁誕生をゆるしたものの、「革新派」は三木幹事長と北村政調会長を実現し、主導権を握ることに成功した[167]。

ここで、重光と吉田の両総裁を比較したい。重光のエピソードで最も著名なのは、総裁就任後に三木幹事長に「上級幹部集めてくれ」といい、その場に居合わせた者が「政党には上級・下級はないんだ」と応じた話だろう[168]。吉田も幹部しか相手にせず、若い議員の名前を間違えた話には事欠かない。この点では両者とも典型的な輸入総裁の行動様式だったといえよう。両者の最大の違いは党内多数派を形成できたか否かである。吉田は党内基盤確立に成功した。一方、武田によれば、重光は各派にコミットせず大局的な指導を心がけたという[169]。つまり党内に重光派を作らなかったのである。その後、重光を擁立した人々から見離された結果、重光は政治的存在感を失った。重光総裁実現に尽力した大麻は鳩山政権が出来た夜に「重光の外交官としての大衆に与えていたイメージと、政治家になってからのそれは全然違っていた。これは重光をかつぎ出した私の不明だった」と述懐し、地盤を譲った綾部も見放した[170]。他に、重光は自身の活動資金を大麻に依存した（『重光日記』一九五二年五月二三日）。このように特定個人に政治資金を依拠した状態では、重光総裁が独自のリーダーシップを発揮するのは難しかったと思われる。

（b）　重光総裁による党組織改革

改進党が採用した新しい党組織による党運営はうまく行かなかったようである。一九五三年二月九日の第四回改進党全国大会で党組織改革が行われた[171]。ここからは党則改正[172]で創設された中央常任委員会理事会と宣伝情報委員会と資金局、改進党組織の拡大や党の性格について、検討したい。

第一に注目すべきは、中央常任委員会理事会の創設である。第二〇条は「中央常任委員会は議事運営のため議長及び理事若干名を置くことが出来る。中央常任委員会議長及び理事は中央常任委員の互選による」と改正された（傍

組織図6－5　改進党（1953年2月9日）

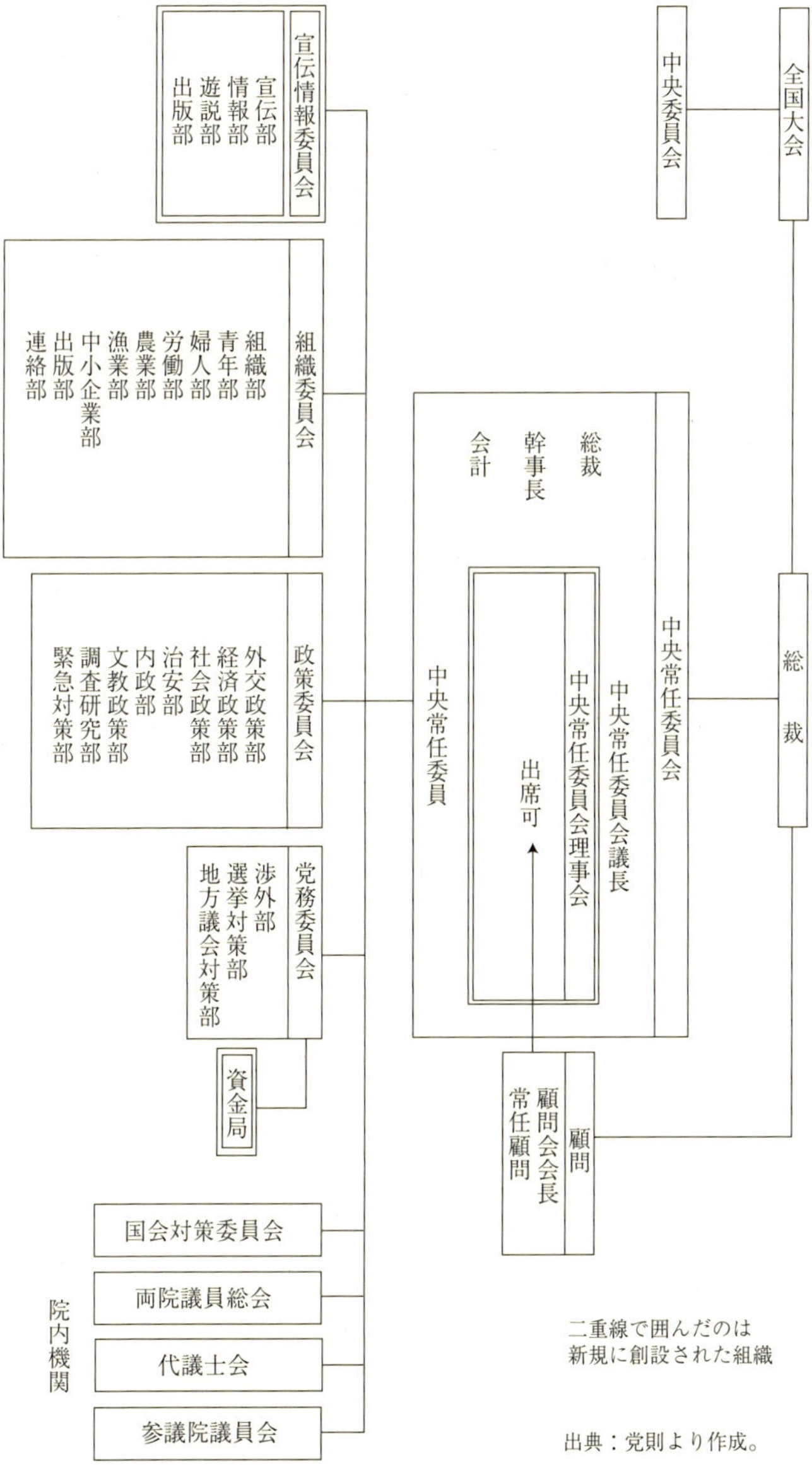
全国大会
中央委員会
宣伝情報委員会
宣伝部
情報部
遊説部
出版部
組織委員会
組織部
青年部
婦人部
労働部
農業部
漁業部
中小企業部
出版部
連絡部
政策委員会
外交政策部
経済政策部
社会政策部
治安部
内政部
文教政策部
調査研究部
緊急対策部
党務委員会
渉外部
選挙対策部
地方議会対策部
資金局
中央常任委員会
総裁
幹事長
会計
中央常任委員
中央常任委員会議長
中央常任委員会理事会
出席可
総裁
顧問
顧問会会長
常任顧問
国会対策委員会
両院議員総会
代議士会
参議院議員会
院内機関
二重線で囲んだのは
新規に創設された組織

出典：党則より作成。

線部は追加された文言）。その経緯を叙述する。一九五二年二月六日に中央常任委員会で満場一致で決定された「組織活動方針」は、次のように記述した。「二、具体的方針」の「（一）執行機関の強化」で「党の執行機関は中央常任委員会であるが、党活動の円滑化と機動性を発揮するため同常任委員会のもとに常時機関として党務、政策、組織の三部門に委員会が置かれ、中央常任委員は全員何れかの部門に配置されている、このわが党独特の部門別委員会方式がその運営においてさらに強化されることが必要である」とされた[173]。要するに、実質的に機能するか、当初から危惧が存在したのである。一一月一一日に重光総裁が開いた昼食会で、芦田、大麻、松村、三木、苫米地、北村が出席し「常任委員会が厖大に過るから十八、九名迄の総務会式のものを造ることの案を一同で承認」と組織改革が論じられた（『芦田日記』一九五二年一一月一一日）。実現したのが中央常任委員会理事会で「中央常任委員会は現在百五六十名で多人数すぎて適時に委員会を開くことが出来ないので理事若干名を選んで理事会を構成する。これは保守党における総務会、革新政党における中執委のようなもので決議機関と」する構想だった[174]。重光の覚書によれば「（一）理事会は議長に於て会長として理事会を主催す。理事は別紙の諸氏を指名し度し。但し新常任委員の互選の形とす。（二）理事会の構成は、理事、顧問会会長及常任顧問五名、幹《ママ》上級役員を以てし、党の主要方針を審議決定す」という[175]。新設の中央常任委員会理事には、椎熊三郎、笹森順造、鶴見祐輔、千葉三郎、早稲田柳右衛門、宮沢胤男、岡田勢一、荒木万寿夫、堀木鎌三、川崎秀二が就任した。常任顧問には三木武夫、北村、大麻、芦田、苫米地、松村が就任した[176]。

その後、六月一五日の第五回全国大会で中央常任委員会理事会の権限が明確化された。「第二一条の二　各理事を以て理事会を構成する。中央常任委員会はその権限の一部を理事会に委任することが出来る。この権限に基き決定したる事項は最近に開かれる中央常任委員会に報告しその承認を経なければならない。理事会の議事の運営は中央常任委員会議長これに当る」という一文が第二一条に追加された。一方で「中央常任委員会は党の重要なる機能を遂行するため次の委員会を設ける。各委員会の運営は中央常任委員が之に当り」（第二三条）との条文は「「中央常任委員が之に当り」を「各委員長が之に当り」に改める」とされ、各委員会と中央常任委員会との関係が弱められた[177]。以上二点を踏まえると、中央常任委員会理事会の創設以降、中央常任委員会の役割が低下したことが分かる。

そして、一九五四年一月二〇日に港区芝公会堂で開かれた第六回全国大会において、「昭和二十九年度組織活動方針」中の「二　党機構の強化確立」「（一）中央機構について」では、「立党いらい一回も招集されたことがない」中央委員会の「有名無実化」が問題視され、整備すべきと総括された[178]。結局のところ、中央委員会や中央常任委員会は実質的に機能しなかったといえる。

第二に注目すべきは、宣伝情報委員会の創設である（第二三条）[179]。よく言えばイメージ戦略を積極的に打ち出す意志の表れ、意地の悪い見方をすれば、イメージ任せ、風任せという行き当たりばったりの戦略にすがらざるを得ない改進党の窮状の反映であろう。一九五二年一〇月の総選挙前には宣伝能力の低さが指摘された[180]。このときの選挙結果は、自由党二四〇、改進党八五、右社五七、左社五四だった。その反省が「昭和二八年度党活動方針」における「特に時代の趨勢に鑑み、本年度は党の宣伝情報と組織活動を強化し、これがため機構、予算等において飛躍的措置を講ずる」との方針に繋がり[181]、創設を後押ししたと考えられる。一九五三年二月一〇日に開かれた改進党組織拡大協議会の席で「昭和二八年度組織活動方針」が説明され、「組織と情報宣伝とは一体となって活動して効果をあげたい」と強調された[182]。

第三に、党務委員会の外局に資金局が創設された（第二二条）。

第四回全国大会では党役員の改選も行われ、初代の宣伝情報委員長に楢橋渡、会計責任者兼資金局長に宇田耕一が就任した[183]。

ここからは、上記の党組織改革と関連して、党組織拡大の試みについて述べたい。

一九五三年二月九日の第四回全国大会で採択された「昭和二八年度党活動方針」では、「三、行動の具体的方針」で自由党に対して、内紛には不干渉、保守合同には応じないとした。社会党右派との提携が最も可能性の高い選択肢であった。労働組合への積極的な働きかけも決定したが、成果は簡単に挙がらなかった。結党時から重視した地方組織拡大にも失敗した。結党直後、地方支部は宮城県、石川県、京都府、新潟県等の数府県のみで、結党後半年の時点でも、山形、群馬、埼玉、福井、鳥取、広島、岡山、山口、香川、愛媛の一〇県は未だ結成準備会に留まった。こうした状況を踏まえ、六月の第五回全国大会で総裁のもとに、芦田、大麻、三木武夫、鶴見、苫米地の五委員からなる党勢拡大推進委員会を設置した。結党以来二年を経た一九五四年一月の第六回全国大会でも、八県に府県連合組織がないと報告された。このような地方組織停滞の原因として、人材や日常活動の不足が挙げられた。「世上伝えられている保守合同、自改連携なるものが、党勢拡大の最大のガン」とされ、党の性格や政策の明確化が求められたことからも分かるように、党組織拡大失敗の最大の理由と考えられたのは分かりにくい改進党の性格であった。三木武夫や「革新派」は「進歩的」であることにこだわった。だが、結局のところ、誰もが共有する党の性格は最後まで成立しなかったといえよう。

[184] [185] [186] [187] [188] [189] [190] [191]

まとめると、党の政策や方針の曖昧さが組織拡大に悪影響を与えた結果、重光総裁はじめ指導部は自由党との連携強化を模索、すると党の主体性が疑問視され、ついには党の性格が不明なために組織拡大に失敗、という悪循環に陥ったのであった。

以上が、改進党成立後の党組織改革と党組織拡大の試みの実態である。

最後に、一連の党組織改革と重光総裁の政治指導の関係について付け加える。御厨は、重光は外務官僚時代と同じく、政党にも「幹部会」的な組織を作り、党運営を企図したとする。[192] しかし上記の党組織改革、特に中央常任委員会理事会の創設は、全国政党と議会政党の二つが併存した改進党の党運営がはかばかしくなく、全国政党組織である中央常任委員会と中央委員会が機能しなかったことに起因する。その結果、少数幹部による指導体制が制度化された。即ち、「組織政党的」たらんと理想を掲げた改進党は、新たな党組織の機能不全に直面し、従来の保守党組織へと回帰したとするのが妥当な解釈であろう。そのことは党内派閥力学の変化からも裏付けられる。そこで次に役員改選に注目しながら述べる。

(三)　改進党における役員改選

ここからは役員改選を例にとり、幹部の選出過程を考察する。留意すべきは、党内各派と重光総裁との関係である。総裁就任時点では、重光は各派に気を遣わざるを得なかった。就任時の経緯でも明らかなように、特定勢力に依拠することが激しい反発を呼び起こしたからである。その後、党内派閥力学も変化したことに十分に留意しつつ論じたい。

　はじめに結党前後の役員選出方法を検討する[193]。結党大会以前は、総裁は「準備委員総会の決定せる総裁候補を満場一致採決す」とある。幹事長、三委員長、会計、会計監督ほか、中央委員会議長、中央常任委員会議長、両院議員会会長、代議士会会長、参議院議員会会長、国会対策委員長は「人選は主として民主党、農協党、新政クラブの代表者懇談会で予め見通しをつけること」とある。中央常任委員会副議長、三委員会副委員長、各部長は「中央常任委員会中より」「総裁、幹事長、三委員長にて原案を作成し、それぞれの機関に諮って決定」する。幹事と副幹事長は総裁指名、国会対策委員は中央常任委員会により選任する。国会対策副委員長、中央委員会副議長、両院議員会副会長、代議士会副会長、参議院議員会副会長は、全て互選である。以後、総裁につき「投票による場合は（以下略）」と投票も考慮された[194]。幹事長、三委員長、会計責任者、会計監督の選出方法は「首脳者会談（民主三、農協二、新政二、五会派各一）にて協議人選し、大会当日の選衡《（ママ）》委員会の議を経て大会に報告、採決す」とある[195]。中央常任委員も同様に各派の事前協議があった。その後、総裁は公選ではなく、選考委員会の推薦によったことは前述した。

次に、一九五二年一二月の臨時党大会と一九五三年二月九日の第四回党大会を検討したい。一九五二年一二月の臨時党大会は、役員改選が党の正式機関に諮られるのは初めてであることから、党則に明記された公選が実施されるか注目された。芦田派や大麻派は総裁一任論を主張し、三木派や北村派といった「革新派」は中央常任委員会の指名による役員選考委員会を設けての選考を主張し、鶴見や野田武夫といった落選組が作る改進同志会は党則通り役員公選を主張するなど、手続き論が争われた。[196]「役員詮考委員会」を設けて選ぶことになり、委員に、北村、松村、三木、深川、大麻、苫米地、芦田、笹森、鶴見、松原が就任した（『芦田日記』一九五二年一一月三〇日、一二月一日）。役員人事の焦点は川崎の処遇であった。[197]川崎幹事長を推したのは大麻である。三木武夫幹事長と川崎は同じ「革新派」だが、川崎は北村に政治的に近い。即ち、大麻による川崎幹事長擁立は「革新派」分断を意味した。一方、三木幹事長は、国協系、農協系、鶴見系の支持を集め、大麻・北村と全面対決し（『芦田日記』一九五二年一二月一日、二日、三日）、公選を主張した。芦田は三木幹事長留任に反対し、川崎幹事長にも強硬に反対した。このとき局外に立つ苫米地顧問会長が、来年の党大会で新役員人事、それまで現役員留任、という妥協案を提出し、更に現役員は再任なしとの了解事項で、対立する双方の陣営が合意した。その結果、臨時党大会では全役員が留任した。

一九五三年二月九日に開催された第四回定期党大会における役員改選の焦点は、またしても川崎である。今度は大麻が川崎政策委員長実現をはかり、北村派も同調した。芦田は離党の恫喝を用いつつ、強く反対した（『芦田日記』一九五三年二月六日、八日、九日）。党の結束を重視する重光総裁は川崎政策委員長を断念せざるを得なかった（「重光日記」一九五三年二月九日）。こうして新役員は、清瀬幹事長、三浦一雄政策委員長、山本粂吉党務委員長、竹山組織委員長、楢橋宣伝情報委員長、宇田耕一会計兼資金局長となった。中央常任委員会議長には一松が就任した。

代議士会長には一四日、小川半次が就任した[198]。清瀬幹事長を推したのは三木武夫である。若手中堅組では党内がまとまらぬから長老をという発想から実現した人事であった[199]。このうち、三浦政策委員長、山本党務委員長、宇田会計兼資金局長は大麻系とされ、大麻系が大幅に台頭したと総括された[200]。

二度の役員改選は「三木、北村の間にヒビを入れて革新派の勢力を削り、芦田を孤立させた。さらに青年将校の星である川崎を「目的のためには手段を選ばない男」ともした」と評されたように、大麻のみが目的を達成する結果に終わった[201]。この「革新派」分断は、党内派閥力学を大きく変化させた最も重要な転機である。

その後、改進党は野党連合に比重を置いたものの、一九五三年四月総選挙の結果、改選前の八八名が一二名減の七六名に終わった。しかも清瀬幹事長や北村らが落選した。予想以上の敗北に執行部も野党連合深入りを警戒した。それゆえ、吉田の首班指名前の重光首班工作にも改進党は後ろ向きだった。

一方、吉田首相は五月一六日に書簡を重光総裁に送り、二〇日に第一次吉田・重光会談が実現した。重光総裁の自尊心は満足したが実質的に獲得したものはない[202]。五月二一日には第五次吉田内閣が発足した。

五月一九日に清瀬幹事長は重光総裁に辞表を提出した。議席を失った清瀬幹事長に代わる、幹事長代理の制度を作り、二五日に中央常任委員会理事会及び中央常任委員会で認められれば、竹山が就任する予定であった[203]。二五日の中央常任委員会理事会では党躍進特別委員会設置を決定した。これは「健全野党の立場から党を躍進の方向に導く具体案をねる」ことを目的とした組織であった[204]。同時に、役員改選の方法も論じられ「役員、総才〔裁〕一任反対。大会に準備する為め躍進委員会設置を提案し、総才〔裁〕不信任の意を表明、川崎過激な言葉を弄」した（「重光日記」一九五三年五月二五日）。六月二日の党大会準備委員会で「党勢拡張のため選挙対策委員会のような委員会を常設して常時、党活動を活発にする」ことを内定した[205]。

六月一五日に役員改選が行われた。その経緯を芦田に注目して述べる[206]。二日に開かれた大会準備特別委員会では、党則改正や党の路線を再確認した。党則改正は「党運営上不備のある党則をどう改正するか」とのみ報じられた。[207] おそらくは、二月に創設された中央常任委員会理事会の権限等の確定や、選挙等の規程を指すのであろう。[208] 八日、芦田は重光総裁と会談し、松村幹事長、竹山副幹事長の実現可能性が高いと判断した。九日、一〇日と、芦田は松村、大麻と役員人事を協議した。一一日、三木は幹事長に竹山を推した。一二日の党大会準備委員会で、松村幹事長が決定し他の役員選考も行われた。選考に当たったのは芦田と清瀬らで「有田（党務）、河野（宣伝）、松浦周太郎（組織）、三浦（政策）」という案だったが、大麻が反対した。一三日に重光総裁は松村幹事長以外の提案に躊躇した。一〇時頃重光総裁は電話で「大麻案の通りに指名」と芦田に伝えた。芦田は「三木派が不満であろうことは大体想像された」とし、中央常任委員会での三木派の「いやがらせ戦術」に言及した。一五日に党大会が開かれ、理事会で役員改選が話し合われた。議題は幹事長の選出方法である。内定済みの松村幹事長に対し一三日の中央常任委員会で異論が出て、対抗馬として川崎が立候補した。これが芦田の言うところの「いやがらせ戦術」であろう。大会で総裁一任となれば松村幹事長、公選の要求が強まれば選挙である。この選挙を求める主張が党則改正に反映したと考えられる。役員改選に関係して「第六条、第七条、第一〇条中「選ぶ」とあるを「選挙する」に改める」よう党則が改正された。[209] 第六条は議長、副議長、第七条は大会の代議員、第一〇条は総裁、中央常任委員、幹事長、党務委員長、政策委員長、組織委員長、宣伝情報委員長、資金局長、中央委員、会計責任者、会計監督の選出に関する規定であり、これらを「選挙」で選出する旨、明記されたのである。理事会の結論は「大会で幹事長などの選挙を行うことは技術的に困難であるとの理由で、次回からは党役員の選挙制度をとることにし、今回は重光総裁に一任することにな」った。[210] これにより松村幹事長と竹山副幹事長が決定した。以上の経緯からも、「革新派」による党内権力奪取の方法として、幹部公選論が主張されたことが理解できよう。

他の役員は、中央常任委員会議長に一松、党務委員長に椎熊、政策委員長に三浦一雄、松浦組織委員長、有田宣伝情報委員長、宇田耕一資金局長（落選したが留任）だった。芦田案に存在した、政治的に三木武夫に近い河野金昇が外れた。「重光－大麻ラインの定着は、三木を次第に党内反主流派に転じさせていく」との表現どおり[211]、役員改選のたびに大麻の政治的影響力は強まり、三木派をはじめ、「革新派」の政治的影響力は低下した。六月一九日の中央常任委員会理事会で決定した人事は、副幹事長に竹山、村瀬宣親、町村、加藤高蔵、武藤常介、代議士会長に志賀健次郎、顧問会長に清瀬、中央常任委員会理事に小山倉之助、小川半次、山本粂吉、本名武、小泉純也、河野金昇、佐藤芳雄、喜多壮一郎、楢橋、中島茂喜である[212]。

第二節を通して、改進党の党組織とリーダーシップに関してまとめたい。先行研究の中でも、武田は「革新派」の政治的影響力を重視する。たしかに結党時におけるその政治的影響力は無視できない。党組織に着目すると、組織政党を目指した党組織構築の試みは特筆に値する。「保守派」が「革新派」と対抗したために、最終的には、中央常任委員会議長と幹事長が併存する特異な党組織が採用された。その後、新たな党組織は機能しなかったため、党組織改革が実施され、例えば、中央常任委員会に少数の理事会が設置されるなど、従来型の保守党の党組織に回帰した。こうして自由党と党組織では大差のない日本民主党へと繋がるのである。以上の組織変容には、もう一つ、党内派閥力学の変化も影響した。重光総裁が大麻との関係を深めたのは、幾度かの役員改選の経緯を検討しても明らかである。大麻による「革新派」分断は成功した。その一方で、「革新派」が主張する役職公選は実現しなかった。こうして組織政党志向を強く持つ「革新派」の政治的影響力は低下の一途を辿ったのである。

第三節　日本民主党と鳩山内閣成立

本節は鳩山内閣成立までの政界再編を扱う。まずは第二保守党系のみならず自由党系の鳩山と岸に注目し日本民主党の結党過程を論じる。次に、その党組織を分析したい。

(一)　日本民主党の結成

第二章第三節で扱ったように、鳩山は自由党内での吉田との多数派工作に敗れた。鳩山が政権を取るには、もはや野党を巻き込んだ政界再編しか残されていなかった。政界再編で活躍した政治家に岸信介がいる。岸は一九五三年四月一九日の総選挙で当選した。岸の政界再編構想は、新党結成が第一段階、保守合同が第二段階というものであった[213]。

一九五四年初頭から、保全経済会事件、造船疑獄が起きた。この機を逃さず、二月から三木武吉と石橋は改進党との連携を模索しつつ新党運動に関与した[214]。三月末に自由党の緒方が保守合同への積極姿勢を公表すると、改進党では芦田が呼応し新党論を主張した。これに吉田が新党総裁になることを認めないという三木武夫ら「革新派」が救国新党を主張し、主導権争いが起こった。大麻は改進党の分裂を忌避すべく、党のとりまとめに尽力した。

重要なのは、以上の政治過程で、大麻が吉田との連携を断念したことである。三月一五日に岡崎外相は重光改進党総裁と会談し、吉田首相外遊後の重光擁立を口にした。武田によれば、「はっきりと「重光擁立」を口にした記述はこれが最初で最後」という[215]。だが、四月下旬に行われた吉田・大麻会談、佐藤・松村会談では、重光首班、連立政権で一致することはなかった[216]。これを機に、大麻や松村は自由党との連携を断念したと思われる。改進党は四月末の保守合同への姿勢の転換をはさみ[217]、新党結成を目指した。六月一四日には石橋正二郎邸で大麻・鳩山会談が行われた。後に大麻は、吉田退陣を優先させ、重光擁立を分離したことを振り返った。つまり鳩山擁立を決定したのである[218]。

改進党内部での新党結成の機運の高まりは、六月に開かれた『改進新聞』での松村幹事長、三木武夫顧問、有田、宇田、阿部真之助、矢部貞治が参加した座談会からも伺える。新党運動には肯定的なものの、問題は吉田棚上げだという。総裁公選に関して、三木武夫は吉田退陣に結びつくか否定的だったが、有田は「民主的な公選でやっつけようというのが最後の手段」と語った[219]。有田の発言からも分かるとおり、総裁公選とは表面上は「民主化」の理念を体現するものと考えられたが、権力闘争と結びつき、吉田引退を実現するための方法として急浮上したのである。

総裁公選で吉田を総辞職に追い込むためには、新党は自由党を数で凌駕せねばならない。鳩山は七月七日に、改進党七〇名、自由党七〇名、日本自由党と中立等で「一七〇名の数は獲得できる」と述べた。七月一九日に岸は鳩山派四〇名、岸派三〇名、改進党六〇名で「一三〇名の基本数字」に言及した[220]。おおよそ改進党六〇－七〇名、岸派二〇－三〇名、鳩山派四〇－五〇名程度が予想された。

鳩山の態度は定まらなかったが、ついに決断した。九月一九日、軽井沢から東京へ帰る途中、大野が鳩山の車に乗り込み説得を試みた。これを鳩山は拒否した。一一時五五分に音羽に到着すると政治家が続々と駆けつけた。石橋、岸、安藤との会談を経て、重光が到着すると、鳩山、重光、松村、石橋、岸、三木の六人で会談が開かれた。一八時すぎ、芝生で記者会見が行われ、反吉田新党結成が明らかにされた（『大野回想録』六六頁、『鳩山日記』一九五四年九月一九日）。

一一月一日に鳩山準備委員長が決定した。準備会は一五日に新党創立委員会となり、一六日には各委員会の役員等が決定した。各委員長をあげると、総務は武知勇記、大会運営は南条徳男、政策は根本龍太郎、情報宣伝は川島正次郎、宣言綱領は三浦一雄、組織は松浦周太郎、資格審査は桜内義雄、党名は有田喜一、党規党則は中村梅吉だった。[221]

一一月二四日に、改進党と日本自由党、自由党内の鳩山派と岸派により、日本民主党が結成された。総裁は鳩山一郎である。鳩山によれば、鳩山との会談で重光改進党総裁は「私は一兵卒となってあなたがたのために働く」とあっさり鳩山総裁を認めたという。そのうえで、重光に後継総裁を約束したか、重光周囲から打診されたかとの問いに「条件というものは一つもなかった」と答えた。[222] 重光の処遇に関しては、副総裁ではなく総裁の諮問機関である最高委員会議長案も存在した。改進党が副総裁を要求したため、重光副総裁が実現した。[223] 本来ならば、新党の母体で最大を占めた改進党が総裁候補を擁立すべきだが、重光総裁の評価が低かったため[224]、候補者不在だった。さらに、新党結成に際して重要な役割を果たした岸は、再建連盟をめぐり重光との関係が悪化していた。[225] 反吉田新党結成に岸一派の参加が重要だったことを考慮すれば、重光総裁の実現可能性は低かったといえよう。一方、鳩山総裁を推進した三木武吉は、岸懐柔に成功した。[226] 結局、幹部は党内各派のバランス重視で決められた。鳩山総裁、重光副総裁、岸幹事長、松村政調会長、三木武吉総務会長が主要人事である。

(二) 日本民主党の党組織

日本民主党の党組織について考察したい。

まず、党名は、一一月二〇日の党名委員会で「日本民主党」「民友党」「保守新党」「国民新党」の四つに絞り答申が出され、その中から選ばれた。[227]

次に、政策や綱領について述べたい。[228] 準備会側の政策に対し、改進党「革新派」は新たな見地から見直すべきと主張し対立した。最終的には準備会が作成した一五大政綱が原則的な了解を得、改進党の意見を取り入れて修正さ

組織図7　日本民主党組織系統表

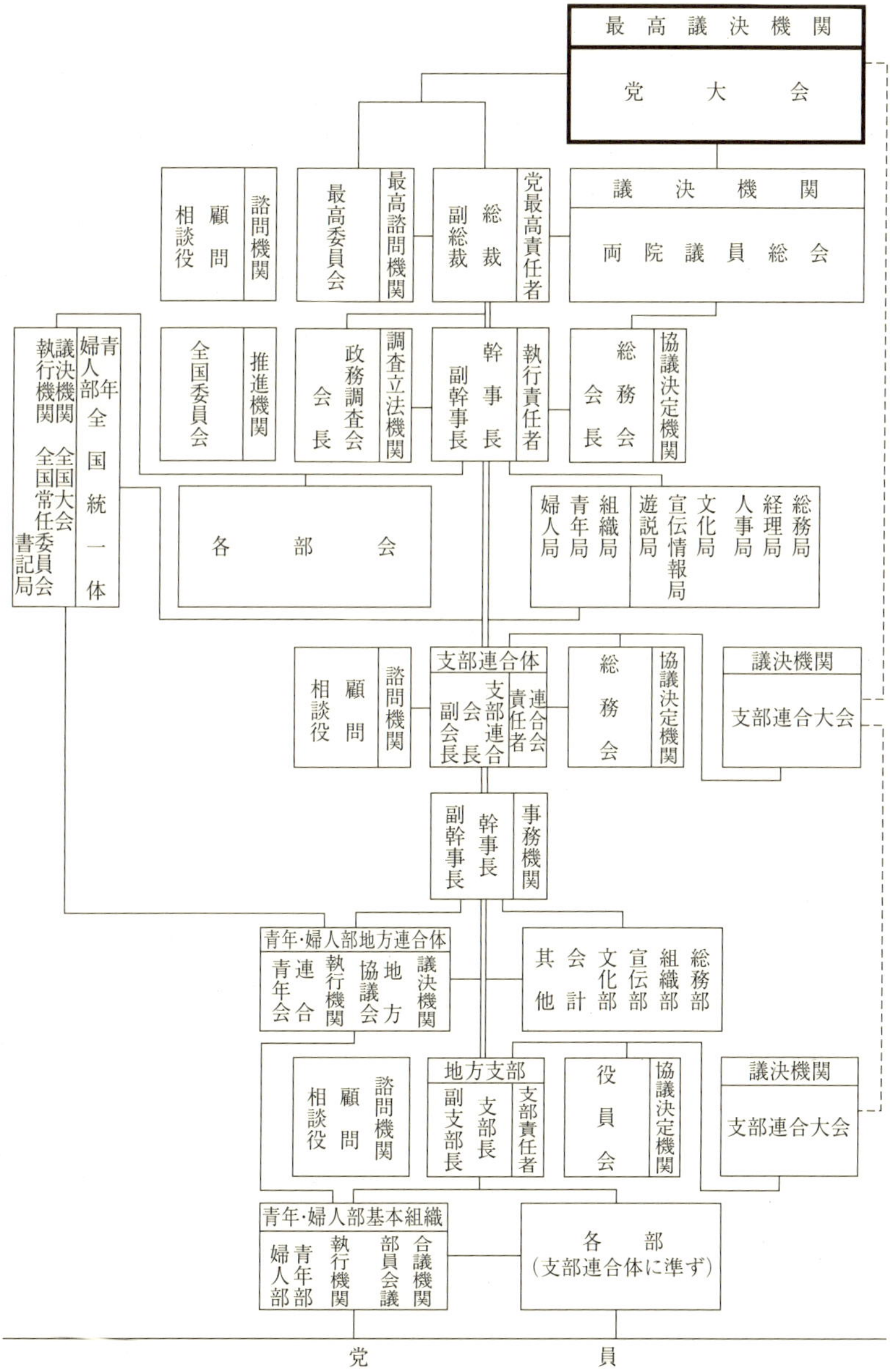

出典：日本民主党組織局『支部結成，組織活動資料』（日本民主党本部，1954年）所収。

れた[229]。他にも、新党の性格や新党創立委員会の人選でも紛糾した[230]。

党組織では、組織図を一目すれば明らかなように、改進党の中央常任委員会は廃止された。党中央組織には、総裁・幹事長ラインによる党運営を可能とする組織が採用された。これは前身の進歩党、民主党、国民民主党や改進党から大きく変更された点である。「幹事長は総裁の旨を受け党務を執行する。副幹事長は幹事長を補佐する。幹事は幹事長の指示を受け党務を分担処理する」（第八条）とあり、党組織改革以降の自由党と大差はない。ただし、総裁代理の役割は幹事長ではなく副総裁に与えられた（第五条）。重光改進党総裁が副総裁に就任した経緯を踏まえ、党則案に「総裁事故あるときは」と加えたのだろう[231]。この副総裁の規定は、後の自由民主党党則第五条「本党に副総裁一名を置くことができる。二　副総裁は、総裁を補佐し、総裁に事故があるとき、又総裁が欠けたときは、総裁の職務を行う」に継承された。

日本民主党と前身の諸政党との違いは綱領に明らかである。国民民主党と改進党の綱領に存在した「進歩的国民勢力」の文言が削除された。これに対し、党則第三条には「国民政党」とある。これらは改進党で力を削がれた「革新派」に対して、鳩山や岸らの合流もあり、「保守派」が政治的影響力を増した結果であろう。とはいえ一部下部組織、「革新派」が重視した組織局関係の書類には「進歩的国民勢力」の語が残った[232]。

保守党への傾斜は役職名にも表れた。日本民主党では「革新派」への配慮はない。党中央では総務会と幹事長が、地方では都道府県連合支部が使用された。連合支部のみは「革新派」への妥協とみなせるかもしれない。もっとも支部の規定も変わった（支部選出代議員の数も重要だが、「代議員選出規定」が見つかっていないため、詳細は不明）。「郡市区町村其の他一定の地域または職域を単位として支部を置く。支部は原則として党員五〇名以上をもってこれを組織」（第六七条）と、改進党の支部「党員一〇名以上を以て組織」（第三三条）より、かなり後退した。改進党時代に支部結成がうまくいかなかったことも影響したのかもしれない。唯一の例外は「青年・婦人部全国統一体」

であろう。組織局、青年局、婦人局の下部に位置する組織で書記局が置かれた。これは組織局に「革新派」の勢力が残った象徴といえる。

次に、党中央組織を考察したい。改進党は中央常任委員会のもとに党務・政策・組織・宣伝情報の四委員会が置かれた。日本民主党はこの組織を継承せず、従来の保守党の党組織である総務会と政務調査会を採用した。改進党から引き継がれたのは全国委員会と国会対策委員会である。「第五一条　全国委員は党組織の拡大、地方遊説の実施、選挙対策、民意の反映及び中央地方の連絡強化等党勢の伸張に当る」とされた。役割を踏まえれば、改進党組織委員会の後継組織と推測される。組織委員会は「党の組織の拡大強化と連絡に当」るとされた（改進党党則第二二条の三）。総務会、幹事長、政務調査会と全国委員会は同格であるから、その重要性が理解できよう。全国委員会の名称と内容は、改進党の組織委員会と合わせて、全国組織委員会として自由民主党へと引き継がれた（自由民主党党則第一二条）。他に、国会対策委員会も改進党から引き継がれた（第六〇条）。一方、改進党で重視された組織委員会と宣伝情報委員会は、日本民主党では改進党以前の組織局、情報宣伝局という部局に戻された（第一八条）。

党則の構成も変化した。国民民主党は、第一章は総則で、党組織に関する規定は第二章機関以降である。第二章第一節は全国大会で、第二節は党役員、第三節が総裁・最高委員会、第四節は総務委員会、第五節は幹事長・幹事会だった。改進党は第一章は総則で第二章が機関である。第二章第一節は全国大会、第二節は中央委員会、第三節は中央常任委員会である。第四節は院内機関で、総裁、幹事長、各種委員長といった役員の規定が並んだ。日本民主党は、第一章は総則、第二章は執行機関である。総裁、幹事長、各部局、会計監督、顧問・相談役を規定する。第三章が合議機関であり、党大会、両院議員総会、総務会、最高委員会を規定する。第四章は政務調査会、第五章は全国委員会、第六章は院内機関である。つまり、国民民主党、改進党で重視された全国大会や中央委員会といった、後に議決機関と見なされる組織が後段に移動した。対照的に総裁・幹事長という執行機関が冒頭へ移動した。

執行機関を重視した構成は明らかである。これは従来の党大会や全国大会重視の明白な転換である。執行機関が先、党大会が後という構成は、自由民主党にも引き継がれた。

各役職に移る。最大の特徴は、第二保守党系で主張された役職公選論が党則に明記されたことである。第六条「総裁、副総裁は党大会に於てこれを公選」、第九条「幹事長は党大会に於てこれを公選」、第二八条「(小宮註＝両院議員) 会長及び副会長は両院議員総会に於てこれを選挙」、第三二条「党総務は其の定数を二〇名とし、内一二名を両院議員総会に於て公選」、第三三条「総務会長、副会長は総務会に於て互選」、「第四五条　政務調査会長は党大会に於てこれを公選」、第五五条「代議士会長、副会長は代議士会に於てこれを互選」、第五八条「参議院議員総会長、副会長は参議院議員総会に於てこれを互選」とある。「選挙」「公選」「互選」と言葉は違えど主要役員の選挙による選出、即ち徹底的な役職公選を導入したのである。新党準備委員会の鳩山委員長が決定する際にも、遠藤三郎 (自由党、岸系) が「新党総裁は公選とし、準備委員長は必ずしも新党総裁の前提としない」を含む提案を行い、了承された[233]。

党則には附則と経過規定がある。附則は「第八二条　本党則により公選を要する役員の公選に関しては、別に定める役員選挙規定による」とされ、経過規定は「一、結党式挙行後速やかに党規党則特別委員会を設け、附属規定の制定を行う。一、本党則の決定及び本党則によって党大会に於て公選または決定を要する人事は結党式に於てこれを行う。一、結党式における役員の公選は此の際に限り臨時の方法によることが出来る」の三項からなる。この経過規定は「日本民主党党則 (案)」ではより詳細である (『芦田文書』三九五)。一項目と二項目は若干の字句の違いを除けばほぼ同じで、三項目に「前項の公選に於ける選挙権は結党の際に限り所属国会議員及び前元国会議員とし、単記無記名投票により多数を得たものをもって当選者とする」、四項目に「党大会に於ける役員選挙を管理するため大会議長の指名による選挙管理委員七名を置く。選挙管理委員は委員長一名を互選し、委員長統率の下に選挙管理事務を執行する」とある。これほど詳細に設定されながら実際の党則に反映されなかったのは、詳細な規定を置くことで公選の実施可能性を提示することを控えたと推測される。

一一月二四日の結党大会当日は、大久保が「公選を要する役員については別個に選考委員を設けるべき」との動議を提出した。それから重光を委員長とする選考委員会が鳩山総裁を選出した。それを満場一致で可決した。総裁以外の役員は、鳩山の推薦を大会が承認し決定した[234]。要するに、総裁公選や幹部公選は実施されなかった。日本民主党は様々な政党や有力者が結集したため、役職公選を明記しても実施は難しかったであろう。この時期には「民主党発足の時から〝進歩性〟の一側面として「党内デモクラシー」が誇示されたが、これが乱用された結果は党内の結束を固める上に、むしろ有害だった」との見解も存在した[235]。それでも「一おう公選の形を整えるため、わざわざ投票箱を用意しておいて、実際は総裁選考委員が舞台に上がって協議した結果、投票を抜きにして鳩山総裁を選んだ」ように[236]、形式的であろうと公選の体裁を整えねばならなかったところが重要である。

一二月一〇日に鳩山内閣が成立した。鳩山は組閣の方針を「二つあるわけだ。日本自由党を作った時の同志三木、安藤、河野、北らの優遇と、改進党の意志を尊重すること」を挙げた[237]。鳩山首相はその体調ゆえに、当初から一年程度しか持たないと考えていた[238]。その結果、内閣の取り組む課題が制約された。首班指名後、鳩山首相は政治課題を憲法改正と日ソ交渉の二つに絞った。さらに、少数与党であることも制約要因だった。典型的事例は三木武吉の議長就任が自由党の益谷秀次らの策動により阻まれたことであろう。

両社会党が鳩山内閣成立の際の条件としたこともあり、早期解散が実施された。一九五五年二月二七日の総選挙の結果は、一八五名と過半数に遠く及ばなかった。野党の議席数は、自由党が一一二、左社が八九、右社が六七であった。こうして保守合同が最優先の政治課題となったのである。

最後に、第一章と第三章を通して、第二保守党系の党組織の変容と、役職公選論の展開と帰結をまとめたい。

まずは党組織の変容に関してまとめたい。進歩党の後身政党において独自の党組織が採用されたのは、一九五〇年四月に結成された国民民主党にはじまる。それは革新政党よりの党組織を持つ協同党系の系譜を引く国民協同党が合流したからである。具体的には、代議員や支部の規定に影響を与えた。他にも、組織政党志向が新たな党組織、情報宣伝局や組織委員会の創設に繋がった。一九五二年二月に発足した改進党は、第二保守党系の中でも特異な党組織を有した。結党過程では革新政党の党組織が強く意識されたが、「保守派」の巻き返しによって後退した。とはいえ代議委員や支部への目配りは、組織政党を目指す改進党の面目躍如といえよう。また、国民民主党と改進党は全国大会を重視した。これらは幹部政党から大衆組織政党への転換を意図したものと考えられる。だが、改進党の党組織は実効性に乏しく、党組織改革を経て、従来の保守党の党組織と大差なくなった。一九五四年一一月に発足した日本民主党の党組織は、国民民主党・改進党で重視された全国組織・大会よりも執行部・院内機関が重視された。さらに改進党で採用された中央常任委員会などの組織は消滅した。改進党から継承されたのは組織委員会・全国委員会や国会対策委員会であった。とはいえ、前身の国民民主党や改進党と違い、組織政党を目指した形跡はない。おそらく結成される時点で政権につくことが確実視されたために、党勢拡大が最重要課題ではなかったのだろう。これに関連して総裁公選に関連する代議員の規定も重要である。

いわゆる第二保守党系の党組織に関しては、与党か野党かという条件が大きな影響を与えたと考えられる。野党であったからこそ党勢拡大が最重要課題であり、党勢拡張のための党組織の大規模再編が可能となったのであろう。

政党組織に関して、興味深い論点を付け加えたい。一つ目は、国民民主党における参議院独立の議論である。自由党は衆議院議員が党執行部を構成することが自明視されたのに対し、国民民主党では路線対立を背景に参議院の自立化が燻り続けた。これは政党が参議院をどのように包摂するかという大きな論点である。国民民主党は党執行部への参議院議員起用など、戦後保守党史上、類例が存在しないことを行った[239]。二つ目は、幹事長の役割である。第二保守党系における幹事長の機能や権限については、不明な点も多い。特に国民民主党や改進党においてはそうである。日本民主党において、幹事長が自由党系同様に強化された執行機関となったといえる。また、幹事長の機能に関して重要なのが総裁代行の役割である。改進党で初めて、幹事長が総裁代行の役割を担う役職となった。その後、日本民主党では副総裁がその役割を担った。

次に役職公選論に関してまとめたい。公職追放により幹部がほぼ総退陣した進歩党は、政党法案や自由党における幹部公選実施などが影響し、党内「民主化」の象徴として幹部公選が実施された。運動の担い手は犬養健を中心とする少壮派だった。その後、少壮派は自由党の芦田と呼応し、一九四七年三月に民主党を結成した。五月に芦田総裁が就任した際には、投票は実施されなかったものの、多数派の支持調達が重要であった。一九四八年一二月、犬養総裁が議員総会での投票により選出されたのは、対立が激しすぎたため、幹部による調整が不可能だったからである。複数の候補者から、投票によって総裁が選ばれたという意味では、戦後保守党史上、画期的な出来事だった。だが党大会での投票や他の幹部公選は実現しなかった。一九四九年三月、民主党は自由党との協力を巡り分裂し、民主党野党派と国民協同党により一九五〇年四月に結成されたのが国民民主党である。国民民主党は総裁を置かず、最高委員会による集団指導体制をとった。このときも役職公選は実現していない。一九五二年二月に発足した改進党でも総裁公選は実施されなかった。役職公選論は党内対立激化に伴い繰り返し主張されたが、「革新派」の政治的影響力の低下とともにその実現可能性は失われた。一九五四年一一月に発足した日本民主党は役職公選が党則に明記された。公選対象は総裁以下、主要幹部のほぼ全てに及んだ。だが、各派のバランスの上に成立したこともあり役職公選は一切実施されなかった。

以上要するに、第二保守党系の全体を通して、「革新派」の主張した役職公選は定着しなかった。当初は「党内デモクラシー」実現の手段として、その理念が高く評価された。ところが実施した結果や主張された状況を踏まえると、多くの場合、権力掌握の手段としての側面ばかりが強く表出した。その結果、むしろ党の結束に有害と評されるまでにその評価は一変した。なぜならば、役職公選論の中でもとりわけ幹部公選論は、総裁の人事権と緊張関係にあったからである。幹部公選論が政治的影響力を発揮することは、即ち総裁のリーダーシップが弱体であることを意味する。

つけ加えれば、党中央組織において総裁への権限集中とは方向性を異にする党組織が模索されたこと、さらに幹部公選論の政治的影響力発揮に象徴される総裁のリーダーシップへの挑戦、この両者が、第二保守党系において総裁がリーダーシップを発揮できなかった背景にあったと考えられる。

この状態から、総裁公選が定着するまでには、保守合同という政治過程と、幾度かの総裁公選の実施を必要とした。その詳細は第四章に譲りたい。

（1） 本書は「協同党系」と呼ぶ。他には、党の性格を踏まえ「中間政党」という呼称も存在する。内田健三『戦後日本の保守政治』岩波新書、一九六九年、五九頁。

（2） 伊藤隆「戦後政党の形成過程」、内田「保守三党の成立と変容」、内田『戦後日本の保守政治』、御厨貴「昭和二〇年代における第二保守党の軌跡」（近代日本研究会編『年報近代日本研究九　戦時経済』山川出版社、一九八七年所収）、御厨「もう一つの保守党」を参照。

（3） 福永文夫『占領下中道政権の形成と崩壊』岩波書店、一九九七年、伊藤悟「民主党の結成」（日本現代史研究会編『戦後体制の形成』大月書店、一九八八年所収）、伊藤悟「保守勢力の再編と吉田内閣」（歴史学研究会編『日本同時代史二』青木書店、一九九〇年所収）、伊藤悟「戦後初期の連立連合の構図」（油井大三郎・中村政則・豊下楢彦編『占領改革の国際比較』三省堂、一九九四年所収）、三川「民主党成立の序幕」、三川「労働攻勢と進歩党少壮派」、三川「民主党の成立」、村川一郎「改進党史」（『北陸法学』四巻一号、一九九六年）、村川一郎「自由党（分）史・日本自由党史・日本民主党史」（『行動論研究』第四八号、一九九六年）を参照。

（4）協同党系の研究としては、塩崎弘明の一連の研究、塩崎弘明「翼賛政治から戦後民主政治へ―日本協同党成立の場合―」（同『国内新体制を求めて』九州大学出版会、一九九八年所収）、同書所収の塩崎弘明「日本協同党の系譜―協同民主党と国民協同党―」や、塩崎弘明「戦後政党にみる戦前・戦中との断絶性と連続性―日本民党及びその周辺と協同主義―」などを参照。また竹中佳彦「戦後日本の協同主義政党」（日本政治学会編『年報政治学一九九八　日本外交におけるアジア主義』岩波書店、一九九九年所収）も参照のこと。他に、村川一郎「日本協同党史・協同民主党史・国民党史」（『行動論研究』第四九号、一九九七年）。

（5）第二保守党研究としては、武田『重光葵と戦後政治』、河野『戦後と高度成長の終焉』、中北『一九五五年体制の成立』を参照。

（6）武田『重光葵と戦後政治』、及び、内川正夫「政界再編下の改進党結成に関する一考察」（『法学研究』六八巻一号、一九九五年）を参照。

（7）御厨「昭和二〇年代における第二保守党の軌跡」二九三頁。

（8）内田は「絶え間なく自由党への脱落者を輩出するところに第二保守党たる民主党の限界と本質があった」と評した（内田『戦後日本の保守政治』六一頁）。民主党以外にも当てはまる指摘であろう。

（9）民主党の結党過程は、三川「民主党成立の序幕」、三川「労働攻勢と進歩党少壮派」、三川「民主党の成立」、伊藤悟「民主党の結成」などを参照。

（10）内田「保守三党の成立と変容」二三六―二三七頁。

（11）楢橋と保利の追放は、増田『政治家追放』Ⅱ部を参照。

（12）『朝日』一九四七年四月一二日。

（13）『朝日』一九四七年五月一九日。

（14）その様子は、渡辺恒雄『派閥　日本保守党の分析』三七頁を参照。幣原が芦田を感情的に嫌ったことについては、

根本竜太郎「幣原喜重郎」(自民党①所収)四一二頁を参照。

(15) 中曾根康弘『天地有情』文藝春秋、一九九六年、九六―九七頁、桜内義雄「私の履歴書一五」(『日経』一九九四年一月一六日)を参照。なお、北村に関しては、北村徳太郎研究の第一人者である西住徹氏による、『北村徳太郎　談論編』親和銀行、二〇〇二年、『北村徳太郎　資料編』親和銀行、二〇〇三年、『北村徳太郎　論文編』親和銀行、二〇〇七年を参照。

(16) 国民民主党や改進党で「革新派」と呼ばれる集団には、大きく分けて二つの源流が存在する。一つは、進歩党系の北村を中心とする一派である。もう一つは、淵源を協同党系に持つ三木武夫を中心とした一派である。ゆえに「青年将校」は後の「革新派」の中核をなす重要な集団といえる。

(17) 『朝日』一九四七年六月三日。

(18) 『朝日』一九四七年一一月二六日。

(19) 『朝日』一九四七年一二月五日。

(20) 以下、特に断りがない限り、山崎首班工作の経緯は『政党年鑑　昭和二四年』一〇三―一一七頁から引用した。

(21) 『宮崎日記』一九四八年一〇月一三日。

(22) 後藤ほか『戦後保守政治の軌跡』一八頁。小坂善太郎「マ元帥に「君の部下は……」」(『月刊自由民主』一九七八年一〇月号)七二頁を参照。

(23) なお、後年、「ちょっと油断したら三木首班になった」と、民自党に入党した田中角栄が回顧している。宮崎①六五頁。

(24) 『朝日年鑑　一九四九年版』朝日新聞社、一九四八年、二三四頁。

(25) 『政党年鑑　昭和二四年』一六三頁。役員は一六四―一六五頁を参照。

(26) 「本紙記者座談会　総選挙と政党の転機　上」(『朝日』一九四八年一二月六日)。中曾根『天地有情』一〇八―一〇九頁も参照。

(27) 『朝日』一九四八年一二月九日。

(28)　犬養の総裁選出過程は、『朝日』一九四八年一二月一〇日、一一日を参照。
(29)　『朝日』一九四八年一二月一一日。関連して、総裁制を廃止したのち、犬養委員長、苫米地副委員長との構想も存在した(『朝日』一九四八年一二月一〇日)。
(30)　『朝日』一九四八年一二月七日。
(31)　『朝日』一九四八年一二月一〇日。
(32)　「民主党々則」、“Political Party - Rules & Regulations”, 1947/03-1947/12, FOA04610. 同文書の末尾には「(P・一三・一一・一八)」と記してある。結党時の党則は発見できなかったため、代用する。
(33)　「民主党々則案」(『苫米地文書』Ⅳ－一二一)。引用の際に、片仮名を平仮名に改めた。
(34)　「民主党々則」と「民主党々則案」の後半の条文が対応しないのは、党則の第一一条(院内役員の選出方法)が削除されたからである。それ以降は一条ずつずれている。
(35)　野党派の意識については、中『回想の戦後政治』一四九－一五〇頁を参照。
(36)　『朝日』一九四九年二月一日。
(37)　『芦田日記』一九四九年一月三一日、二月一日、五日。
(38)　『朝日』一九四九年二月一〇日。「思想対策委員会」(小野孝委員長)を創設したという。
(39)　『朝日』一九四九年二月一一日、一二日、一三日、一四日、一五日。
(40)　『朝日』一九四九年二月一六日、一八日、二〇日。
(41)　中曽根『回想の戦後政治』一五一頁。分裂時に連立派と野党派が合意した条件は、中村慶一郎『河本敏夫・全人像』行政問題研究所、一九八二年、三二頁、中垣国男「政界・忘れがたきこと」(『自由新報』一九八六年二月一八日)を参照。
(42)　『朝日年鑑　一九五〇年版』朝日新聞社、一九四九年、三〇〇頁。
(43)　九月以降の記述は、千葉三郎『創造に生きて』カルチャー出版、一九七七年、二三九－二四〇頁によった。
(44)　民主党連立派と民自党の合同に関しては、『朝日』一九五〇年二月九日、一〇日、一一日、一二日、一五日、一七日、一八日、三月二日を参照。
(45) 例えば、民主党連立派の木村小左衛門の最高委員推薦(『朝日』一九五〇年二月一日)や、稲垣通産相の民主党連立派離脱(『朝日』一九五〇年二月一五日)が挙げられる。他に『朝日』一九五〇年二月一三日、一四日を参照。
(46) 『朝日』一九五〇年二月八日、一二日、一四日。
(47) 戦前の三木武夫に関しては、竹中佳彦「政党政治家・三木武夫の誕生」(『北九州市立大学法政論集』三〇巻三・四号、二〇〇三年)を参照。
(48) 日本協同党の役員は、塩崎「翼賛政治から戦後民主政治へ」二八六―二八八頁を参照。
(49) 協同民主党結党の過程については、塩崎「日本協同党の系譜」三〇五―三〇七頁を参照。
(50) 『朝日年鑑 一九四七年版』一四六頁。
(51) 塩崎「日本協同党の系譜」三一〇頁。
(52) 内田「保守三党の成立と変容」二三三―二三四頁。早川崇については、『早川崇』を参照。
(53) 増田卓二『実録三木武夫』ホーチキ出版、一九七五年、九〇―九一頁。
(54) 『朝日』一九四七年七月一日。
(55) 天野歓三「連立で地盤を固めた三木武夫」(政治記者OB会編『政治記者の目と耳』第三集、政治記者OB会、一九九七年所収)三一五―三一六頁。
(56) 御厨「昭和二〇年代における第二保守党の軌跡」二九三―二九五頁、及び、福永『占領下中道政権の形成と崩壊』第六章を参照。
(57) 福永『占領下中道政権の形成と崩壊』二四五頁。
(58) 『朝日年鑑 一九四九年版』朝日新聞社、一九四八年、二三五頁。
(59) 『国協党年鑑』四六頁。なお書記長の欄は「(岡田勢一)」となっており、政調会長の欄は「(船田享二)」横に「欠員」と記されている。
(60) 『朝日』一九四八年五月一六日。

(61) なお、「協同」を冠した政党である、一九四九年一二月九日発足の農民協同党は、綱領と党則を検討する限り、かなり革新政党寄りである。同党については改進党の結成で言及する。
(62) 北村外遊のため、六月一五日の総務委員会で参議院議員の木内四郎が後任に選ばれた（『朝日』一九五〇年六月一六日）。一一月二〇日には木内が辞任し、北村が再び政調会長に就任した（『朝日』一九五〇年一一月二一日）。
(63) 結党時の役員は、『朝日』一九五〇年四月二八日、二九日を参照。
(64) 他に、最高顧問、総務委員は『朝日』一九五〇年五月一日を、副幹事長、政調副会長は『朝日』一九五〇年五月一三日を参照。
(65) 宮崎隆次「戦後保守勢力の形成」二一七頁。
(66) 保守合同により民主党連立派が消滅したので、以後、民主党野党派を民主党と呼ぶ。
(67) 『朝日』一九五〇年三月二日。
(68) 『朝日』一九五〇年三月四日。
(69) 『朝日』一九五〇年三月一一日。
(70) 党大会の様子は、『朝日』一九五〇年三月一三日による。
(71) 『朝日』一九五〇年三月一七日。民主党の交渉委員は『朝日』一九五〇年三月二一日を参照。
(72) 両党の交渉は、『朝日』一九五〇年三月二三日、二五日、二七日、二八日、三一日、一九五〇年四月一日を参照。
(73) 党名は、『朝日』一九五〇年三月二六日、四月一日、二日、六日、七日、九日、一一日、一二日、一三日を参照。
(74) 『朝日』一九五〇年四月一五日、一八日、二三日。
(75) 以上の記述は、岡沢憲芙『政党』東京大学出版会、一九八八年、一三六―一四二頁による。
(76) ちなみに、一九五〇年の自由党党則では、第一章は総則、第二章は機関で、第一節は党大会、第二節は議員総会、代議士会並びに参議院議員会、第三節は総務会、第四節は政務調査会である。第三章が役員とその職務という構成である。この構成は一九四八年の民主自由党の党則も同様である。ところが、自由党結党時の党則では、総裁ほか役員は第二条で、党大会は第一二、一三、一四条に置かれている。本文中で引用した『ＧＨＱ日本占領史一一』の党大会に関する記述のように、自由党系もＧＨＱが重視した党大会を前段に移動させたのかもしれない。
(77)「別表。第二、第三項の総務委員」とは、所属元国会議員中から選出された総務委員、及び、総裁が大会に推薦した五名以内の総務委員のことを指す。
(78)「苦悩の民主党」(『朝日』一九五〇年六月一〇日)。
(79)『朝日』一九五〇年六月一五日。
(80)総裁設置に関しては、『朝日』一九五〇年七月二五日、八月一日、一〇月二九日、一一月一〇日を参照。
(81)『毎日』一九五〇年一〇月二〇日、二八日、一二月一四日、一七日、一九日。
(82)『朝日』一九五一年一月二一日。綱領は、『朝日』一九五一年一月二〇日を参照。
(83)『朝日』一九五一年一月二七日。
(84)なお、院内役員会の議長を務めるのは幹事長とされたが、改正後は総務会長となった(第三一条)。どちらかがミスタイプなのか、特段の意図を込めているのか、現時点では資料的制約により判断できなかった。
(85)「日本社会党　党規約」(『小柳文書』二一―八三)。同文書は作成年月日不詳である。章立てを確認すると(例えば、第二章　機関、第一節　大会)、村川編の「日本社会党規約　一九五五年一〇月一三日」(四九二―五〇一頁、第二章党員、第三章中央機関、第一節大会)より前の規約と考えられる。
(86)党務局の筆頭は「国会対策部」(一九五〇年四月二八日)が「渉外部」(一九五一年一月二〇日)と変更された。両者は同一の組織と推定されるため、名称変更と考えるのが妥当であろう。なお「渉外部」「国会対策部」という部署は自由党党則にも存在する。
(87)『毎日』一九五一年一月一七日、『朝日』一九五一年一月二一日、『毎日』一九五一年六月一日、一八日。
(88)『朝日』一九五〇年一二月二四日、一九五一年一月二一日、二三日、二四日。
(89)『毎日』一九五〇年一二月三〇日、一九五一年一月八日、一八日。
(90)内田『戦後日本の保守政治』六一頁。
(91)北国新聞社政治部編『陣太鼓　林屋亀次郎が行く』北国新聞社、一九七六年、六七―六八頁。

(92) 赤間英夫「「吉田・苫米地会談」の真相」（政治記者OB会編『政治記者の目と耳』第二集所収）三八六頁。
(93) 講和問題に関しては、五十嵐武士『戦後日米関係の形成』講談社学術文庫、一九九五年、一五〇－一七六頁を参照。
(94) 『宮崎日記』一九五一年一〇月二六日。
(95) 『小楠文書』の使用に関して、櫻田会の鈴木哲夫常務理事に格別のご配慮を賜った。記して感謝したい。
(96) 小柳牧衛は東京帝大卒業後、青森・福島・長崎・兵庫の各県知事を歴任、衆議院議員（一九、二〇、二一）、公職追放解除後、参議院議員（二補、四、六）。戦前は民政党所属、戦後は日本進歩党結成に参加、改進党顧問、日本民主党顧問を歴任した。
(97) 武田『重光葵と戦後政治』二〇〇頁。
(98) 竹中佳彦「芦田均の軌跡」（北岡伸一・五百旗頭真編『占領と講和　戦後日本の出発』情報文化研究所、一九九九年所収）一三二－一三三頁。
(99) 「小楠正雄氏インタビュー」（『大麻唯男　談話編』櫻田会、一九九六年所収）二七三－二七四頁。
(100) その詳細は、一九五一年一月二四日の松村と幣原の会談を参照。松村謙三「日記（抄）昭和二六年」（松村謙三著、松村正直等編『花好月圓　松村謙三遺文抄』青林書院新社、一九七七年所収）一六九頁。
(101) 自由党への合流は現実的でなかった。小宮山千秋「保守合同前後（二）」（『民族と政治』一九六八年二月号）八八頁。
(102) 『報告書（第一）新政クラブ』（『小楠文書』二一－六）一－二頁。
(103) 「新党創立に関する覚書　二六、七、八、朝」（『鶴見文書』二四四）。
(104) 『朝日』一九五一年九月一日。
(105) 『朝日』一九五一年一〇月二一日。
(106) 例えば、『朝日』一九五一年一一月一〇日夕刊を参照。
(107) 増田『実録三木武夫』一〇一頁。

(108)『朝日』一九五一年九月一八日。
(109)小宮山「保守合同前後（二）」九〇頁。
(110)前之園喜一郎「我等新党に加わらざるの記」（『国会』一九五二年三月号）二二頁。
(111)以上、『朝日』一九五一年一一月二〇日、二二日、二五日、二七日、三〇日、一二月四日、六日。
(112)党大会の様子は、『朝日』一九五一年一二月九日によった。
(113)『朝日』一九五一年一二月七日。
(114)以上、参議院に関して、『朝日』一九五一年一二月一一日、一二日、一六日を参照。
(115)『朝日』一九五一年一二月一七日夕刊。
(116)農協党は松本六太郎委員長と中村書記長、河口陽一が協議し参加を決定したが（『朝日』一九五一年一二月二〇日夕刊）、最終段階で不参加者も出た（『朝日』一九五二年二月八日）。
(117)一七日に関しては、『朝日』一九五一年一二月一八日を参照。
(118)『朝日』一九五一年一二月一九日、二〇日、二二日夕刊。二二日に「総務」は「党務」と名称変更されたようである。
(119)「新党への躍進（中間経過報告）」（『村川文書』二―一一）二八頁。
(120)堀木は元鉄道官僚で一九五〇年に参議院全国区から無所属で当選した。そのとき「新しい民主主義と福祉政策の樹立」を掲げたという。堀木鎌三『〃らくじゃねぇよ〃』鉄道弘済会、一九七五年、五五頁。修正資本主義的な政策を志向した政治家といえよう。
(121)『朝日』一九五一年一二月一九日、二二日夕刊。
(122)「党務・政策・組織常任委員会　審議状況報告　新党結成準備委員会事務局　一九五二年一月一九日」（『小柳文書』二一―九四）。以下、日付や記述に関しては特に断りのない限り、同資料からの引用である。
(123)『小楠文書』三―三―二。
(124)「組織綱領（案）　日本新生協議会　萩洲試案」（『小楠文書』四―一〇）。日本新生協議会の性格は一九五一年一

二月二六日の申し入れが参考になる。「意見書」（『小楠文書』一―二六）。「社会主義」の理念を唱え、綱領に明記せよと主張した。

（125）「組織綱領（案）　組織委員会」（一九五二年一月九日作成）（『小柳文書』二―九九）。

（126）「党則草案」（事務局案）は『小楠文書』四―二四―一～五を、「党則草案　日新生協議会案」は『小楠文書』四―二二―一～五を、「党則草案（保守私案）」は「党則草案」、『小柳文書』二―九五、もしくは『小楠文書』四―二二―一～五を参照。最後の案は諸党則案の中で最も保守的であるため、本書では「党則草案（保守私案）」と呼ぶ。

（127）『小楠文書』所収の保守私案には、冒頭から第四章の前まで斜線が引かれ「第四章」は「第五章」、「第五章」は「第六章」と修正されている。

（128）『小楠文書』四―二二―一～五の表紙。

（129）「党則草案（中谷私案）」（『小柳文書』二―九五）。

（130）「党務常任委員会資料（封入一括）一九五二年一月九日」（『小柳文書』二―九二）。「党則草案（農民協同党政界再編対策委員会案）」を参照。農協党は協同党系の系譜を引く革新よりの政党であり、党則にも性格が強く反映された。

（131）「「新党」の現状と問題点」（『朝日新聞』一九五二年一月一六日）。

（132）『小楠文書』一―二九―三の書き込み。

（133）内川「政界再編下の改進党結成に関する一考察」二五〇、二五二頁。

（134）『小柳文書』二―九九所収（詳細は後述）を参照。

（135）他に、三木武夫「僕は野党の幹事長」（『文藝春秋』一九五一年一二月号）一〇一―一〇二頁も参照。

（136）付け加えれば、「組織図6―1」で、幹事長の下に存在する事務局と党務委員会の関係も明確ではない。

（137）山本粂吉『わが生涯の回顧』山本粂吉、一九六六年、一四四頁。

（138）「組織・綱領等私案」（『小柳文書』二―九九）所収の「新党組織案（第一）長谷川私案」（『小楠文書』四―一九と同文書）、「新党組織案（第二）長谷川私案」を検討する。前者はタイトル不明のため、仮につけた。

（139）衆議院、参議院編『衆議院議員名鑑』大蔵省印刷局、一九九〇年によれば、俊一は旧名である。用いた資料には

「長谷川俊一」と記述されるので、それに従った。

(140) 長谷川B案の「地区内党員五〇〇名に付一名」は「党則についての事務局草案（一九五二年一月一二日作成）」を継承したものであろう。「党則草案（党務・組織連合委員会案）一九五二年一月二二日」には、総裁、中央常任委員会、幹事長が登場する。長谷川B案には書記長と幹事長が登場するため、一月一二日から二二日の間に作成されたと推定した。

(141) 『小柳文書』二一九五、及び、『小楠文書』四一二五、四一二六。

(142) 『小楠文書』四一二六一一。

(143) 『小柳文書』二一九五、及び、『小楠文書』四一二八。

(144) 「党則案　新党結成準備委員会（二七・二・二）」（『小柳文書』二一九五）。

(145) 『小楠文書』一一五三。

(146) 「準備〇〇附議事項　二月六日」（『小楠文書』一一五七）。

(147) 宮本吉夫『新保守党史』（時事通信社、一九六二年）一八九頁。宮本は改進党事務局に勤務し、特に防衛政策に大きな影響を与えた。保守合同後は自民党政調会相談役を務めた。なお、結党過程で参考にされたのは社会党や農民協同党といった革新政党であり、共産党の党則が参考にされた形跡はない。

(148) 参考にされた「日本社会党規約」は、『小柳文書』二一八三を参照。

(149) 両案とも『小柳文書』二一九五。

(150) 「改進党役員表（二七・二・一八）」（『小楠文書』三一一二一一・二）を参照。

(151) 『青年部活動の概要と今後の運動と任務　青年部情報No.3』（『村川文書』八一五八）二五一二六、三三一三五頁。

(152) 他に、一九五四年に結成された日本民主党の下部組織である「青年・婦人部全国統一体」には、書記局、及び、書記長を置く予定であった。「青年部、婦人部規約（案）」第三〇条（日本民主党組織局『支部結成、組織活動資料』日本民主党本部、一九五四年一二月所収）一三三頁。同資料は『井出文書』。所蔵者の井出正一氏には貴重な談話も聞かせて頂いた。記して感謝したい。

(153)「北陸・茨城・長崎・東北に党の組織化着々す、む」(『改進新聞』第二号、一九五二年四月一日)。『改進新聞』は武田知己先生のご好意でコピーを使わせて頂いた。記して感謝申し上げる。さらに、早稲田大学大学史資料センター蔵の『堤康次郎関係文書』も用いた。

(154)「農民協同党々則」(『小柳文書』二一―八三)。

(155) 一例として、「安易便宜主義を排し独立への情熱を結集　地方組織確立の目標」(『改進新聞』第二号、一九五二年四月一日)。

(156)「党則改正案」(『改進新聞』第三五号、一九五四年一月二一日)。『西沢文書』八七〇所収の「党則改正案」によれば、作成年月日は昭和二八年一二月二一日である。

(157)「登録党員二万を突破　六月を目標に更に推進せよ」(『改進新聞』第四〇号、一九五四年四月二一日)。

(158)「改進党選挙規程案　二八、一二、二二」(『西沢文書』八七〇、所収)。

(159) 小柳牧衛「メモ(新党結成関連)」(『小柳文書』二一―一〇〇)より引用。同メモ冒頭の記述は『小楠文書』一―二九―三の書き込み「党則に関し党務組織合同委員会」と対応すると考えられ、一月一九日の作成と推定される。同メモ中の「民主的合議制」の文言も興味深い。

(160)『朝日』一九五二年二月八日夕刊。党役員は、「改進党役員表(二七・二・一八)」(『小楠文書』三―一二―一・二)を参照。

(161) 現時点で就任年月日は確定できなかった。前述した「改進党役員表(二七・二・一八)」では党務委員長は三木武夫である。『改進〔新聞〕』第一号、一九五二年三月一五日(『堤文書』四八六)の記述では、深川が党務委員長となっている。

(162) 吉村克己「追放解除組と革新派の確執」(『政治記者の目と耳』第三集所収)六〇頁。

(163) 小宮山千秋「保守合同前後(三)」(『民族と政治』一九六八年三月号)九九―一〇一頁。

(164) 重光周辺に関しては、武田『重光葵と戦後政治』一九二―一九三頁を参照。

(165) 小宮山千秋「保守合同前後(四)」(『民族と政治』一九六八年四月号)一一七頁。

(166) 北村擁立運動と出馬断念に関しては、西住徹『戦後日本政治における北村徳太郎』西住徹、一九九二年、一六八―一六九頁を参照。
(167) 吉村「追放解除組と革新派の確執」六六頁。
(168) 後藤ほか『戦後保守政治の軌跡』八八頁。
(169) 武田『重光葵と戦後政治』二一〇―二一二頁。
(170) 小宮山「保守合同前後（四）」一一八―一一九頁。
(171) 『改進党第四回全国大会』（『村川文書』二一―一四）。同書中の「組織運動方針」（四四―五二頁）、「党則改正案」（五三―五六頁）が重要である。
(172) 「改進党党則　昭和二八年二月九日」（『芦田文書』三八六）。両院議員総会、代議士会、参議院議員会を定めた第二三条、国会対策委員会を定めた第二四条、顧問と相談役を定めた第二七条に文言が追加され、互選による選出が導入された。第二三条と第二七条は結党前の「党役員選挙方法」でも互選である。常任顧問も顧問・相談役につき「少数を常任とする」とあるが、結党時に常任顧問が置かれた形跡はない。従前からの選挙方法が党則に明記された以上の意味はないと思われる。
(173) 『改進新聞』第七号、一九五二年六月一三日（『堤文書』四八九）。
(174) 『毎日』一九五三年二月二日。
(175) 「覚」（『重光葵関係文書』六―一五）。
(176) 『朝日』一九五三年二月一二日。
(177) 全国大会の様子は、『改進党第五回躍進全国大会』改進党、一九五三年（『高橋（周）家文書』二二二七）七―八頁によった。
(178) 『改進党第六回全国大会』（一九五四・一・二〇）（『若宮文書』）三一―三二頁。
(179) 関係資料中でも「宣伝情報委員会」「情報宣伝委員会」と混乱している。本書は「改進党党則　昭和二八年二月九日」に従い、「宣伝情報委員会」で統一する。

(180)　若宮ほか「混迷の政局とその実態」一九八頁。
(181)　「昭和二八年度党活動方針」(『改進新聞』第一九号、一九五三年二月一一日)。
(182)　『改進新聞』第二〇号、一九五三年三月一日(『堤文書』四九二)。
(183)　『毎日』一九五三年二月九日夕刊。
(184)　「昭和二八年度党活動方針」(『改進新聞』第一九号、一九五三年二月一一日)。
(185)　「国民の意志を尊重し鉄の団結筋を通せ」(『改進新聞』第二三号、一九五三年五月二一日)、及び、松浦周太郎「組織確立へ前進」(『改進新聞』第三三号、一九五四年一月一日)。
(186)　村川「改進党史」三五頁、及び、「支部連合会一覧(昭和二七・八・三〇現在)」(『改進新聞』第一二号、一九五二年九月一日)。
(187)　「党勢拡大推進委員会　党首脳五氏を委員に」(『改進新聞』第二五号、一九五三年七月二五日)。党勢拡大委員会は「選挙対策の指導的役割を担うべきもの」とされたが、実際には「重光総裁を囲む改進党の最高意思決定機関として機能」したとされる。内川正夫・浅野和生「改進党における大麻唯男のリーダーシップ」(『大麻唯男　論文編』櫻田会、一九九六年所収)二六八頁。
(188)　第六回大会の様子と引用は『改進党第六回全国大会』三〇―三二頁による。
(189)　宮本吉夫「新しい政治をになう改進党の性格(上)」(『改進新聞』第一四号、一九五二年一〇月一一日)。
(190)　三木武夫「健全なる進歩主義者の結成を期す」、「新党への躍進(中間経過報告)」(『村川文書』二一―一一)八―九頁を参照。「革新派」の主張は、一九五二年一一月一八日、一九日に開かれた組織拡大全国会議を参照。「全国的組織運動へ」(『改進新聞』第一六号、一九五二年一二月一日)。
(191)　『改進新聞』誌上における寄稿者の指摘、例えば、宮本吉夫「新しい政治をになう改進党の性格(上)」(『改進新聞』第一四号、一九五二年一〇月一一日)、宮本吉夫「改進党の主体性について」(『改進新聞』第二四号、一九五三年六月一五日)を参照。
(192)　御厨「昭和二〇年代における第二保守党の軌跡」は、重光の「幹部会的構想」が改進党で実現したと指摘する

（三〇〇－三〇一頁）。この議論は党三役を中心とした自民党の政党組織を念頭に置いた議論であろう。本書は重光が総裁となって実現した組織と、入党以前から存在した組織の違い、中央常任委員会の位置づけ等を踏まえ、再検討した。

(193)『小楠文書』一－四五－一、一－四九－五、一－五五－二、一－五五－三、一－五七など。基本は「党役員選挙方法（参考案）二七・一・二四」（一－四五－一）で、書き込み、また一－五五・一－五六は役員の人数が変更された。以下、特に断らない限り、「党役員選挙方法（参考案）二七・一・二四」（一－四五－一）から引用。

(194)「党役員選挙方法」（『小楠文書』一－五五－二、一－五五－三）。

(195)「党役員選衡《ママ》方法」（『小楠文書』一－五七）。

(196)『朝日』一九五二年一二月一日、二日。

(197)以下の、川崎をめぐる一連の人事に関する記述は、特に断らない限り、吉村「追放解除組と革新派の確執」六九－七四頁によった。

(198)『朝日』一九五三年二月一〇日、一五日。

(199)井上『現代政治家列伝』一一六頁。

(200)内川・浅野「改進党における大麻唯男のリーダーシップ」二六七頁。

(201)吉村「追放解除組と革新派の確執」七四－七五頁。

(202)重光首班工作の詳細は、武田『重光葵と戦後政治』二一四－二一九頁を、第一次吉田・重光会談は、同書、二二〇－二二一頁を参照。

(203)『朝日』一九五三年五月二一日。

(204)『朝日』一九五三年五月二五日夕刊。

(205)『朝日』一九五三年六月三日。

(206)以下、特に断らない限り、『芦田日記』一九五三年六月一日、二日、八日、九日、一〇日、一一日、一二日、一三日、一五日による。

(207)『毎日』一九五三年六月三日。
(208)改正された党則に関しては、『改進党第五回躍進全国大会』七―九頁を参照。
(209)『改進党第五回躍進全国大会』七頁。なお、各役員の任期の規定も（第三二条）、細かく改正された（同書、八―九頁）。
(210)『朝日』一九五三年六月一五日夕刊。
(211)増田『実録三木武夫』一〇二頁。
(212)『朝日』一九五三年六月一九日夕刊。
(213)原彬久『岸信介　権勢の政治家』岩波新書、一九九五年、一六八―一六九頁。
(214)『石橋日記』一九五四年二月八日、一五日、一六日。
(215)武田『重光葵と戦後政治』二二七頁。
(216)『毎日』一九五四年四月二四日、二五日。
(217)改進党の保守合同に対する姿勢は、中北『一九五五年体制の成立』一一八―一二九頁を参照。
(218)大麻・鳩山会談に関しては、木舎『政界五十年の舞台裏』三八二―三八六頁、大麻唯男「ボクは選挙の神様でない」（木舎『戦前戦後』所収）一〇一―一〇二頁を参照。
(219)阿部真之助・矢部貞治・松村謙三・三木武夫・有田喜一・宇田耕一・川越博「座談会　政治危機をどう打開するか」（『改進新聞』第四二号、一九五四年六月一一日）。
(220)木舎『政界五十年の舞台裏』三九五―三九六、四〇七―四〇八頁。
(221)『朝日』一九五四年一一月一六日夕刊。
(222)「『鳩山回顧録』資料　その四」三四―三七頁。
(223)『朝日』一九五四年一一月二三日、二三日夕刊、二五日。
(224)一例として、「小楠正雄氏インタビュー」（『大麻唯男　談話編』所収）二八一―二八二頁。
(225)岸信介・伊藤隆・矢次一夫『岸信介の回想』文藝春秋、一九八一年、九九、一一六頁、塩田潮『岸信介』講談社、一九九六年、二一八―二一九頁を参照。
(226) 池田正之輔「私の人生劇場(五)」(「池田正之輔」刊行委員会編『反骨の政治家 池田正之輔』「池田正之輔」刊行委員会、一九九五年所収)三五五―三五六頁。
(227) 「党名委員会報告 昭和二九年一一月」(『芦田文書』三九七)。有田喜一『八十年の歩み 有田喜一自叙伝』有田喜一自叙伝刊行会、一九八一年、二一四頁も参照。
(228) 日本民主党の政策大綱、宣言、綱領は、宮本『新保守党史』三七〇―三七七頁を参照。
(229) 『朝日』一九五四年一一月一四日夕刊、一九日、二三日。
(230) 新党の性格に関して、岸と松村の対立は、大日向一郎「ソビエトに対抗 満州建国へ」(政治記者OB会編『政治記者の目と耳』第四集所収)二〇―二三頁を参照。新党創立委員会の人選は、『朝日』一九五四年一一月一五日、一五日夕刊、「重光日記」一九五四年一一月一五日を参照。
(231) 「日本民主党党則(案)」(『芦田文書』三九五)。
(232) 「二 組織活動要領」、及び、「組織要綱」(『支部結成、組織活動資料』所収)三、一五頁。
(233) 『朝日』一九五四年一一月二日。
(234) 『朝日』一九五四年一一月二四日夕刊。
(235) 「改進党の衣替え」(『朝日』一九五四年一一月二四日)。
(236) 「もみ抜く党首公選」(『朝日』一九五五年一〇月二二日)。
(237) 『鳩山回顧録』資料 その四」四五頁。
(238) 「『鳩山回顧録』資料 その五」八九―九〇頁。
(239) なお、二〇〇九年一一月現在、民主党は、輿石東参議院議員会長を幹事長代行として遇している。かつての小沢一郎代表時代に輿石東参議院議員会長は代表代行として党執行部入りしていた。民主党の執行部や自由民主党の参議院の位置づけも含め、現在の政党の様態は歴史的視点から実に興味深い。

第四章　自由民主党の党組織と総裁公選の定着

第一章、第二章、第三章と、戦後の保守党の復活から、自由党系と第二保守党系の党組織論を検討した。本章はその両党系の二政党によって結成された自由民主党の党組織を扱う。そして、役職公選論が総裁公選に集約され定着する政治過程を論じたい。

最初に、自由民主党の結成時の党組織に関する研究は管見の限り、存在しない。

次に、自由民主党における総裁公選に関しては、少なからず議論が積み重ねられた。代表的な論者である渡辺恒雄は、戦後保守党で総裁公選が採用された理由として、第一に党首決定にあたって戦前のような党外権力（元老、重臣等）の影響が完全に消滅したこと、第二に吉田茂・鳩山一郎のようなリーダー不在と、党人派と官僚派の対立が激化し、話合いで解決する余地が少なくなったこと、第三に鳩山一郎が後継指名を行わなかったこと、第四に「金力」が政党領袖の「実力」の内容の大部分を占めるようになったこと、を挙げた。さらに「以上の理由にもまして、もしくはそれらを包括する理由は、数個以上の党内派閥の発生と確立である。あるいは、公選制が派閥の確立を結果したともいえる。むしろ正確には、総裁公選と派閥政治とが車の両輪のような関係をなしているともいえよう」

と結論付けた。[1] この渡辺の考察は、第一に派閥との関係を重視しすぎ、第二にそれ以降の自由民主党の歴史を踏まえすぎたきらいがある。ここでは、当時の政治状況を詳細に検討することで、あらためて考察したい。

第一節では、自由民主党の成立過程における党組織や総裁公選に関する議論を検討する。[2] 第二節では、一九五六年春の第一回総裁公選を扱う。第三節では、一九五六年末に行われた第二回総裁公選と、岸新総裁を選出した第三回総裁公選までを対象とする。

第一節　自由民主党

(一)　保守合同過程における総裁公選論

保守合同にいたる政治過程では、総裁人事と選出方法が最大の問題であった。最初は吉田退陣をめぐって、次に自由党と民主党の主導権と結びついて、総裁公選の規定、及び実施するか否かが激しい対立を惹起した。

一九五四年三月二八日、緒方が保守合同を提唱した。四月九日、石橋、緒方、岸、林が赤坂で会談し「解党して保守新党を作る、総裁等はその上にて民主的に公選す。吉田退陣はこの際持ち出さず」[3] という原則が確認され、改進党への呼びかけが決まった。改進党にすれば、吉田が当選するのであれば同意し難い。こうして総裁公選と吉田退陣はセットで議論された。その後、緒方は保守合同に消極的となったため、反吉田新党の活動だけが残った。最終的に一一月二四日に日本民主党が結成され、一二月一〇日に鳩山内閣が発足した。

再び保守合同を政治課題として浮上させたのは、一九五五年の年明け早々の三木武吉民主党総務会長の車中談であった。鳩山首相は消極的だったが、一切を三木総務会長に委ねた。民主党内では岸幹事長や芦田も推進論者だった。[4] 民主党内の反対派は、三木武夫ら旧改進党「革新派」が中心だった。松村は、単一保守党しか存在せずに政権が倒れた場合、革新政党が政権を取るから、政権交代できるもう一つの保守党が必要、という保守二党論を主張した。[5] 他にも旧改進党系には懐疑的な政治家が多かった。[6] この後、保守合同批判は三木総務会長と岸幹事長への批判として顕在化した。

一方、自由党内も分裂状態だった。その淵源は吉田政権末期の吉田首相と緒方との対立に遡る。一九五四年一二月八日に発足した緒方新総裁の執行部は石井幹事長、大野総務会長、水田政調会長だった。佐藤は緒方の懇請で国会対策委員長に就任した。池田は総裁指名総務に就任した。[7] これには佐藤が造船疑獄の経緯もあり緒方に義理を感じたのに対して、池田は吉田退陣の際の対立感情だけが残ったことが影響したという（『佐藤正伝』二〇六頁）。一九五五年二月末の総選挙で、民主党一八五、自由党一一二と自由党は敗北した。この結果に、緒方はひそかに「あのとき総辞職したのがよかつたか、それとも解散した方がよかつたか、今にして思へば疑問」と話した。[8] 吉田公認に緒方執行部は冷淡であり、一方で選挙後に吉田が緒方に冷淡な態度を取るなど、吉田と緒方の関係は悪化したままであった。[9] 緒方自由党総裁は三木民主党総務会長の提案に積極的に応じた。一方、佐藤や池田は保守合同に強硬に反対した。

このように両党ともに保守合同をめぐり内部分裂状態だった。しかし社会党統一や財界の要望もあり、一一月一五日に保守合同は実現した。[10]

最後まで紛糾したのは総裁人事と選出方法であった。民主党は鳩山総裁を、自由党は総裁公選を主張した。一一月六日、両党の幹事長・総務会長による四者会談が開かれた。民主党が鳩山総裁・緒方副総裁、自由党が鳩山総理・緒方総裁を主張する中、代行委員制が提案された。「一、鳩山首班を認め第三次鳩山内閣の成立をはかる。一、保守新党には、とりあえず総裁、副総裁を置かず、鳩山、緒方両氏に四者会談のメンバーなどを加えた代行委員を置き、代行委員長は鳩山、緒方の複数制とするが、事実上政務は鳩山、党務は緒方氏が行う。一、適当な時期に党首は公選によって決める」との内容だった[11]。この代行委員制を考案したのは大野や松野という説がある[12]。ちなみに一九五二年一〇月に吉田と鳩山が首班を争った際に大村清一が最高委員制を主張した事例がある[13]。戦前の鈴木喜三郎政友会総裁落選後の事例も踏まえれば、総裁選出に困難が予想される際の緊急避難措置として、代行委員制が用いられたのだろう。その後、八日の四者会談で、民主党は短期の代行委員制を提案した。議員だけで決めるのは非民主的であるから合同支部を設置しその代表も総裁選挙の有資格者とする、合同支部ができるまでの間は暫定的に代行委員制を設けて党務を執行し、公選を行うとの内容である。緒方総裁は九日に短期の代行委員制受け入れを決意し、一〇日に正式な態度表明を行った[14]。

元来、緒方自由党総裁は「新たなものの担い手が一票一票もってオープンに投票してきめようとするのが一番いいと思う。如何なる智恵者が智恵を出しても、これ以上の公正な方法はあるものでない」「何が最も合理的解決方法かということを考えた時解党公選以上に民主的合理的なものはない」と総裁公選を主張していた[15]。緒方にすれば、公選で敗北しても鳩山後継の地位を確定させるだけで失うものは少ない。

だが、緒方は最終的に代行委員制承諾に追い込まれた。緒方の釈明は、地方代議員選出に時間がかかることを踏まえ「解党をして、合同をして代議員を出して、代議員が揃つたところで総裁公選をする。その間代行委員ということになれば、構想としては決して悪くない」だった[16]。これは代議員重視の動向を踏まえた正当化の論理といえよう。緒方は三男に宛てた手紙の中で、四月まで民主党が公選に応じないことが明瞭だから代行委員制を承諾したと、その心境を吐露した[17]。緒方の態度変更には、大野自由党総務会長が民主党の提案した鳩山総裁・緒方副総裁に賛成する姿勢に転じたことが影響したとされる。もし大野が民主党寄りに態度を変えたのが事実であれば、公選が実施されても、あるいは緒方副総裁案が提起され大野が賛成した場合でも、緒方総裁にとっては敗北を意味する。そのことを石井自由党幹事長は危惧したため、四者会談で代行委員制を承諾したという[18]。他にも、松野鶴平が代行委員制でも来年四月に総裁が取れる、つまり鳩山引退の保証が取れると緒方を説得したという。[19]

保守合同過程における、自由党の総裁公選の要求は、鳩山総裁を承認しないという目的のために強調されたものであった。自由党内では、佐藤や池田ら旧吉田派はそもそも保守合同に反対であった。この間、旧吉田派は一貫して総裁公選を主張した。[20] 一例として、一〇月三一日の第三回常任世話人会の席上における「新時代の新党としては公選以外にはない。かりに総裁候補者が一人であっても公選の手続きを受けるべきだ」との池田発言が典型的である。[21] 旧吉田派が総裁公選を求めたのは、「民主的」選出方法である総裁公選は、日本民主党の党則にも盛り込まれており、反対することの難しい大義名分だったからであろう。こうした権力闘争が結果的に自由民主党における総裁公選の実施への道を開いたのである。

一一月一五日に自由民主党結党大会が中央大学講堂で開かれた。最後まで保守合同に反対した自由党旧吉田派であるが、自由民主党に入党しなかったのは、吉田、吉田に殉じた佐藤、佐藤に殉じた橋本登美三郎の三名だった。保守合同は吉田に連なる人々にとって政治的な敗北を意味したのである。[22]

(二)　自由民主党の党組織

自由民主党の政策・綱領・立党宣言の成立過程を簡単に述べたい。

一九五五年七月六日、民主・自由両党は政策交渉委員一〇名ずつを選出した。さらに小委員として民主党から福田赳夫、早川崇、自由党から郡祐一、船田中の二名ずつが選出され、新党の政策の協議に入った。「新党政策委員会は、両派社会党、とりわけ左社の攻勢に対抗すべく、「進歩的」な政策の必要性を認識し、生産力の増強による福祉国家の実現を打ち出し」、新党の政策・新党の政綱に反映された。[23]

党名は、幹部間では強いこだわりはなかった。だが「日本自由党」と報じられると民主党員が反発した。その結果、「自由民主党」に決定された[24]。

ここからは、党則、及び、党組織に関する議論を検討したい。ここでは現時点で入手できた幾つかの草案、「新党々則第二次草案（新党組織委員会）昭和三〇年九月五日」（以下、第二次草案と略記）、「新党党則草案（第七次決定草案）昭和三〇年一〇月二四日」（以下、第七次草案と略記）及び「新党党則草案（第八次決定草案）昭和三〇年一一月八日」（以下、第八次草案と略記）をもとに[25]、新聞や報告書等で補いつつ、最終的な党則にどのように反映されたか、時系列で論じたい[26]。

まずは、組織の名称に関する部分を取りあげる。「党則作成上の考え方」で「一、保守党の伝統を継承し発展せしめる。無闇に新しい名称の機関を並行せしめると、党内に於ても落着きを欠き、社会的信用も生じないので三役各職、総務会、政調会などの名称と、その内容の機関を置くようにした」「ことさらに新称奇抜な機関を並列することを避けて作成を進めたもの」と方針が示された（第二次草案、一―二頁、及び、自民党④九九五―九九六、一〇六八―一〇六九頁）。要するに、第二保守党系にあった新たな組織名、例えば最高委員会などは置かれず、あわせて革新政党を想起させるが如き名称も忌避されたのである。とはいえ、全く採用されなかったわけではない。例えば、第二次草案の「党則作成上の考え方」では「団体連絡委員会」「党内監察機関」「地方組織指導員」が提案された。このように各草案の様々な提案を踏まえながら新しい党組織が取り入れられたようである。第七次草案や第八次草案の段階になると、党組織の提案より、細かい名称の変更（党規委員会と党紀委員会）にとどまっている。

次に、党組織の権限や内容について論じたい。注目すべきは、第一に総裁と副総裁の公選、及び、幹事長と政務調査会長の総裁指名、第二に組織政党志向とその実態、第三に総務会の地位、第四に参議院の地位である。順番に検討する。

第一に、総裁と副総裁の公選が明記されたこと、幹事長と政務調査会長は総務会の推薦した候補者から総裁が指名すること、の内容を述べたい。役職公選に関しては、八月一一日の党規党則小委員会中間報告で、主な問題点として「(一) 総裁の選任方法は党大会公選か、総裁指名か、選考委決定を大会承認にもとめるかの議論、公選に傾いた」「(三) 幹事長の選任方法は党大会公選か、総裁指名か、大会公選に決した」とある（自民党④九九三―九九四頁）。第二次草案では、総裁は「党大会に於てこれを公選」（第六条）、副総裁は必要に応じ置くことができるとされ「党大会に於てこれを公選」（第七条）。幹事長は「党大会に於て公選する案もあった」が（第一〇条の趣旨）、「総裁の推薦により両院議員総会の承認を経て決定」とされた（第一〇条）。このように公選が重視されたのは「公選される役職も多数であるから、その選挙手続については、別に党内選挙規定を制定して、党内デモクラシーを確立する」という第九一条の趣旨が象徴的である。この姿勢は徐々に後退した。九月二七日決定の第五次草案では「(一) 総裁、副総裁は党大会において公選することにしてある。但し副総裁は必ずしもこれをおく必要がない。(二) 幹事長ほかいわゆる三役とか五役とかいわれる幹部の選任については、原則として公選の精神を尊重し、これに則るものであるが、必ずしも党大会における公選によらず、これに代るべき両院議員総会、総務会等の意見を尊重し、適宜総裁指名あるいは当該委員会の決定により選任する方法をとる」とされた（「新党組織委員会報　第一号　昭和三〇年九月二八日」一〇二〇頁）。一〇月二四日決定の第七次草案の趣旨には「党の最高議決機関である党大会に於て選任」とある。第七次草案が作成されたのは、総裁公選実施をめぐり両党が激しく対立した時期である。そのため第六次案までの「公選」が、第七次案で修正されたのであった。[27] その後、組織委員会世話人で「第七次草案中に「総裁は党大会で選任する」とあるのを「公選する」に再修正することを協議し、これを了承した」という。[28] 一〇月三一日に「新党組織委員会組織小委員会最終報告」が出された。そこに引用されている、八月一一日に決定された「附二　組織活動要領（案）」には「党の役員は各機関とも当然党員の公選によって決定されるべきである。ここにおいて初めて民主的政党たるの実質を備えることができる」とある（「新党組織委員会組織小委員会最終報告　昭和三〇年一〇月二一日」九八九頁）。第八次草案決定までに「総裁、副総裁、大会議長、同副議長、党紀委員等を「選任」とあったのを悉く「公選する」と改めた」（「新党結成準備会報告（第四号）昭和三〇年一一月八日」一〇四一頁）。こうして総裁と副総裁は公選に決した。さらに公選が党大会で行われることも重要である。第三章で検討したように、協同党系の影響で党大会と代議員を重視する姿勢が影響したのであろう。とはいえ、新党結成大会までに代議員選出が不可能と思われたため、総裁は結成大会もしくは党大会にかわる両院議員総会で選ばれると予測された（「新党組織委員会報　第一号　昭和三〇年九月二八日」一〇二〇頁）。

幹事長は、第二次草案の時点で「幹事長は総裁に対して密接な補佐関係に立ち」（第九条の趣旨）、「総裁の直接的な補佐職である点」（第一〇条の趣旨）が踏まえられ「総裁の推薦により両院議員総会の承認を経て決定」とされた。前述したとおり、第五次草案で「推薦」が「指名」と総裁の権限が強化された。その後も第二次草案の趣旨は継承され「総裁に対して密接な補佐関係」「総裁の直接的な補佐職である点」を踏まえ「総務会が推薦した者の中から、総裁が指名する」とされた（第七次草案第九条）。以上の変更により、総務会に配慮を示しつつも、幹事長は総裁が指名するものとされた。

他に、政調会長は、第二次草案では「政務調査会長は党大会に於てこれを公選」「副会長は総裁の推薦により総務会に於てこれを決定」であった（第三四条）。だが会長は「総裁が選ぶ」と変更された（第七次草案第三三条）。幹事長や政調会長の指名権限に関する一連の草案からは、総裁権限の強化という意図が伺える。総裁のリーダーシップの制度的基盤という観点からは、総裁の幹事長指名が確定したことは重要である。

こうして役職公選は総裁と副総裁に集約された。

第二に、組織政党志向とその実態である。八月一一日の党規党則小委員会中間報告には「（七）党大会の構成は、前元国会議員を除き現任国会議員と、規定による代議員をもって成立するようにする」「（一一）全国委員会の存否については、英国保守党のナショナルユニオンに匹敵する組織として設置すべしとする意見と、全面的否認論とがある」「（一六）地方組織を確立、強化する為には支部長を専任として、現任国会議員は支部長に就任できない規定とすべしという意見があった」とある（「党規党則小委員会中間報告　昭和三〇年八月一一日」九九四頁）。九月五日に作成された第二次草案では大胆な提案がなされた（第二次草案、二、四頁）[29]。おおまかに三つの提案にまとめられる。一つ目は団体連絡委員会と党内監察委員会の設置である。自由民主党において、前者は全国組織委員会、後者は党規委員会として実現した。二つ目は地方組織指導員の設置である。「本部の事務局職員のワク《ママ》内に置くが、実際の職務は地方に駐在して、党組織を巡回する任務」とされた。これも後に設置された。二つ目とも密接に関係するが、もっとも重要な三つ目は「地方組織の長と国会議員を分離する案」であった。やや長くなるが引用すると「地方組織を確立するために、現役国会議員が一せいに地方支部長、地方支部連合会長を◯（原文空白、「や」と推定される）めて、各長を専任制としたらどうか、という考えが強く、これを党側の修正案として、八月二十六日の党規党則小委員会で審議したが、趣旨としては良いことであるが、当面の客観情勢から、これを懸案の構想として保存して置くということに決した」。その趣旨は「支部連合会及び各級支部の長を現地執務制として、現任国会議員はこれに就任し得ない定めとする。同時に現地執務の支部長が、現任議員を棚上して立候補してはならない定めを党則に盛る案」とされた。だが三つ目の提案は否定された。第二次草案の条文と趣旨には

「第六九条　地方組織指導員は、その担当する地区を選挙区として国会議員及び都道府県議会議員の選挙に立候補してはならない。地方組織指導員はその任務に専従とする。

（趣旨）「地方組織指導員が担当する地区に於て、自分自身の選挙事前運動を行う如き振舞があつては、党勢衰頽の一因となるので、それを厳禁するのである。国会議員や県議に出馬してはならないだけ

ではなく、事業会社や団体役員などに無暗に就職することも困るので、それを謳っておく。（以下略）」

とある。地方組織の強化は重要であることは認識されていた。だが、幾重もの厳重な制約を課したことでも分かるように、地方組織の強化よりも、地方組織指導員が強化した地方組織を背景に、現職代議士や参議院議員、県議等に対抗して国政や県政に進出する可能性に対する警戒が優越したと思われる。その結果、九月二〇日に作成された「組織要綱（案）」の活動方針では、支部や班といった地方組織を理想としながらも、現実的でないと否定された。長期的には地方組織の拡大は重要な課題と位置づけられたが、同時に現実的な案として議員を基礎とした地方組織、要するに後援会を基礎としたのである。[30]その長期的な目標実現のための方途が組織委員会の採用であった。九月二七日決定の第五次草案で「組織活動を統括する新機関として「全国組織委員会」を置き、その全国組織委員長と、従来の三役を加えると四役を考えるが、さらにこれ又新しい機関たる党規《（ママ）》委員会の委員長の二役を加えて、新党は五役を置く」とされた。全国組織委員会は「あたかも英国党組織委員会の如きもの」という。さらに県ごとに一名ずつ地方駐在組織員を置くことも決まった（「新党組織委員会報　第一号　昭和三〇年九月二八日」一〇二〇頁）。これらは以後の草案に継承された。一〇月二四日に決定された第七次草案の第二章第四節に「全国組織委員会及び部局」が置かれた。[31]「部局十局を五局に折半して幹事長と全国組織委員長に分掌」させたことからも重視されたことが理解できよう（自民党④九九六頁）。一〇月三一日作成の「新党組織委員会組織小委員会最終報告」は、全国組織委員会の創設を高く評価した（自民党④九八七頁）。これは「附二　組織活動要領（案）」で「一　中央指導部の強化」として「党本部に強力な中核指導部（組織本部組織委員会又は組織局）を設置」を求めていたことによる（自民党④九八九頁）。第八次草案決定までに、五局で折半された部局を、幹事長四、全国組織委員長のもとに六と変更された（「新党結成準備会報告（第四号）昭和三〇年一一月八日」一〇四一頁）。こうして党五役の一角として全国組織委員会が誕生した。残る一角の党規委員会《ママ》（第七次草案第六章第四節）は、最終的には、党紀委員会《ママ》となった（第八次草案第七章第四節、自由民主党党則第七章第四節）。

地方駐在組織員の規定は、最終的に「第六三条　地方駐在組織員は、その担当する地区を含む地域を選挙区として、一切の公職選挙に立候補してはならない」と定められた。第七次草案と第八次草案でも、第二次草案の提案を否定したのと同様の趣旨が述べられている。

一連の議論を検討すると、結党過程で組織政党が強く意識されたことが理解できよう。そうした意識は、岸幹事長の「進歩的組織政党として院外の国民大衆の間に組織を充実し拡大する事に努力しなければならない」との文章からも読み取れる。[32]

とりわけ重要なのは、九月五日の第二次草案から九月二〇日の組織要綱（案）への変更である。新党の地方組織を徹底的に強化する方向性が否定され、現実的な案として後援会を束ねた代議士連合体に変化した点において、後の自由民主党の党組織の性格を規定した、重大な変更と評価できよう。

第三に、総務会の地位である。結論から言えば、総務会は党運営から切り離され、権威のみが残された。具体的に党則を検討したい。八月一一日の党規党則小委員会中間報告では「（九）総務会に権威をもたせ、人員を三〇名に止め、内二〇名を公選、一〇名を総裁指名とする」と総務会重視の姿勢を打ち出した。関連して「（一三）「国会対策委員会」の存否については、全面的廃止論と、総務会の出先機関的存在としてこれを認める意見と両論ある」と国会対策委員会が議論の対象となった（「党規党則小委員会中間報告　昭和三〇年八月一一日」九九四頁）。後者の案は、国会対策委員会の持つ機能を総務会に取り戻す試み、ひいては党運営に関わる意思の現われと評価できる。もっとも、第二次草案の時点で、総務会は議決機関としての役割を重視する考えへと傾斜していた。象徴的なのは「総務会は特定の業務を運営する事務室ではなくて、三十二人の総務が会議を行う合議体である」という箇所である

（第二六条の趣旨）。さらに「総務会は党運営ならびに国会活動に関するすべての事項につき方針を審議決定する」[33]（第二七条）とされ、その趣旨では「総務会を通過しない方針等が乱発するような事故を防ぐ謂である」と説明された。これらは、議決機関としての総務会の役割を確定する発想の表れであり、総務会を重視する姿勢の反映であろう。他に「党総務が五十人も百人も列座することは好ましくないので、三十二名に絞り、その内、十名を総裁が推薦し、他の二十二名は別表九地区から選」ぶとされたことは、総務の地位を高める試みであろう（第二五条の趣旨）。総務会重視の姿勢は、後の草案にも継承された。第七次草案、及び第八次草案の総務会の項目にある「新党は特に総務会に権威を持たせる」「重要事項は全て総務会を通過せねばならない定め」「総務会を経ないと、重要人事（党五役の中四役を含む）の選任ができない」との趣旨からは（自民党④一〇〇〇、一〇七三頁）、総務会の地位向上、特に人事への関与が重要視されていたことが分かる。

ここで、総務会と党運営、特に国会対策委員会との関わりについてあらためて論じる。第二章で検討したように国会対策委員会は総務会と対抗する形で成立した。党人派の激しい反発を招いたが、国会対策委員会は設置された。だが、自由党系では、一九五三年段階でも党則には国会対策委員会は明記されなかった。一方、第二保守党系では、一九五二年の改進党党則に国会対策委員会が明記され（第二四条）、日本民主党にも継承された（第六〇条）。このように両党で扱いが違ったために、新党発足に際してその存在意義が論じられたのだろう。最終的には設置された（第七次草案第四四・四五条、第八次草案第四六・四七条）。第二次草案の段階では「党の国会活動を強化するため総務会長の管掌のもとに、単一の国会対策委員会を置く」とされた（第四七条、及び、「新党組織系統表（案）三〇・八・二九」[34]を参照）。その趣旨に「国会対策委員会はこれを設ず《（ママ）》に総務がこれに当る案もあったが総務会長に対する承行関係を明らかにして、党に単一のものとして置くことになった。両院を通じて単一であるから、人事は両院議員総会で行う」とある。総務会の下部組織とされ、衆参別々に置かないことから両院議員総会で人事を行う規定

組織図8　新党組織系統表（案）30.8.29

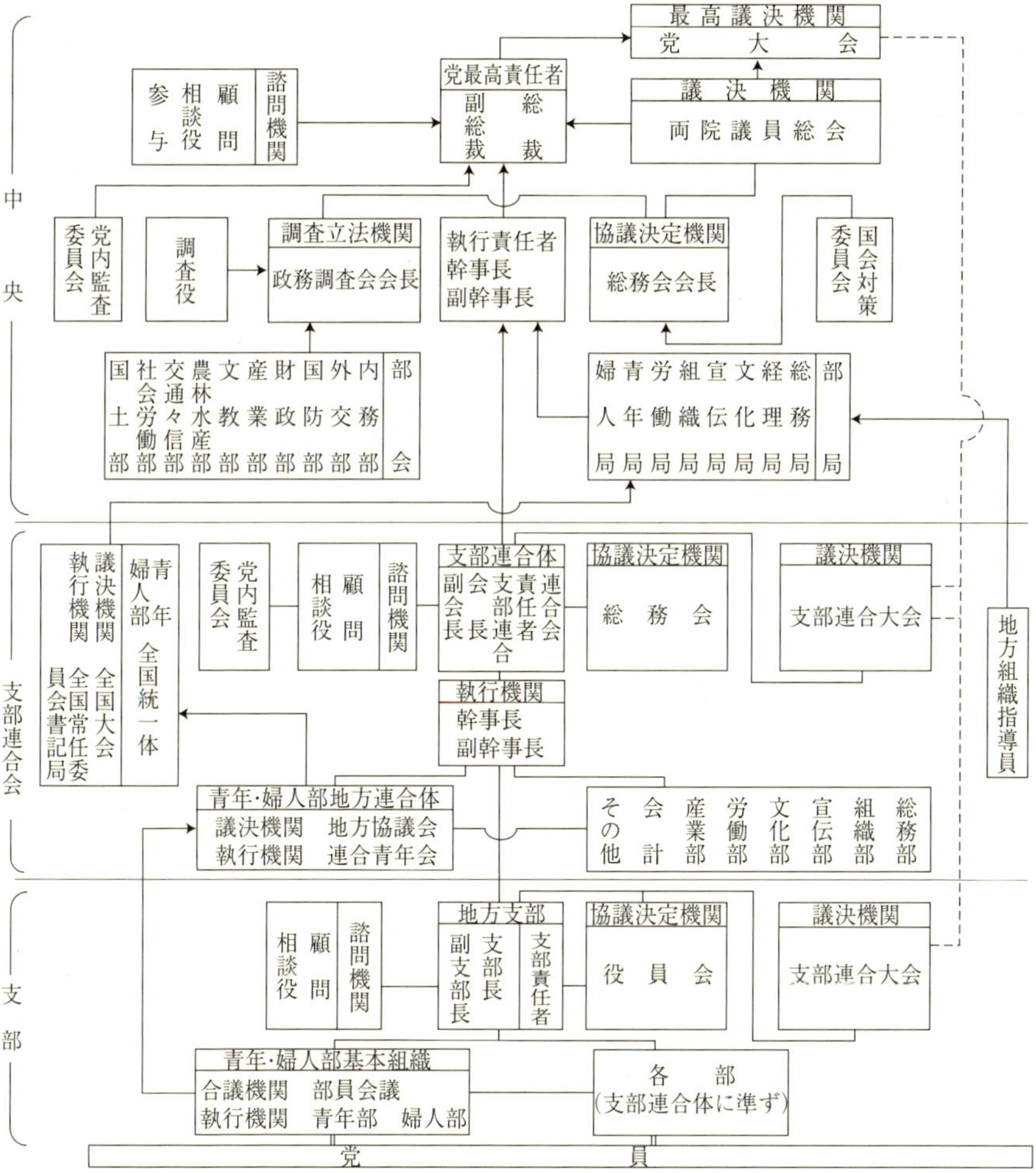

最高議決機関
党大会
議決機関
両院議員総会
党最高責任者
総裁
副総裁
諮問機関
顧問
相談役
参与
中央
党内監査委員会
調査役
調査立法機関
政務調査会会長
執行責任者
幹事長
副幹事長
協議決定機関
総務会会長
国会対策委員会
部会
内務部 外交部 国防部 財政部 産業部 文教部 農林水産部 交通々信部 社会労働部 国土部
局
総務局 経理局 文化局 宣伝局 組織局 労働局 青年局 婦人局
支部連合会
青年婦人部 全国統一体
議決機関 全国大会
執行機関 全国常任委員会書記局
党内監査委員会
諮問機関
顧問
相談役
支部連合体
連合会責任者
支部連合会長
副会長
協議決定機関
総務会
議決機関
支部連合大会
執行機関
幹事長
副幹事長
地方組織指導員
青年・婦人部地方連合体
議決機関 地方協議会
執行機関 連合青年会
総務部 組織部 宣伝部 文化部 労働部 産業部 会計 その他
支部
諮問機関
顧問
相談役
地方支部
支部責任者
支部長
副支部長
協議決定機関
役員会
議決機関
支部連合大会
青年・婦人部基本組織
合議機関 部員会議
執行機関 青年部 婦人部
各部
（支部連合体に準ず）
党員

出典：『芦田文書』407所収。

であった。第七次草案では人事は両院議員総会で行うと継承されたが、第八次草案では委員は「総務会の承認を受けて幹事長が決定」し、委員長も「総裁の推薦により両院議員総会に於てこれを決定」（第二次草案第四八条）から「互選」（第七次草案第四五条）、幹事長の決定（第八次草案第四七条）へと変更された。最終的に、総務会から分離して幹事長の指揮下に置かれた。こうして、国会対策委員会に総務会が関与する試み、いわば戦前型総務会への回帰は、完全に否定されたのである。

総務会の役割に関してまとめる。党則草案のごく初期段階では、議決機関としての総務会の役割を重視する考えと、国会対策委員会のような直接党務に関わる機関を下部組織に有するという、矛盾する二つの方向性が存在した。両者とも総務会を重視する姿勢の点では違いはない。党運営への関与は第二次草案の時点で否定された。党運営は幹事長の下に一元化され、国会対策委員会は幹事長の指揮下に置かれた。こうして、総務会は議決機関、幹事長は執行機関、という党中央組織の役割分担が確定した。

見落としてならないのは総務会の権限が確定したことである。第二次草案第二七条とその趣旨に最も明確に表れているように、総務会での議決を経なければ正式な党の決定にはならない。その結果、総務会と政調会との関係においても、党議の最終決定機関としての総務会の地位が確定した。与党による事前審査制の確立といえば、一九六二年二月二三日に赤城宗徳総務会長が行った、池田内閣の大平正芳官房長官に対する申し入れによって、それ以降、内閣が提出する法案は、与党による事前審査と、総務会での党議決定を経て、閣議提出、そして国会提出という慣行が成立したとされる[35]。事前審査制に関しては、国会の制度の整備、政府と与党との関係、政党内部における調整、の三つの段階に分けられよう。三番目に挙げた政党内部での調整に着目すれば、総務会の権限が自由民主党結党時に確立したことは重大な転機と評価できる[36]。

第四に、参議院の地位である。既に、国民民主党における参議院の独自性をめぐる議論を扱った（第三章）。再度確認すれば、政党とはいかなる存在か、衆参両議院をあわせて政党なのか、それとも衆議院と参議院の別々に政党が存在するのか、といった論点が存在した。自由民主党の結党過程では「政務調査会は衆参両院を通じて単一と」する方針が打ち出された（「党規党則小委員会中間報告　昭和三〇年八月一一日」九九四頁）。最終的な党則では衆参の区別はない。かなり後になるが一九九〇年代の政調会の構成は「副会長五名（うち、一名は参議院自由民主党政策審議会長）、審議会委員二二名（うち、四名は参議院自由民主党）」である。参議院政策審議会長が副会長に入ることは「衆議院側は参議院出身副会長を置くことにより、彼を通じて参議院側が衆議院側を無視して独自に動くことを牽制し、あくまでも自由民主党政策は「全党一致主義」であることを徹底させる」目的であった[37]。衆議院側は参議院独立の動きを警戒していたことが分かる。自由民主党結党時には「憲法上から衆参両院が基本的に独立していることを踏まえて、独自の参議院会派としての会則をつくり、これに基づいて党の院内機関を設け、運営に当たることが決定された。「参議院自由民主党会則」がそれである」という[38]。

関連して、総裁公選の際の参議院の扱いも問題であった。新党結成準備委員会では、公選を行う場合、一斉に投票すべきか、両議院別々に投票すべきか、さらに日本国憲法の規定を準用する形で衆議院の議決を優先すべき、といった提案がなされ、収拾がつかなかった（「新党結成準備会報告（第四号）昭和三〇年一一月八日」一〇三九－一〇四二頁）。最終的に、衆参が同一の投票を行うよう決定された。

その後も、参議院自民党と党機関との関係に関して、参議院側が提案を行った。例えば、一九五六年一一月二日に開催された自民党の「機構および党則改正に関する特別委員会」で、参議院自民党の組織改革が議題となった。このとき非公式に設置されていた政策審議会の正式設置が決定された。さらに参議院自民党は独自の政治結社化を望み、会計の独立や総務会の設置を要求した。最終的に独自の政治結社たることを断念した[39]。このように参議院の独自性が、党組織と絡みつつ論じられたのである[40]。

以上四点が、党則の特徴である。

第一の点に関連して、役職公選は実現したか。結党過程で最も紛糾した総裁人事が、総裁代行委員という案で解決が図られたのは前述の通りである。総裁代行委員は暫定措置のため、党則ではなく附則で定められた。この附則は、党則で総裁指名とされた主要役職のみならず、代行委員や党五役までもが「公選」とされたところに特徴がある（村川編、四一九頁）。新党結成過程における議論の反映であろう。例えば、一九五四年五月の段階の新党促進議員大会で、新党の党則の方針として第一に「新党の民主的運営を行うため主要幹部は厳格な公選制度による」が挙げられた。[41] 附則では表面上は役職公選が重視された。実際には、自由民主党結党時に役職公選は実施されなかった。役職公選論はこのときも実効性を発揮できなかったのである。代行委員は事前に決定済であり「役員選挙の手続きは省略して議長指名一任となり、議長は前日鳩山、緒方、三

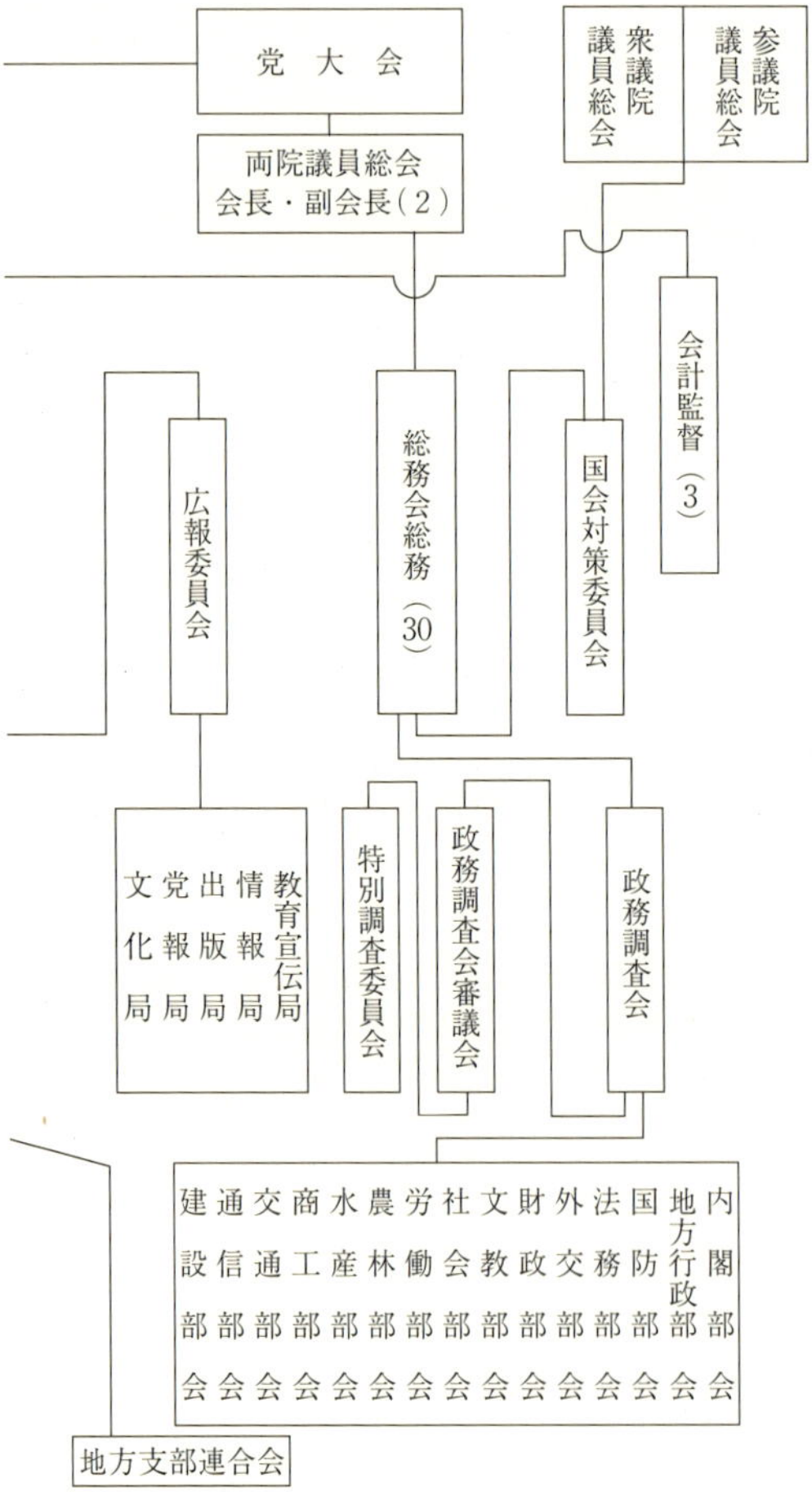

組織図9　自由民主党（昭和30年～41年）

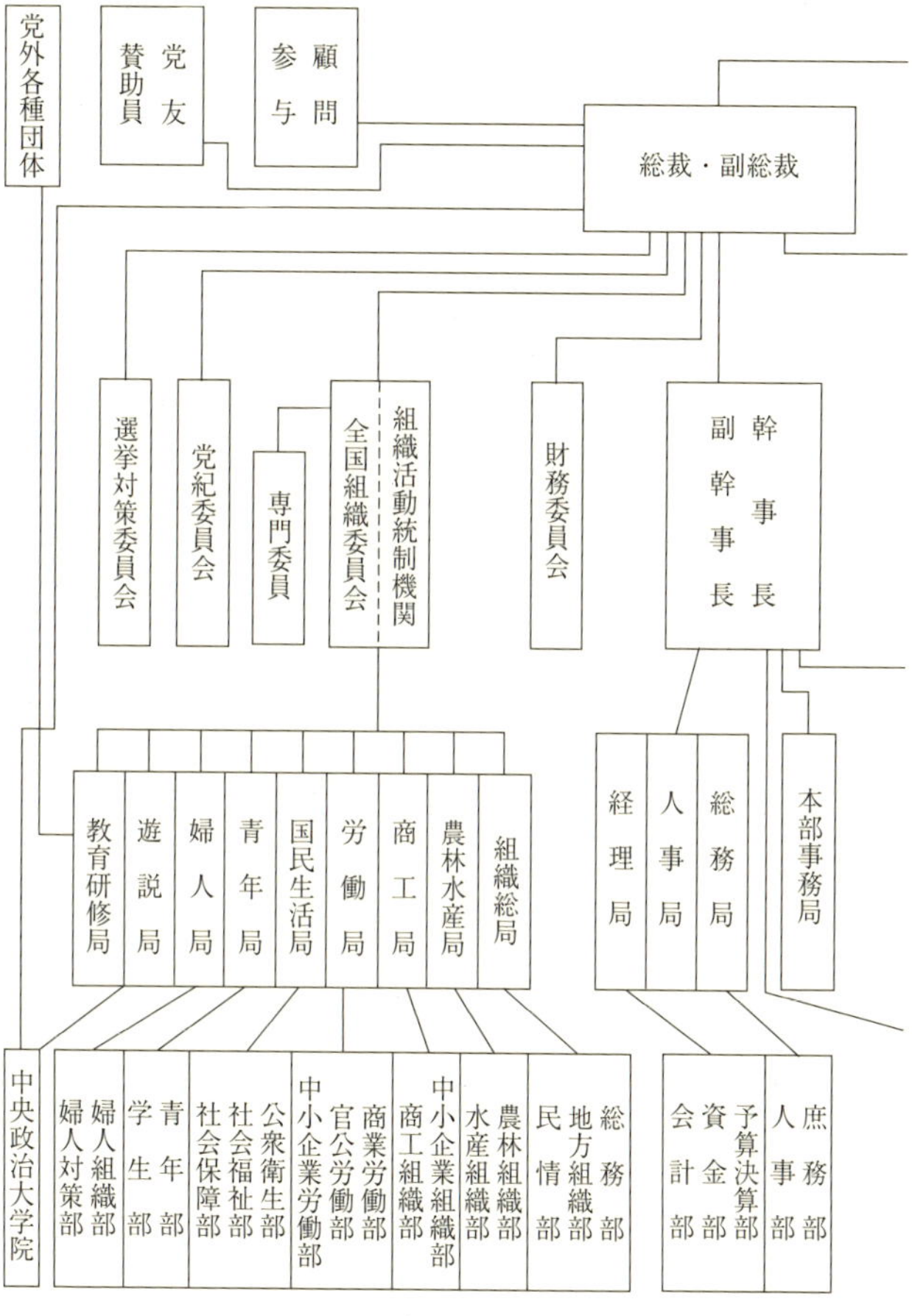

出典：村川編，532－533頁。

木、大野、岸、石井の六者会談で決定した人事を読み上げ」た。[42] 対等合併のため自由・民主両党で分け合い、総裁代行委員は鳩山(民)、緒方（自）、三木武吉(民)、大野（自）だった。党三役は、幹事長に岸（民）、総務会長に石井（自）、政調会長に水田（自）だった。政務は鳩山、党務は緒方との分担も決まった。全国組織委員長と党紀委員長は結党大会では決まらず代行委員一任とされた。[43]

参院自民党は一一月二一日に議員総会を開き、議員会長に松野鶴平を推すことを決定した。それ以外の役員と大臣の推薦は松野一任であった。[44]

こうして自由民主党が誕生した。

第二節　第一回総裁公選

第一回目の総裁公選は鳩山と緒方により争われる予定だった。

しかしながら、総裁公選は実施されないとの見解が広範に存在した。例えば、戦前来の政治評論家の木舎幾三郎は公選の非をならした。理由は、投票を辞さなかった政友会が分裂したことであった。[45]

一方、緒方は公選に積極的であった。そのための支持調達も着実に進んだ。例えば、緒方は旧民主党系の岸幹事長に外務大臣を打診し切り崩しを試みた。[46] さらに、自由党総裁就任以来の懸案であった旧吉田派との関係改善も試みた。佐藤は鳩山より緒方がましと考え、旧自由党系一本化に尽力した。[47] 緒方支持の財界人、真藤慎太郎が一九五六年正月に大磯を訪れると、吉田は緒方支持を約束したという。[48] その後、林屋が仲介者となり、緒方・吉田会談が決定した。[49] その会談はついに開かれなかった。緒方が死去したからである。

緒方は持病を患っており、前年末にも遊説中の札幌で発作に襲われた。[50] 熱海の静養から戻った一月二八日夜に発作に襲われ、緒方はその生涯を閉じた。

緒方死去後に表面化したのは、第一に総裁公選を実施するか否か、第二に緒方以外の候補者擁立の策動である。第一に、総裁公選を行うべきでないとの意見が旧民主党系から出た。これに対し、緒方の死去後、派閥を継承した石井総務会長は、総裁公選実施を強く要求した。[51] 石井によれば、公選を主張したのは、緒方支持のみならず「鳩山首相が総裁として不適任との意味があった」という。[52] ゆえに、緒方死去後も公選実施を要求したのであろう。この主張が通り、総裁公選実施が決定した。党大会前に単記無記名での投票が決定され、立候補制導入は一度決定されたが撤回された。[53]

第二に、緒方以外の候補者としては岸と石井が有力だった。岸は立候補しなかった。緒方後継となった石井は立候補の意思を明らかにしたが、吉田と佐藤は静観で一致した。石井はぎりぎりまで旧吉田派との関係改善を模索した。最終的に、旧自由党系結集は成功せず、石井は立候補を見送った。[54]

第一回総裁公選は、一九五六年四月五日の第二回臨時党大会で行われた。出席者は、衆参両院議員、及び地方代議員の計四八九名だった。有効投票数は四一三票、うち三九四票を鳩山が獲得した。鳩山以外の名前が一九票、棄権は七六票だった。旧吉田派を中心に白票が投じられ、一部に根強い反鳩山感情が存在する事が明らかになった。

総裁公選に対する新聞各紙の反応は、保守党の歴史に鑑みて異例と指摘しつつも、冷ややかな評価が多かった。[55]無記名投票の実施を形式的と批判しつつも「従来の舞台裏だけでの決定とは違った新しさは認められた」と一定の意義を認める見解も存在した。[56]当事者である鳩山初代総裁や大野伴睦は高く評価した。[57]自民党の見解の代表例として、岸幹事長の挨拶を引用する。岸幹事長は党大会の翌日に開かれた全国組織会議で、自由民主党結党時の党の性格を踏まえ「あくまで国民政党であり、さらに組織政党である性格をはっきりするためには、われわれが地方に強固な組織を持ち、その組織を代表する人々もともに加わって党の総裁を公選すべきものであるという考えのもとに、実は今回の大会が催されたのであります。このことは、従来の保守政党のあり方から見ますと、全く画期的なもの」と挨拶した。[58]総合的な評価としては、河上丈太郎社会党顧問の「形だけでも公選の形式をとったのは一進歩」に集約されると思われる。[59]

こうして第一回総裁公選は候補者一人という変則的な形であったが、党大会での投票により総裁が選出された。ゆえに総裁公選定着への第一歩と評価できる。

第三節　第二回・第三回総裁公選

（一）総裁公選実施へ

序説で述べた通り、政友会では前総裁の意向が強い政治的影響力を持った。戦後の自由党でも、鳩山から吉田、吉田から緒方という総裁交代も前総裁の意向が影響した。それゆえ鳩山の意向に注目が集まった。

鳩山首相は日ソ交渉から帰国した一一月二日の記者会見で引退に言及した。三日には鳩山首相は石井総務会長に、できれば総裁候補は一人に絞りたいこと、党長老を招き、引退の時期・方法・後継総裁の選任などの相談をする旨、告げた。党内では公選論者が多かった。これを踏まえ、一一月二日の鳩山・大野会談の席上で、鳩山首相は後継総裁を指名せずと意見を表明した。一〇日の鳩山・根本・岸会談で、鳩山首相は「選挙で総裁を選ぶことは本来好ましいことでない。まして決選投票は避けたい」と語った[60]。

候補者は石橋、石井、岸の三者であった。石橋支持は、三木武夫ら旧改進党系、大野伴睦ら旧自由党系、参議院である。石井支持は旧自由党系でも緒方系が中心である。岸支持は河野、佐藤ら、旧改進党系の大麻系、岸派であった。

第二回の総裁公選の直前まで、長老会議による調整が模索された[61]。第一回は一二月七日に開催され「後継総裁候補を一人にしぼることが望ましい」との原則で一致した。ただし公選論や鳩山指名の意見が対立してまとまらず、一本化の努力を行うという結論になった。出席者は、益谷秀次（衆院議長）、大野伴睦（前総裁代行委員）、林讓治（元衆院議長）、砂田重政（全国組織委員長）、河野一郎（農相）、大麻唯男（国務相）、水田三喜男（政調会長）、加藤鐐五郎（前衆院議長）、北村徳太郎（元蔵相）、星島二郎（元商工相）、松村謙三（元農相）、植原悦二郎（元内相）、松野鶴平（参院議長、第一回は欠席）の一三名である。その後、八日、一一日、一二日、一三日と開かれた。一二日は三候補が出席し、話し合いや立候補辞退の勧告が行われたが、全く意味をなさずに終了した。一三日は最終調整に望みをつなげただけで三〇分足らずで終了した。一四日の党大会直前にも長老会議開催と報道されたものの、実際に開催されたか定かではない[62]。

一連の長老会議は公選回避という党内の意見の反映であった。有力者による候補者調整という戦前来の総裁選出方法が試されたともいえる。その背景には党分裂への恐怖が存在した（『芦田日記』一九五六年一二月一一日）。

（二）第二回総裁公選

最初に総裁公選規定を確認したい。総裁公選規定は石田博英規約起草小委員長が作成した[63]。その重要部分は「第三条　総裁の選挙の選挙権を有するものは、次の各号に定めるものとし、平等の選挙権を行使する。一、党所属の国会議員　二、本党の都道府県支部連合会ごとに選出された二名の大会代議員」「第一一条　有効投票の中で、過半数に達する投票を得たものを当選者とする。二　有効投票の中で、過半数の投票を得たものがなかった場合は、得票数の多かったものの順に上位二名について、決選投票を行い、その結果、得票数が多かったものをもって当選者とする」である（自民党④五五一五六頁）。

一二月の党大会に向けて、代理投票や不在投票に関する意見も出たが、臨時党大会まで党則改正は行わず、その次の大会までに改正案を作ることが決まった。総裁公選規定に従うと、衆議院議員二九九、参議院議員一二六、地方代議員九二の合計五一七人が投票権を有した[64]。

一二月一四日、第三回自民党大会の出席者は五一一名だった。第一回目の投票の結果は、岸二二三、石橋一五一、石井一三七であった。

五〇票以上という大差に石田博英は衝撃を隠せなかった[65]。前日の石田の分析では、岸二〇〇票以上、石橋一七〇票程度、石井一二〇票程度であり、大野の予測と一致した[66]。事前の石田らの予想を下回ったのは河野が前日に切り崩したためとされる[67]。

関連して、一位と二位の間に五〇票以上の差があれば一位を推すという「黙契」の存在に言及する政治家（例えば、岸）もいるが[68]、たとえ存在したとしても決選投票が行われた時点で意味を失った[69]。

第二回目の投票結果は、石橋二五八、岸二五一、無効一、棄権一だった。わずか七票差での石橋勝利である。あわせて、役員改選は新総裁一任という動議も、満場一致で可決された[70]。党大会の最後に、石橋新総裁に岸が歩み寄り石井と三人で握手を交わした。総裁公選の後、候補者が壇上で握手する慣習はこの時に始まる（宮崎②一四八頁）。こうして実質的には戦後初めてとなる党大会での総裁公選が無事に終了した。

ここからは石橋勝利の理由を、岸、石井、石橋支持者の構成を確認しつつ、考察したい[71]。注目すべきは、総裁公選に際しての、各候補者と実力者の動向である。実力者とは岸の発言に由来し、三木武夫、河野、池田、佐藤の四人を指す言葉であった[72]。このうち、三木は石橋支持、河野と佐藤は岸支持、池田は石井支持を表明した。

三候補者中で最も有利と考えられたのは岸だった。当時は未だ派閥に属さない政治家も多く、その動向を無視できなかった。彼らに政治的影響力を行使したのが岸幹事長である。北岡伸一は岸を「閣僚の地位から得られる政策的な知識・経験と資金源などは、すでに十分だった。岸が狙ったのは、幹事長のような組織の要であり、政界再編成の要の地位であった」と評した[73]。その指摘通り、岸が幹事長に就任すると、岸派は急速に拡大したとされる[74]。岸支持の内訳は、実弟の佐藤栄作を中心とした旧吉田派の一部[75]、戦前来の護国同志会や再建連盟以来の支持者、旧改進党系の大麻一派、旧民主党系の三木武吉・河野派だった。岸派では、川島正次郎、南条徳男、武知勇記らが参謀格だった。[76]旧改進党系は三木武夫に対して不満を持つ人々が集まった。[77]岸と河野は渡米時に次期政権に向けて協力を約し、帰国後は三木武吉の賛成も得て、三木と岸と河野の三人の協力体制を築いた。[78]その延長線上に河野派が参加した。ただし河野派内部では合流した北村系が岸に反発しており、[79]河野自身は岸派や佐藤と微妙な関係だった。[80]とある新聞記者によれば、河野と佐藤が二人で作戦を打ち合わせた形跡はなく、他の岸派の有力者も連携した実態はない、という。[81]岸の実弟である佐藤は、鳩山政権期に木戸幸一を通じて岸と吉田の仲介を試みた。[82]だが、第二回総裁選では吉田は岸支持を打ち出さず、旧吉田派では佐藤周辺議員のみが岸を支持した。その結果、旧吉田派は分裂した。岸陣営の最大の武器は豊富な資金であった。[83]

次に、石井光次郎支持の主力は旧自由党だった。石井は、緒方死去後に石井派を結成し総裁選に立候補した。[84]岸内閣で無任所相として入閣した際の石井評は「たくましい決断とこれに基く行動力というようなものからは少し縁が遠い」と厳しい。[85]石井が派閥を継承したのは緒方死去時の党内状況によること大であった。[86]石井陣営の戦略も拙劣だった。そもそも積極的な工作を行える政治家が存在せず、総裁公選後に資金担当の灘尾の手許に資金が残ったという。[87]支持の内訳は、石井派、池田派、そして参議院の大部分とされる（宮崎①一八六頁）。だが、旧自由党系の一本化には失敗し、石井優勢と予測された参議院は石橋陣営に切り崩された。

最後に、石橋湛山は鳩山内閣時代の反主流派が結束して推した候補である。世上石橋派と言われるが強固な派閥が存在したわけではない。[88]その内訳は、旧改進党系の保守合同に反対した松村や三木武夫の系統、旧自由党の緒方・石井系統ではない政治家、旧民主党内の日ソ交渉という政策面で鳩山に批判的であった芦田など、様々な反主流派の集合体であった。石橋は当初は石井にすら及ばないと評価されたが、その急速な勢力拡大は他陣営に警戒された。[89]石橋陣営の主な参謀は石田と三木であった。[90]以下、石橋支持グループの内訳と石橋支持の経緯を述べたい。

第一に旧改進党系である。三木武夫が石田に石橋擁立を申し出たのは一九五六年三月だという。[91]三木・松村派が石橋支持で一本化されたのは八月頃である。[92] 旧改進党系を中心とした党内安定化や再建運動も、石橋との政治的接近に繋がった。[93] 旧改進党系は一一月一三日に一本化を試みた。[94] この日、集まった松村、大麻、三木武夫、北村、苫米地、芦田のうち、大麻は岸を支持した。旧改進党系の大部分が石橋を支持したのは反岸感情が強かったためである。一二月一日の旧改進党系の会合では、岸総裁が実現すれば脱党との決意も示された。[95]

第二に旧自由党系である。衆参で約五〇票を持つ大野がキャスティング・ボートを握っていると考えられた。[96] 最終的には、一二月八日、九日に、大野派の石橋支持が確定した。[97] 大野派はぎりぎりまで去就を明らかにせず、石橋からポストを獲得したとされる。大野は、大野副総裁と水田蔵相を含む四つの大臣ポストで妥協したと主張する（『大野回想録』九四頁）。もっとも石橋や石田は副総裁の約束を否定した。[98] そして、池田も表向きは石井支持だが、実際は石橋支持との説がある。田々宮英太郎は、三木が「三菱の加藤武男、三井の向井忠晴などを通じて池田勇人、ひいては吉田茂を石橋支持になびかせた。池田のばあいは反河野、反石井の線から石橋につながり、吉田のばあいは反河野、親池田の線から石橋支持にまわったものである」と指摘する。[99] 吉田は佐藤に石橋を推すべしとの内意を伝えた。[100] 林屋も吉田に石井ではなく石橋支援を依頼されたという。[101]

第三に、参議院である。参議院で強い政治的影響力を持った松野鶴平参議院議長が石橋を支持した。石橋陣営の松野対策は、当時落選中だった松野秘書の木村武雄を通じて行われた。[102] 木村は入院中の松野を石橋に訪問させた。石橋による最初の松野訪問は七月一六日である。[103] その時は一時間近く話し込み、松野は石橋に好感を持った。石橋は以後も松野のもとに足繁く通った。[104] さらに平井太郎や、[105] 大野木秀次郎も石橋支持だった。[106]

岸は松野が比較的早い時期に岸支持の態度を表明したと語る（『岸回顧録』一七二頁）。松野に資金を届けるべきと田中角栄が心配するのをよそに、佐藤は「オレと松野はそんな関係ではない」と語った。[107] 岸は松野に一切働きかけなかったと証言する。[108] そもそも、岸と佐藤は衆議院の大勢が決まれば参議院も地方代議員もついてくるという発想だったとされる[109]。それゆえ岸陣営は、参議院工作が疎かになったのかもしれない。岸支持の川島が敗因にあげたのは、参議院三閣僚という条件で、岸陣営は気づかなかったという[110]。

第四に、地方代議員である。参議院と地方代議員は派閥化が進んでおらず、三陣営は激しい獲得競争を繰り広げた[111]。岸陣営で代議員対策を担ったのは武知で、前日から地方代議員をホテルに缶詰にした。その宿舎は石田と同じ新橋第一ホテルだった。石田は夜中に代議員を一人一人切り崩した。翌朝、投票前に岸陣営の集まった産経ホールの別室には、地方代議員がわずか一名しか姿を見せなかった。後に石田は「野戦には自信がある」と語ったという[112]。その結果、代議員対策を担った武知が「岸派の敗戦責任者の筆頭」にあげられた[113]。

以上が石橋支持の内訳である。石橋支持を固める最大の武器は、党や閣僚のポストの約束であった。

もう一つ、重要なのは、石橋・石井の二・三位連合の成立である[114]。その背景には強い反岸感情が存在した。公選前に「岸は東條内閣の有力閣僚であり、聖戦の詔勅にサインをした男ではないか。彼の戦争責任はまだ消えていない」と主張する人々がいたという[115]。

事前に優勢との予想が多かった石井は三位に終わった。それは旧吉田派の動向のゆえと推定される。具体的に検討すると、一二月七日に池田は石井支持を表明したが、緒方以来の確執は依然として解消されず、長老の益谷は「石井を推さない、好きじゃない」と語っていた[116]。「石橋が一回目の投票で石井を抜いたのは、池田派が意表をついて最初から石橋に流れた以外に考えられない。これが池田、石井の不仲を決定的にした」という[117]。池田は実際には石橋支持で活動していたのかもしれない[118]。旧吉田派が表面上は石井支持だが実態は石橋支持との見解は、当時から存在した[119]。付け加えれば、石橋内閣の組閣参謀は、石田、三木、大久保、池田の四人で、前三者は明確な石橋支持者である。池田が第一回投票から石橋支持ではなかったかとその行動を疑われるのも当然だろう。石橋と池田が協力したのは反河野で一致したからとされる[120]。

一方、岸陣営は単独過半数を確保できるという強気の見通しがわざわいした。岸陣営の一部は石井陣営との連合を模索したが、表面的な工作をやめたという。[121] もっとも、岸陣営も傍観していたわけではなく、一位を尊重するという「黙契」の申し入れや、石井・石橋支持者の切り崩しを行った。[122]

以上が、各陣営の支持者と、石橋の勝因の分析である。

ここから総裁公選の評価について叙述する。

総裁公選実施前は、断固行うべしとの意見が多かった。[123] 一つだけ引用する。宮沢俊義東大教授は、公選延期について「自民党というものが政党として相当な程度、前近代的なものではないかという気持を人に起させる」とし「政党の憲法で定められている方法で総裁が決まるということに不満があり、あるいは不満の極、分裂というようなこともあり得ないわけではないということは、何といっても民主的な政党としてはとうてい考えられないことである」と語った。結語は「党則の定める手続きによって公明に総裁を選挙し、民主的な憲法のもとにおける民主的な政党であることを国民に示してくれることを切望する」であった。[124]

党大会後には、総裁公選を高く評価する意見が新聞や雑誌で報じられた。幾つか引用する。『朝日新聞』は「天声人語」で「社会党だって決選投票までやったことはない。自民党も「でかした」「よいことをした」とほめてやりたい」と絶賛した。社会党の浅沼書記長は「日本における政党民主主義が発達した結果であり、喜ばしい限り」と語った。ある記者には「立派に公選をなしとげた事は、だれが総裁になることより日本保守党のために喜ばしいこと」とされ「この大会が日本の民主主義の発展のために寄与するところは大きいと思われる」と評された。後に、後藤基夫は「とにかく、このころは、総裁公選が諸悪の根源なんてことはだれも言っていない。むしろ数を争うのは当然だし合理的だという解釈だからね」「総裁を選挙で争うのは近代化と思っていた。それくらいの雰囲気はあったよ、保守党のなかに」と振り返った。新聞や世論、それに対する政治家の反応を、『世界』は「公選やむなし、という空気が、新聞その他の世論によって、つよくかもされていく速度に、公選反対論が追いついて行けなかったことにある。公選を、途中で妨害するような行動に出れば、それこそどんな烈しい批判を、世論から下されるか、そのことが恐れられた」と総括した。このように政治家も世論も総裁公選を歓迎したのである。[125]

否定的な見解はごく少数にとどまった。例えば阿部真之助は「公選論というのは行きづまったときにやるので、けっして保守党の性格として望ましくはない」と指摘した。[126]

総裁公選の問題点も明らかになった。例えば、第一回目の投票で過半数を取れなかった一位の人物を、第二回目の投票で逆転することは許されるのかとの疑義も呈された。だが二・三位連合の成功は、どのような手段を用いても勝てば良いという風潮をもたらした。さらに金権批判も以後、繰り返された。総裁公選は公職選挙法の規定でも取り締まれないが故に多額の資金が飛び交ったとされる。そこで公選規定の改定が幾度も試みられた。[127]

(三)　第三回総裁公選

一二月二〇日午後、国会で首班指名が行われ、石橋首相が誕生した。組閣は難航し、党役員も組閣本部の発表が二転三転した。二三日朝、石橋首相のみが任命され、臨時に各省主務大臣の職務を行うことが発表され、形式的には石橋内閣が発足した。夜、他の閣僚も認証式に臨んだが、参議院の閣僚枠は保留され首相兼任だった。[128]

主要人事は、岸外相、池田蔵相、石田官房長官、三木幹事長、砂田総務会長である。

二・三位連合で石橋を支持した石井は入閣せず、岸が外相に就任した。岸は石井副総理に難色を示し、石井は外相兼副総理を要求した。石橋は岸の要求を受け入れ石井副総理を断念した。派内事情で石井は入閣しなかった。[129]

石井の入閣見送りは副総裁人事へと波及した。石井を処遇するには副総理でなければ副総裁が妥当であろうが、大野も副総裁を希望したため、問題が複雑になった。石橋首相は大野を最高委員会議の議長に処遇することを検討した[130]。だがこの会議は設置されず、副総裁設置は石橋退陣まで実現しなかった。

党三役人事は、石橋支持の三木武夫幹事長と岸支持の砂田総務会長が決まり、残る政調会長は石井派から選ばれることになった。ところが閣僚人事と絡んで迷走したため、一二月二九日に、ひとまず小沢組織委員長の兼任となった[131]。

こうして閣僚と党役員人事は一九五七年二月まで決定できなかった。焦点は防衛庁長官と政調会長である。政調会長は山崎巌か塚田十一郎かで紛糾し、一月一一日に塚田に決まった[132]。防衛庁長官が小瀧彬に決まったのは二月二日のことであった。

一月三〇日の総務会では、二月下旬の党大会開催と総務入れ替え実施が決まった。二月八日に選任された新総務の内訳は、衆院二〇、参院一〇、総裁指名一〇である。二月九日の総務会で党内各役員も決定された。一連の党役員人事に関しては、定数のある閣僚や委員長以外の党役員が増加したとの指摘がある。総務会副会長は二名から三名に、政調副会長が一〇名から一五名に、組織副委員長は六名から一一名に、政策審議委員は一五名から二五名に増えたという[133]。こうした対応は、党内融和の典型例といえよう。

一連の組閣を通じて、最大の課題は決選投票で石橋と争った岸の処遇であった。このとき、岸が求めたのは、岸支持派の処遇、要するに役職配分である。十分な成果を得たためか、岸は脱党という手段に訴えなかった。もし敗者である岸が脱党したならば、以後、総裁公選が実施される可能性は低くなったのは間違いない。その意味で、良き敗者としての岸の振る舞いは、総裁公選の定着に寄与したと評価できる。

ところで、一月三一日に石橋首相の病気が発表され、岸外相が臨時首相代理に任じられた。当初、石橋首相は気管支炎で三週間の静養という診断だった。だが、国会出席は実現せず、二月二二日に受けた精密診察で二ヶ月の長期休養が必要と判断され、ついに石橋首相は総辞職を決意した[134]。

二月二三日、石橋内閣は総辞職した。二四日に行われた、三木幹事長と、岸、石井、河野、佐藤との会談、さらに岸、石井、大野、河野四派代表者会議は、首班指名を先に片付け、閣僚人事や副総裁・副総理は先送り、総裁は三月中旬の党大会で決定することを申し合わせた[135]。こうして岸は総裁事務代行に就任した。二月二五日、首相臨時代理を務めた岸外相が組閣した。

後継総裁を選ぶに際し、焦点は総裁選出方法であった。三月八日、党六役会議と総務会で、党大会を二一日に開くことが決まった。その場で、大会の主目的は総裁選任、参院の予算審議に悪影響を与えないために大会が紛糾しないように運営する、以上二点で意見が一致した。岸が首相に就任済であることを踏まえ、総裁公選に否定的な意見が出た。一三日、川島（岸派）、馬場元治（石井派）、重政誠之（河野派）、村上勇（大野派）の会合で、投票せず満場一致の形で岸を推すこと、が決まった。一六日に開かれた党大会準備委員会の全体会議は、新総裁の選挙は党則通り公選と結論を出した。一八日夕方の党六役会議でも投票手続きをとることに意見が一致した。一九日の総務会で「これまでの慣例に従って党則どおり単記無記名の投票」が決定された[136]。

三月二一日、自由民主党の第四回党大会で総裁公選が行われた。立候補者は岸のみである。投票総数四七六票のうち、岸信介は四七一、松村二、石井一、北村一、棄権一という結果だった。石橋首相時代からの懸案だった副総裁設置は、党大会で、総裁一任、副総裁を置く場合は総務会の決定を経て総裁が指名、と宣言された[137]。この後、大野伴睦が副総裁に就任したのは、七月一〇日の第一次岸改造内閣の後、七月一六日である。

以上が、第三回総裁公選が実施されるまでの経緯である。

総裁公選前から論じられた党組織に関して補足したい。それは長老や実力者を網羅した組織の創設である。鳩山総裁時代には、三木武吉、大野、松村、松野、石橋、林、重光、芦田といった「各派の実力者をもうらした党長老会議、最高顧問会議もしくは常任顧問会議などを設けて党内調整を行う構想」が存在したが、取り止めになった[138]。石橋総裁時代にも最高顧問制度、もしくは最高委員の創設が考えられた。「総裁の諮問機関として最高顧問会議（仮称）を設け、各派の実権者十名くらいが毎週一回位集って率直な意見交換を行い、派閥争いの解消と、政府与党間の連絡強化に当らせる。なお最高顧問会議に入った人々は入閣しても会議に止まる」という内容だった。ほかにも、党の予算制度の確立、人事についての調査機関設置と党員の考課票作成、党紀委員会の独立が検討された[139]。さらに一九五七年三月一八日には、三木幹事長が党大会準備会に最高顧問会の設置を提案した。首相経験者の鳩山、吉田、芦田、石橋の四氏を充てる案だった。一八日夕方の党六役会議でも意見が一致した。だが一九日の総務会で反対論が出て見送りが決定した。三木幹事長も反対論の多さに断念したが「党則にはよらないでも事実上最高の処遇をしたい」との提案を行う予定だった。しかし党大会で提案された形跡はない[140]。

本章で扱った自由民主党の党組織と総裁公選の定着についてまとめたい。

自由民主党党則は自由党系や第二保守党系で行われた議論の総括であった。おおまかに四つにまとめられる。第一に、役職公選論は現実的な案、総裁（及び副総裁）公選の採用と、幹事長や政調会長の総裁指名、即ち幹部公選の否定に落ち着いた。とはいえ実際に投票が行われるか否かは別問題であり、なによりも、自由民主党の発足に際して総裁公選が実施されなかったことが実現可能性に疑問を抱かせた。第二に、組織政党を志向しつつも、地方組織強化の方向性やその方途を明確にできなかったことは、自民党の党組織が各議員の後援会の集団となる分岐点であった。第三に、総務会の権限が確定したことにより、戦前型総務会のように党運営に関わることは不可能となった。総務会は議決機関の役割に限定されたのである。第四に、自民党では衆議院と参議院とが同一の組織を形成した。例えば国会対策委員会や政務調査会である。総裁公選での投票の際も衆議院と参議院は同一に扱われた。

総裁公選に注目してまとめると、第一節で検討したように、保守合同の政治過程で、鳩山の初代総裁を阻止したいと考えた緒方ら自由党、さらには保守合同そのものに反対する自由党内の旧吉田派が「民主的」な選出方法として総裁公選を強く要求した。最終的に、代行委員制が採用され、自由民主党が発足した。第二節で検討したように、第一回総裁公選の実施直前に、候補者の一人、緒方が死去した。その後、緒方の遺志を継ぐ石井が公選実施を主張した結果、候補者一人という異例な形で投票が行われた。これが総裁公選実施の前例となった。より実質を伴ったのは、第三節で検討した、三候補によって争われた第二回総裁公選である。投票にいたるまでに、長老会議を中心に公選回避が模索された。しかし調整は不調に終わった。総裁公選は無事実施され、石橋新総裁が誕生した。敗者である岸は脱党しなかった。党分裂を回避できたのは、役職配分で石橋総裁が各派閥に配慮したからであろう。その結果、石橋内閣は組閣にかなりの時間を要した。石橋総裁は病気のため二ヶ月足らずで退陣した。後継の岸新総裁は党大会での投票を経て選出された。

以上、鳩山、石橋、岸と歴代総裁が党大会での投票により選ばれたことは、岸以降の総裁選出の際にも投票が実施されたことを踏まえるならば、正統性を確保する原理としての総裁公選が定着したと評価できよう[141]。

最後に、総裁公選の定着理由をまとめる。第一に、総裁公選が「民主的」な選出方法として歓迎されたことが挙げられる。もし自由民主党が実施しなければ、非民主的であると強い批判を招いたであろう。第二に、緒方竹虎死去後に石井光次郎が総裁公選の実施を強く要求したことが重要である。もし他の候補者が存在しないという理由で鳩山が投票抜きで初代総裁に決定していれば、それ以後、党大会での投票という前例が生じなかったはずである。第三に、他の手段が存在しなかったことが挙げられる。例えば、戦前のような前総裁による指名は行われなかった。その意味で、後継を指名しなかった鳩山の行動は意味を持つ。さらに、もしも鳩山が次期総裁を指名した場合、それで決着したかも疑問である。長老による調整も失敗した。戦後においては、総裁の条件は党内多数の支持を集めること以外には存在しない。その結果、総裁選出は剥き出しの権力闘争に繋がったのである。第四に、党分裂が回避されたことが挙げられる。これは第二回総裁公選で岸が敗北を受け入れ、党内にとどまったことが重要である。それ以前の第一回総裁公選で鳩山か緒方が脱党し、党が分裂したとすれば、総裁公選は定着しなかった可能性が高い。以上が総裁公選の定着理由と結論付けられる。

(1) 渡辺恒雄『党首と政党』弘文堂、一九六一年、九四―九六頁。
(2) 第二回総裁公選に関する先行研究として、渡辺恒雄『派閥と多党化時代』雪華社、一九六七年。升味準之輔『現代政治』上巻、東京大学出版会、一九八五年を参照。
(3)『石橋日記』一九五四年四月九日、五月八日。
(4) 田川誠一「脱党時、「三木さん」故に苦悩」(一七会編『われは傍流にあらず　政治記者の記録』人間の科学社、一九九一年所収)二六八頁。
(5) 松村の講演が典型例である。松村謙三「〈講演〉保守合同について」(『花好月圓　松村謙三遺文抄』所収)。
(6)「日記　一九五五―五六」(『鶴見文書』三七九二)一九五五年五月二日、一三日、一四日、二二日を参照。
(7)『朝日』一九五四年一二月九日夕刊。
(8) 高宮『人間緒方竹虎』三三二頁。
(9)「石井光次郎」(一九五五年二月一日対談、『問答有用Ⅲ』所収)二一四頁、岡崎勝男『戦後二十年の遍歴』中公文庫、一九九九年、一二四―一二五頁。
(10) 中北『一九五五年体制の成立』二三六―二五二頁を参照。
(11)『朝日』一九五五年二月七日。
(12) 大野説は『毎日』一九五五年一一月一四日夕刊を、松野説は、丸山昌夫「占領体制是正のための安保改定」三一頁を参照。
(13) 大村清一「党一本化の具体策は何か　党内対立の現状をかく思う」(『再建』七巻三号、一九五三年三月)六―九頁。

(14)『毎日』一九五五年一一月九日、一〇日、一〇日夕刊。
(15)栗田『緒方竹虎』二七五頁。
(16)緒方竹虎「自由民主党の結党と私の立場」(木舎『戦前戦後』所収)一四七―一四八頁。
(17)一九五五年一一月二三日付緒方四十郎宛緒方竹虎書簡、『緒方伝』二一二頁。
(18)「窮余の妥協「代行委員制」」(『朝日』一九五五年一一月一一日)。
(19)「本社記者座談会　すったもんだの〝保守合同〟」(『毎日』一九五五年一一月一一日)。
(20)丸山昌夫「占領体制是正のための安保改定」二一九―二二一頁。
(21)『毎日』一九五五年一一月一日。
(22)宮澤喜一は「あれは敗戦」と語った。宮澤喜一「私が見た『日本の戦後』　権力の中枢で起きていたこと」(田原総一朗責任編集『オフレコ！　vol.2』アスコム、二〇〇六年)一八一頁。
(23)政策に関しては、中北『一九五五年体制の成立』二三六―二四〇頁を参照。
(24)岸信介・石井光次郎・唐島基智三「保守合同―自由民主党結成」(自民党①所収)八六―八七頁、「『鳩山回顧録』資料　その六」五八―五九頁を参照。また『朝日』一九五五年一一月一三日夕刊、一四日、一五日、及び、『毎日』一九五五年一一月一三日夕刊、一四日、一四日夕刊を参照。
(25)『新党々則第一次草案(新党組織委員会)昭和三〇年九月五日』(『芦田文書』四〇七)。第七次草案と第八次草案はそれぞれ、自民党④九九四―一〇〇六、一〇六七―一〇七八頁に掲載。第一次草案はかなり初期の案でもあり、各部局や機能等でも顕著な特徴を有している。
(26)なお、本項で用いる資料のうち、第一次草案以外は、ほぼ、自民党④からの引用である。煩を避けるために、資料名と頁数のみ記載した。
(27)「新党総裁は大会で選任　党則第七次草案」(『朝日』一九五五年一〇月二六日)。
(28)「「総裁選任」を「公選」に再修正」(『朝日』一九五五年一〇月二七日夕刊)。
(29)以下引用する、第一と第二は「党則作成上の考え方」二頁、第三は「地方組織の長と国会議員を分離する案」四頁（『第二次草案』所収）を参照。

(30)「組織要綱（案）昭和三〇年九月二〇日」九八五頁。同文書は「組織小委員会に於ては民主的近代的政党たる組織の在り方について研究、これを基礎として」作成されたものである（「経過報告　昭和三〇年八月一一日」九七四頁）。

(31) 全国組織委員会は「党内に全国組織委員会、党規委員会を新設し、従来の党三役（幹事長、総務会長、政調会長）のほかに両委員会の委員長を加えて、事実上は党五役という構想とする」、「全国組織委員会は地方組織の拡大強化をはかるものとし、新しく地方駐在組織委員制度をとりこれを運営する」とされた。「新党総裁は大会で選任　党則第七次草案」（『朝日』一九五五年一〇月二六日）。

(32) 岸信介「自由民主党の発足に当たりて」（『風聲』一九五六年一月号）、自民党②所収、一三六頁より再引用。他に「近代的組織政党」といった表現も存在する。

(33) この条文は、日本民主党党則第三四条「総務会は党運営並びに国会活動に関するすべての事項につき其の方針を審議決定する」を継承したものであろう。なお、日本民主党においては、総務会以外に最高委員会という組織が存在した。その機能は「最高委員会は重要人事、党運営及び国会活動に関する重要事項につき総裁の諮問に応え又は意見を述べる」とされた（第四〇条）。日本民主党では、総務会と最高委員会との関係が明確ではなかったが、自由民主党の党則草案の時点では、総務会の地位がより明確な形で確定したと言えるだろう。

(34)「新党組織系統表（案）三〇・八・二九」は『新党々則第二次草案（新党組織委員会）昭和三〇年九月五日』（『芦田文書』四〇七）所収、三三五—三三六頁。

(35) 申し入れの全文は、星浩「自民党政調会と政策決定過程」（北村公彦ほか編『現代日本政党史録』第五巻、第一法規、二〇〇四年所収）四一二—四一三頁を参照。

(36) 総務会と政調会の関係は、資料的制約のため、現時点では十分に論じることができない。自由党に関しては、「内紛から民主化へ」（『再建』七巻三号、一九五三年三月）三五頁に「二月一四日の読売紙に依れば、自由党では「政府提出の予算案及び法律案はすべて政調会の審議を経て、総務会の決定を要することとし、また重要法案については随時閣僚を招致する」との原則を確立、この旨政府に強く申入れた、と報ぜられている」との指摘が存在する。また、それ以前の政党内部での調整の状況は、川人貞史『日本の国会制度と政党政治』東京大学出版会、二〇〇五年、一八五―一八六頁を参照。政党の政策決定過程は今後の検討課題としたい。

(37) 村川『日本国「政府」の研究』一二九、一三二頁。

(38) 自民党②一二五頁。この時点の院内機関とは、衆議院議員総会、参議院議員総会、国会対策委員会を指す（自民党②一三〇頁）。なお、国会対策委員会は後に執行機関となった。

(39) 『朝日』一九五六年一一月二日夕刊。

(40) 一九九〇年代には、参議院自民党は徐々に政治的存在感を増した。党四役（幹事長、政調会長、総務会長、参議院議員会長）に参議院幹事長を加え「党五役」へと変化したのは、細川政権時代の政治改革法案の扱いをめぐってとされる。村上正邦・平野貞夫・筆坂英世『参議院なんかいらない』幻冬舎新書、二〇〇七年、八三―八六頁、及び、竹中『首相支配』一九五―一九七頁を参照。

(41) 『読売』一九五四年五月二九日夕刊。

(42) 「『自民党』結成大会を見る」（『朝日』一九五五年一一月一六日）。

(43) 『朝日』一九五五年一一月一五日夕刊。他の役員、顧問や相談役、総務等の人選は『朝日新聞』一九五五年一一月二二日を参照。全国組織委員長は砂田重政である。全国組織委員長の格に関して、『田村元オーラルヒストリー』下巻、近代日本史料研究会、二〇〇六年、五頁を参照。

(44) 『朝日』一九五五年一一月二一日夕刊。

(45) 木舎の見解は、緒方「自由民主党の結党と私の立場」（木舎『戦前戦後』所収）一四八―一四九頁を参照。

(46) 『岸証言録』九〇頁。岸によれば、一九五六年の一月五日か六日だという。

(47) 『佐藤日記』一九五六年一月一一日、一二日、一三日、一九日、二三日、二四日。

(48) 真藤慎太郎「緒方と吉田」（桜井清編『回想の緒方竹虎』東京と福岡社、一九五六年所収）一三三―一三四頁。本心から吉田が緒方を許したのか疑問が残る。吉田は佐藤に「此の際決意して池田、佐藤で次代を背［負］ふ決意を」

と伝えている。『佐藤日記』一九五六年一月二八日。

(49) 北国新聞社政治部編『陣太鼓』一四一―一四六頁。
(50) 江頭光『雲峰閑話　進藤一馬聞書』西日本新聞社、一九八七年、二〇四頁。
(51) 石井『思い出の記Ⅲ』七一頁。
(52) 『朝日』一九五六年一月三〇日。
(53) 『朝日』一九五六年三月二九日、四月一日。
(54) 『佐藤日記』一九五六年二月四日、二五日、「石井日記抄」一九五六年三月三日、一六日、一九日、二〇日。
(55) 『朝日』一九五六年四月六日。朝日以外も冷ややかではあるが、「新機軸を開いたもの」(『日経』一九五六年四月五日夕刊)、「今後の政党の運営に新例を開いたもの」(『毎日』一九五六年四月五日夕刊)と、ややましな評価だった。
(56) 『毎日』一九五六年四月六日。『日経』一九五六年四月六日は「ただ世間体を考えてのカラクリとしか思えないけれども、後日の証拠として一応意義がある」と、毎日よりも評価は低い。
(57) 『朝日』一九五六年四月五日夕刊、六日。
(58) 自由民主党全国組織委員会『全国組織会議録』自由民主党、一九五六年(推定)、三頁。
(59) 河上丈太郎「鳩山総裁論」(『毎日』一九五六年四月六日)。
(60) 『朝日』一九五六年一一月二日夕刊、三日夕刊、五日夕刊、六日、一〇日、一一日、一二月三日、一〇日夕刊。
(61) 長老には明確な選考基準は存在しなかった。渡辺恒雄によれば「党機関の中枢部の役職、政府内閣の枢要ポストにはいなくとも、党内で重きをなす人間」を指したという。渡辺恒雄『派閥　日本保守党の分析』二七頁。
(62) 『朝日』一九五六年一二月八日、八日夕刊、一一日、一二日、一二日夕刊、一三日夕刊、一四日。
(63) 石田博英「二、三位連合」(読売新聞政治部編『権力の中枢が語る　自民党の三十年』読売新聞社、一九八五年所収)五三―五四頁。
(64) 『朝日』一九五六年一一月二一日夕刊、一二月一二日。
(65) 吉沢正也「石橋派の特務機関として動く」(『政治記者の目と耳』第四集所収)二八六頁。

(66) 石田博英『石橋政権・七十一日』行政問題研究所、一九八五年、一三〇頁。
(67) 一二月一一日に河野は、岸が過半数を制したと語った（『宮崎日記』一九五六年一二月一一日）。倉石は河野から松村一派の一七票を買収したと聞いた（渡辺恒雄『派閥と多党化時代』三四－三五頁）。一二月一三日に河野農相・松村会談が行われたのは事実である（『朝日』一九五六年一二月一四日）。河野の談話の真偽は不明である。
(68) 『岸信介回顧録』二七三頁。塩田『岸信介』二七〇頁も参照。
(69) 畠山武は決選投票前に休憩を入れなかったことを岸陣営の作戦ミスと指摘する。第一回投票後に休憩を入れて「黙契」を持ち出せば、切り崩せた可能性が存在したが、この話が岸支持の砂田重政大会議長に通じていなかったという。畠山武「本命の目算外れた岸陣営」（政治記者ＯＢ会編『政治記者の目と耳』第六集、政治記者ＯＢ会、二〇〇六年所収）一七頁。
(70) 『毎日』一九五六年一二月一四日夕刊。
(71) 先行研究としては、渡辺恒雄『派閥と多党化時代』二八－四三頁、及び、升味『現代政治』上巻、二九－三八頁を参照。
(72) 宮崎吉政「政治家三木武夫の五十年（上）」（『世界と議会』一九八九年一月号）一五頁。
(73) 北岡伸一「岸信介」（『戦後日本の宰相たち』所収）一五四－一五五頁。
(74) 渡辺恒雄『派閥　日本保守党の分析』一〇二頁。
(75) 岸派の弱点である旧吉田派への工作は、佐藤と橋本登美三郎が担当した（吉村正・山田栄三『水戸っぽ・橋本登美三郎の半生』日東出版社、一九七二年、一三二頁）。佐藤の活動については、『松野頼三オーラルヒストリー』上巻、政策研究大学院大学、二〇〇三年、一〇七－一〇八頁、及び、『朝日新聞記者の証言二』一〇二頁を参照。
(76) 福田赳夫『回顧九十年』（岩波書店、一九九五年）一一八頁。
(77) 『朝日』一九五六年一一月二九日。
(78) 河野『今だから話そう』一一二－一一三頁、岸ほか『岸信介の回想』一三三－一三四頁。三木は一九五六年七月四日に亡くなった。西山柳造「保守合同秘話　三木（武吉）・大野会談」（政治記者ＯＢ会編『政治記者の目と耳』第二集所収）八〇頁によれば、亡くなる三日前に「鳩山の次の総理大臣は岸だ。そのあとは河野だ」と語った（『石橋日記』一九五六年四月二三日も参照）。また、後にドイツ外遊から帰国した河野は「岸を推したのは間違いだった」と述懐した。戦犯容疑者が復活することは例がないという理由だったという（二〇〇二年七月八日、石川達男氏インタビュー）。石川氏によれば当時岸との関係が悪化していたことも影響した可能性があるとのことである。石川達男氏は、一九五〇年頃から時事通信社に勤務。自民党担当になり河野番となる。一九五七年頃から河野と接触が始まり、六〇年安保後に秘書となった。以後亡くなるまで河野秘書を務めた（二〇〇二年六月一八日、石川達男氏への電話インタビュー）。石川達男「河野一郎の人間像」（『政治記者の目と耳』第六集所収）も参照。

(79) 北村系に関しては渡辺恒雄『派閥　日本保守党の分析』第二章を参照。

(80) 「再編成を急ぐ自民党〝二代目総裁〟をめぐる派閥争い」（『サンデー毎日』一九五六年二月一九日号）一五頁。佐藤は意識して河野と岸の離間を試みた（『佐藤日記』一九五六年九月五日）。佐藤の離間工作と、河野との和解の経緯は、『佐藤正伝』三二一―三二三頁。

(81) 畠山「本命の目算外れた岸陣営」一八頁。畠山は「多数派工作でも、大会場の作戦でもバラバラであったことが岸陣営には致命的な欠陥となった」と指摘する（同、一八頁）。

(82) 『佐藤日記』一九五六年六月二三日。佐藤の行動に関しては、「沖縄「核抜き・本土並み」返還　堀越作治氏の証言」（国正武重編『戦後政治の素顔　記者の証言』近代文芸社、一九九七年所収）一二九―一三〇頁を参照。

(83) 後藤ほか『戦後保守政治の軌跡』一四六頁。

(84) 石井派結成の経緯は、長谷川峻「筋はピシャリと」（『追悼　石井光次郎』所収）八三頁、山室英男「昭和三十一年という年」（『追悼　石井光次郎』所収）一四四―一四五頁、田中伊三次「石井先生のおもいで」（『追悼　石井光次郎』所収）一〇三頁、灘尾弘吉「私の道　第二五回」（『中國新聞』一九九〇年七月三〇日）、「石井日記抄」一九五六年一月三〇日を参照。

(85) 「シンは強いが行動力が不足　石井国務相の横顔」（『朝日』一九五七年二月二六日）。

(86) 後藤ほか『戦後保守政治の軌跡』一四二頁。

(87)『朝日新聞記者の証言二』一〇二頁。また、石井『思い出の記Ⅲ』七九頁も参照。

(88) 石橋は戦後第一回の総選挙では敗北を喫した。第一次吉田内閣に蔵相として入閣した。一九四七年四月総選挙では選挙対策委員長として活動し、静岡二区から最高点で当選した。石橋派については、石田『石橋政権・七十一日』四八―五一、一二二頁を参照。

(89)『朝日』一九五六年一一月一日、木舎幾三郎『続・政界五十年の舞台裏』政界往来社、一九七四年、一四七頁、一一月二〇日の大麻の発言。

(90) 石田に関しては、中島政希「ある戦後政治家の軌跡　石田博英小伝」(『自由思想』第七〇号、一九九四年四月号)を参照。石田は新聞記者から代議士に転身した。初当選は一九四七年で、出馬時から石橋の知遇を得、石橋の公職追放中も訪ねた。石橋の第一の側近として活動、二・三位連合について多くの証言を残した。石田『石橋政権・七十一日』、石田博英『私の政界昭和史』東洋経済新報社、一九八六年、石田「二、三位連合」、石田博英「初の総裁公選―石橋内閣の誕生」(自民党①所収)など。中島政希「石橋政権と石橋派　石田博英の回想を中心として」(『自由思想』第七三号、一九九五年二月号)三九頁によれば、「石田は日記を書かなかったため、その記憶は断片的であり内容日時とも不完全なものである」という。中島は石田の政策秘書を務め、『石橋政権・七十一日』執筆に協力した。また、石田と多数派工作を行った吉沢正也の回想「石橋派の特務機関として動く」を参照。

(91) 石田『石橋政権・七十一日』一二二頁。

(92) 三木武夫と松村の石橋支持の経緯は、吉村克己「岸対石橋、決戦の前後」(一七会編『われは傍流にあらず』所収)に詳しい。

(93) 再建運動の評価は、『朝日』一九五六年一一月九日、及び、「新総裁石橋湛山　政局第二幕の舞台裏」(『サンデー毎日』一九五六年一二月三〇日号)八頁を参照。運動に関しては、古井喜実『保守の脱皮をめざす　政界第五年』(政経時説社、一九五七年)に詳しい。『石橋日記』一九五六年七月一〇日、九月二〇日も参照。

(94)『芦田日記』一九五六年一一月一三日。

(95)「日記　一九五六―五七」、『鶴見文書』三七九三、一九五六年一二月一日。

(96) 渡辺恒雄『派閥と多党化時代』三〇頁。
(97)『石橋日記』一九五六年一二月九日、及び、『朝日』一九五六年一二月八日夕刊、九日。
(98) 石橋は「大野氏に副総裁になる希望があることは村上勇君の意見として聞いたことがあった」と語る(石橋湛山『湛山座談』岩波同時代ライブラリー、一九九四年、一六八頁)。大野・石橋の第二回会談は一一月一五日で「位地等につき相当要求ある様子なれどよい加減にあしらう」と石橋は記した(『石橋日記』一九五六年一一月一五日)。石田の証言は、飯島博執筆『倉石忠雄　その人と時代』倉石忠雄先生顕彰会、一九八七年、三五五頁、石田『石橋政権・七十一日』一二八頁、中島「石橋政権と石橋派」四二頁を、石田の交渉相手である倉石の証言は、渡辺恒雄『派閥と多党化時代』三二頁を参照。石橋は大野に言質を取らせなかったと考えたものの、大野に通用しなかった、というのが妥当な解釈であろう。
(99) 田々宮英太郎『日本の政治家たち』路書房、一九六五年、八七頁。
(100) 佐藤寛子『佐藤寛子の宰相夫人秘録』六〇頁。
(101) 林屋は、吉田の態度変更が旧吉田派、中でも池田派の離反に繋がったとする(北国新聞社政治部編『陣太鼓』一五〇―一五二頁)。林屋は自由党入党後に緒方派、後に石井派に所属した。石井派では「灘尾弘吉に次ぐ代貸し格」とされ資金面を担当した(同前、九七頁)。
(102)『木村自伝』二〇三―二〇四頁。木村は民主党結成には参加せず鳩山内閣が行った総選挙で落選した。落選原因と見做したのは選挙区で木村批判を行った三木武吉と岸である。ただ三木の心境を察し木村は岸だけを恨んだという。三木の心境は『中村自伝』七一頁を参照。
(103)『石橋日記』一九五六年七月一六日。
(104)『木村自伝』二〇七―二〇八頁。『石橋日記』で確認できる松野訪問は、一九五六年七月一六日、二〇日、八月一日、二日、六日、一五日、一七日、三一日である。松野が退院する日も石橋は訪問した(『石橋日記』一九五六年九月一五日)。なお、石橋が松野に相談したことは電源開発総裁問題である(『石橋日記』一九五六年七月九日、一〇日、一二日、一三日、一六日、二〇日、二四日、二五日、二六日、二七日、八月一日、二日、六日、七日、八日、九日、

一〇日、一四日、一六日、一七日、一八日）。

(105)『石橋日記』一九五六年一〇月四日。

(106)『佐藤日記』一九五六年一二月六日—一四日。佐藤は大野木の活動で石井票が減ったと記した。大野木は松野や平井とは別に一派を形成していた（渡辺恒雄『派閥　日本保守党の分析』二〇頁）。

(107)『佐藤正伝』三三三—三三四頁。佐藤による松野への働きかけは、『佐藤日記』一九五六年一一月一日、一四日、一二月二日、四日、六日—一四日を参照。

(108)岸ほか『岸信介の回想』一五七頁。もっとも細川隆元によれば、松野には岸・石橋両陣営から資金が渡ったという（『鳩山回顧録』資料　その四」一六—一七頁）。

(109)「新総裁石橋湛山　政局第二幕の舞台裏」六頁。

(110)後藤ほか『戦後保守政治の軌跡』一四六頁。

(111)石田『石橋政権・七十一日』一二六—一二七頁。

(112)塩田『岸信介』二七四—二七五頁。中村長芳「岸信介に仕えた三十五年」（『文藝春秋』一九八七年一〇月号）一四四頁も参照。具体的な代議員対策は、『毎日』一九五六年一二月一四日を参照。また、『毎日』一九五六年一二月三日には、九二名の地方代議員の動向調査が掲載された。

(113)畠山「本命の目算外れた岸陣営」一六頁。

(114)成立までの経緯は、土師『人間　池田勇人』二三一—二三四頁、石田『石橋政権・七十一日』一三〇—一三二頁を参照。

(115)中『回想の戦後政治』三〇〇頁。後藤ほか『戦後保守政治の軌跡』一四四頁も参照。辻清明・新名丈夫・中島健蔵「座談会　石橋内閣の前途には」一八四頁の中島発言によれば、山本勝市が同趣旨の印刷物を各方面に配布していた。他に、参院自民党の木村篤太郎、苫米地義三、大野木秀次郎ら七〇名が岸以外の人物を総裁に推す含みで申し合わせを行った。その場で「岸幹事長は太平洋戦争の開戦の責任者であり」不適格との意見が出された（『朝日』一九五六年一二月一一日）。

（116）北国新聞社編『戦後政治への証言』一四九頁。益谷の秘書、辻トシ子の談話。
（117）塩口『聞書　池田勇人』一六五頁。また、土師『人間　池田勇人』二四九頁も参照。
（118）木村貢『総理の品格　官邸秘書官が見た歴代宰相の素顔』徳間書店、二〇〇六年、三〇頁。木村は一九五二年に池田の私設秘書となり、以後、宏池会事務局に奉職した人物である。
（119）辻清明・新名丈夫・中島健蔵「座談会　石橋内閣の前途には」一八四頁。
（120）塩口『聞書　池田勇人』一五六頁。石橋と池田、松永安左エ門が同席し、会食した際、石橋は池田を「用ゆべし」と記した（『石橋日記』一九五六年三月七日）。
（121）渡辺恒雄『派閥と多党化時代』三四頁。
（122）『佐藤日記』一九五六年一二月六日－一四日。決選投票で岸は二八票積み上げた。二票は無効票であった。計三〇票は石井陣営から流出したとされる。なお、決選投票での二位の立候補辞退という申し合わせは、岸を支持した旧改進党系の集まりである山王会も行った（『毎日』一九五六年一二月五日）。
（123）「政界展望　新党準備会は出来たが」（『エコノミスト』一九五五年一〇月二九日号）、岩淵辰雄「自民党の後継総裁論」（『中央公論』一九五七年一月号）、三宅晴輝「石橋湛山論」（『中央公論』一九五七年二月号）、「総裁問題をこうみる　各界の意見（下）」（『毎日』一九五六年一二月一一日）などを参照。
（124）宮沢俊義「総裁公選に望む」（『朝日』一九五六年一二月一四日）。宮沢は、党則の規定に「少し問題はある」とした。それは第一回投票で過半数を得た候補者不在の場合に、決選投票を行うことである。もっとも、決選投票の結果、最初に第一位を獲得した候補者以外が勝利することは「少しも差支えない」とも指摘する。
（125）『朝日』一九五六年一二月一六日、「解散し総選挙せよ　浅沼社党書記長語る」（『毎日』一九五六年一二月一四日夕刊）、橋本文男「石橋新総裁の構想」（『週刊読売』一九五六年一二月三〇日号）一五頁、後藤ほか『戦後保守政治の軌跡』一四一－一四二頁、「日本の潮一　石橋登場の意味」（『世界』一九五七年二月号）一三七頁。
（126）阿部真之助・鳩山一郎「花道を降りた鳩山さん　阿部真之助と語る静かな心境」（『サンデー毎日』一九五六年一二月三〇日号）一三頁。阿部は、それ以前から「より多く金をバラまいたやつが、勝利を得ると言うにすぎないのだ。

結局公選によろうと、陰の取引によろうと、政治の公明に期待がもてないことに変りはない」と懐疑的だった。阿部真之助「鳩山の跡目をねらう人々」（『サンデー毎日』一九五六年一月一日号）四九頁。
(127)　田中善一郎『自民党のドラマツルギー　総裁選出と派閥』東京大学出版会、一九八六年を参照。
(128)『朝日』一九五六年一二月一一日夕刊、一二日、一二日夕刊、一三日、一三日夕刊、一四日。『宮崎日記』一九五六年一二月一一日、一二日、及び、『佐藤日記』一九五六年一二月一〇日、一一日、一二日、一三日を参照。
(129)『岸証言録』一一三―一一六頁、石井『思い出の記Ⅲ』八〇―八三頁、『朝日』一九五六年一二月二四日。
(130)『朝日』一九五六年一二月二一日夕刊。
(131)『朝日』一九五六年一二月二九日夕刊。
(132)『毎日』一九五七年一月一二日。あわせて「党則改正を行って経理局長を設け同局長には小金義照氏（吉田派）をあてる」ことも決まった。
(133)『朝日』一九五七年一月三〇日夕刊、二月九日、九日夕刊、一〇日、一五日。
(134)『朝日』一九五七年二月一日、二三日。
(135)『朝日』一九五七年二月二四日夕刊、二五日。
(136)『朝日』一九五七年三月八日夕刊、一四日、一七日、一九日、二〇日。
(137)『毎日』一九五七年三月二一日夕刊。
(138)『毎日』一九五六年四月七日、二五日。
(139)『朝日』一九五六年一二月一八日、一八日夕刊。
(140)『朝日』一九五七年三月一八日夕刊、一九日、二〇日、二〇日夕刊。なお『毎日』一九五七年三月二〇日に「最高顧問制設置は反対論が強く決定は保留となり、二十日の総務会で再度討議することになった」と報じられた。
(141)　一九五五年から八四年までの選出過程に関しては、「自由民主党の総裁選出一覧」、田中『自民党のドラマツルギー』六八―六九頁を参照。田中は、選挙型と満場一致型に分け「選挙型は、結党時から七二年の田中選出までにほとんど集中しているのに対して、満場一致型は、七四年の三木選出以後に集中している」と指摘する。その理由は「総裁候補者の立候補制を定めた七一年の『総裁公選規定』の改正と無縁ではない」という（同書、六七頁）。

おわりに

本書は、戦後保守党における党組織の形成を、戦後の政党復活から自由民主党の成立過程までを対象に論じた。その際、総裁選出方法と党中央組織の二つ、言い換えれば、政党総裁のリーダーシップの正統性と制度的基盤に着目した。

ただし、政党の党則ですら全て収集できなかったことに象徴的なように、資料的制約が大きく、大筋の見通しを述べるにとどまり、精緻な理論化にはいたらなかった。しかしながら、研究史の空白とでもいうべき政党組織論、それも自由民主党にいたる諸政党の党組織について、一定程度、明らかにし得た。

本書が明らかにしたことをまとめたい。

第一の総裁選出方法は、最終的に総裁公選の定着にいたった。その定着過程、一九四五年から一九五七年までを考察した結果、戦後における「民主化」の風潮がその底流に存在し、少なからず影響を与えたことが明らかにされた。

そもそも総裁公選は、戦前の保守党でも党則に明記されていた。しかし実施されたことはほとんどなく、総裁は満場一致の形式で選出されることが多かった。

日本国憲法の成立により、政党政治が制度的に担保されると、政党総裁の選出方法が議論の対象となった。とりわけ影響を与えたのは、一九四六・四七年に議論された政党法案である。政党法案は不成立に終わったが、審議過程で政党の「民主化」として、役員の多数決による公選等が議論された。さらに公職追放によって幹部の統制力が弱まった結果、「党内デモクラシー」の象徴としての役職公選が実施される素地が生まれた。ただし、役職公選の実施状況は、自由党系と第二保守党系ではかなり違った。そのうえ役職公選の具体的内容、即ち、総裁公選と幹部公選は、総裁のリーダーシップという観点からは、正反対の意味を持った。総裁公選が総裁に正統性を付与しリーダーシップの強化をもたらすのに対し、幹部公選は総裁の権限である人事権を制約する機能を持つからである。

自由党系では、鳩山一郎総裁が公職追放された後、後継者たる吉田茂総裁のもとでは、役職公選論が実施されたこともある。一九四八年三月の民主自由党の結成時が、おそらくもっとも役職公選の機運が高まった時期であろう。結成に先立って「役員公選の原則」が確認され、候補者は一人であったものの、吉田総裁が単記無記名の投票により選出された。もっとも総裁以外の幹部は話し合いで決定済みであった。その後、吉田総裁が党内基盤を確立するとともに、役職公選の実施可能性は大きく低下した。なにより党運営の中心である幹事長は総裁指名へと変更されたことが重要である。だが、鳩山や三木武吉、河野一郎らが追放解除され、政界に復帰した後は、幹事長の選出方法や総務会強化をめぐって、吉田総裁への挑戦が繰り返された。一九五二年一〇月には、吉田と鳩山の対立が党内に留まらず、ともに首班指名選挙に臨むという事実上の総裁公選状態となった。このとき事態を憂慮した幹部の斡旋により、最終的に鳩山が吉田首班を認めたため、第四次吉田内閣が発足した。それ以降も鳩山派は反吉田活動を行った。だが、結局のところ、鳩山派の挑戦は吉田によって全て退けられた。その一方で、鳩山と同時に追放解除された緒方竹虎は、政界復帰後から周囲に吉田の後継者として認識された。さらに鳩山派が吉田の支持基盤を破壊した機に乗じて、緒方は自身の支持者を拡大した。そして、緒方は吉田内閣末期には、自身の政治的立場を強化するため、「民主化」の象徴である総裁公選の担い手となった。

役職公選論がより一層の政治的影響力を発揮したのは、野党期間の長かった第二保守党系であった。進歩党の少壮派や国民民主党に合流した三木武夫ら協同党系が「革新派」として政治的存在感を示し、役員改選のたびに幹部公選を主張した。重光葵改進党総裁の選出過程では、北村徳太郎を候補者として擁立し総裁公選実施を訴えた政治家も存在した。だが、三木武夫や北村を中心とした「革新派」の政治的影響力は、公職追放解除、改進党と日本民主党の結成、さらに保守合同という政治過程で低下の一途を辿った。それに伴い、役職公選の実施可能性も低下した。とはいえ「民主化」の象徴としての役職公選論は、未だ一定の政治的影響力を有していた。それが日本民主党の党則に徹底した役職公選を採用することに繋がったのである。対象期間の中で特筆すべきは、一九四八年一二月の犬養健民主党総裁の選出である。党大会では満場一致だったものの、その直前の議員総会では無記名投票が実施された。複数候補者から犬養総裁が選出されたことは戦後保守党史上の画期的出来事であり、総裁公選に準じる事例と評価できよう。

このように総裁公選が実施にいたったことはきわめて稀であった。にもかかわらず、一九五五年に成立した自由民主党の党則に導入されたのは、保守合同過程で緒方の主張が取り入れられた結果である。

その一方で、自由民主党党則で幹部公選が否定されたこと、とりわけ幹事長や政調会長の総裁指名は総裁権限の強化を意味し、重要である。

以上の歴史的経緯を踏まえると、理念としての「民主化」が受け入れられたとは言い難いことが分かる。実態に即して叙述すれば、役職公選論は執行部への対抗策として反主流派が主張した事例が多い。あくまでも権力闘争の手段として、それも非常に有効な手段と認識されたために主張されたことが明らかといえよう。

その後の総裁公選の実態はいかなるものだったか。一九五六年春の第一回総裁公選は、鳩山と緒方により争われるはずだった。ところが緒方の死去により、候補者は鳩山一人となった。このとき緒方の意思を継ぐ石井光次郎が投票を強硬に要求し、投票が実施された。一九五六年末には第二回総裁公選が行われた。このときは石井、石橋湛山、岸信介の三名が立候補した。直前まで党分裂を危惧した総裁公選回避論も存在し、長老会議による調整も模索されたが、最終的に総裁公選が実施された。それも党大会で代議員と両院議員が複数候補者から総裁を選出する、本格的な総裁公選が実施されたのである。このときの勝利者は石橋であった。その石橋が病気で退陣した一九五七年には後継総裁選出方法が問題となった。第三回総裁公選は、第一回と同じく、候補者が一人、岸信介のみという変則的な形であった。にもかかわらず投票が行われた。こうして、第一回から第三回まで、鳩山、石橋、岸と、歴代総裁は党大会における投票で選出された。その選出過程では、投票不要論や長老による調整も唱えられたが、候補者数の如何を問わず、敢えて党大会での投票が行われた。その後も党大会での投票による総裁選出が続いた。これをもって、総裁公選は戦後保守党の総裁選出方法として定着したと結論付けられよう。

第二の党中央組織に関してまとめる。まず、党中央組織に関しては、二つの別の方向性から影響が与えられた。一つ目は、自由党系における総裁のリーダーシップ確立過程の影響である。二つ目は、第二保守党系における組織政党論の影響である。

一つ目に関して述べる。吉田総裁時代には党幹部でも幹事長が特に重視され、その権限が強化された。一方で、戦前重視された総務会はその権限を奪われた。度重なる党則改正の結果、総務会には議決機関としての権限のみが残った。同時に、総裁代行的役割を担うがゆえに戦前の保守党において非常時の役職であった総務会長も常置された。こうして、いわゆる党三役（幹事長、総務会長、政調会長）の役割と権限が確定した。中でも、元来は執行機関の役割をも有していた総務会が議決機関としての役割のみに限定され、一方で執行機関としての幹事長が党運営を一元的に担ったことが、総裁がリーダーシップを発揮するに際し重要であった。さらに、総務会の権限の確定は、事前審査制と密接に関係していることも指摘せねばなるまい。

二つ目に関して述べる。組織政党論が主に議論されたのは第二保守党系であった。その背景として、自由党系がほぼ一貫して与党として政権を担ったのに対し、第二保守党系は片山・芦田の中道連立政権以降、野党であったことが挙げられる。それゆえ党勢拡大が最重要課題だった。具体的には、国民民主党や改進党における党組織強化の議論として提唱された。その結果、党大会の重視や総裁公選で投票権を持つ代議員を重視する姿勢として表出した。これらは政権交代を実現するために、まずは議席拡大を重視する戦略から導かれたもので、支持基盤を拡大する革新政党の組織論を強く意識していた。だが、党中央組織の大規模再編を行った改進党の党組織は、機能不全に陥った。その後の重光総裁による党組織改革の結果、旧来型の党中央組織が復活した。さらに、組織政党を志向する「革新派」の政治的影響力の低下が、改進党時代に明瞭になった。結局、日本民主党の党中央組織は、改進党から継承した組織委員会や国会対策委員会を除けば、従来の保守党型に回帰した。従来の保守党には存在しなかった党組織は、保守合同の過程でも設置そのものが議論の対象となったが、最終的に自由民主党に継承された。その過程で組織政党を志向した、地方組織の強化策が採用されなかったことは、自由民主党の党組織が各議員の後援会の集団を基礎とした組織となる分岐点であった。その一方で、戦前型総務会の復活も断念された。

以上、検討したように、総裁選出方法と党中央組織は、党内外の権力闘争とも深く関連していた。さらに政党間競争の結果、新たな党組織が誕生したことが理解できよう。

戦前・戦後の政党組織に関してまとめると、終戦直後には戦前の保守党の党組織が継承されていたが、政党の離合集散と並行して変容し、自由民主党に継承される党組織が生成された。こうして、戦前の保守党組織そのままではなく、その間に新設された党組織をも継承しつつ、自由民主党の党組織が完成したのであった。

つけ加えるならば、自由党系や第二保守党系、協同党系といった自由民主党の源流は、自由民主党における総裁公選を経て、さらなる合従連衡の結果、自民党の派閥を形成していった。

　本書が対象とする期間以降も、自由民主党では総裁公選や組織政党論が関心の対象であり続けた。前者に関しては、「民主化」の徹底を図るという観点から、例えば、投票者の範囲を一般党員まで広げる総裁予備選のような制度が議論された。その一方で、党内抗争を激化させる元凶、「金権政治」を生み出す温床としての批判の論調も徐々に強まった。後者に関しては、中央政治大学院の創設などに繋がった。それ以外にも「政党の近代化」が強く意識され、池田内閣期の組織調査会による答申（通称「三木答申」）のように、様々な政党組織論が引き続き議論されたのであった。

資料および文献について

大きく「Ⅰ　資料」と「Ⅱ　研究」に分かれる。

Ⅰは、(一) 未刊行資料、(二) 刊行資料、(三) 伝記・回想録類（政治家）、(四) 評伝・回想録・記事類（政治記者等）、(五) 政党関係資料、(六) 関係者インタビュー、からなる。

Ⅱは、(一) 政党に関する研究、(二) 自由党系指導者、(三) 第二保守党系指導者、(四) 戦後全般、からなる。

Ⅰ　資料

(一)　未刊行資料　〔私文書〕

まずは、国立国会図書館憲政資料室が収集している資料を姓名の五十音順に挙げる。括弧内は略記である。

『芦田均関係文書』（芦田文書）
『緒方竹虎伝記編纂資料』（緒方資料）
『佐藤達夫文書』
『幣原平和文庫』
『鶴見祐輔関係文書』（鶴見文書）
『西沢哲四郎関係文書』（西沢文書）
『日本占領期資料』

次に、国立国会図書館憲政資料室以外の機関が収集したものを挙げる。

『安藤正純関係文書』（安藤文書）
『小柳牧衛関係文書』（小柳文書）

『苫米地義三関係文書』（苫米地文書）
　以上は全て、東京大学大学院法学政治学研究科附属近代日本法政史料センター原資料部蔵
『井出一太郎関係文書』（井出文書）　井出正一氏蔵
『小楠正雄関係文書』（小楠文書）　櫻田会蔵
『加藤鐐五郎関係資料』（加藤資料）　愛知県公文書館寄託
『重光葵関係文書』（重光文書）　憲政記念館寄託
『高橋（周）家文書』　埼玉県立文書館蔵
『堤康次郎関係文書』（堤文書）　早稲田大学大学史資料センター蔵
『村川一郎文書』（村川文書）　憲政記念館蔵
『若宮小太郎関係文書』（若宮文書）　若宮啓文氏蔵
　同文書のうち、「『鳩山一郎回顧録』資料　その〇」は、「『鳩山回顧録』資料　その〇」と略記。

（二）　刊行資料　日記・書翰
　以下、対象となった人物の姓名の五十音順に列挙する。
進藤榮一・下河辺元春編『芦田均日記』全七巻、岩波書店、一九八六年　→『芦田日記』
「石井光次郎日記抄」（『追悼　石井光次郎』石井久子、一九八二年所収）　→「石井日記抄」
「石井光次郎日記」（『This is 読売』一九九八年七月号）　→「石井日記」
石橋湛一・伊藤隆編『石橋湛山日記』みすず書房、二〇〇一年　→『石橋日記』
木戸日記研究会校訂『木戸幸一日記』下巻、東京大学出版会、一九六六年　→『木戸日記』
伊藤隆・渡邊行男編集・校訂「斎藤隆夫日記〈抄〉」（『中央公論』一九九一年一月号）　→「斎藤日記」
伊藤隆監修『佐藤榮作日記』第一巻、朝日新聞社、一九九八年　→『佐藤日記』
「重光葵日記」（伊藤隆・渡邊行男編『続重光葵手記』中央公論社、一九八八年所収）　→「重光日記」
伊藤隆編『高木惣吉　日記と情報』下巻、みすず書房、二〇〇〇年　→『高木日記』

伊藤隆・季武嘉也編『鳩山一郎・薫日記』上・下巻、中央公論新社、一九九九年、二〇〇五年　→『鳩山日記』
秋山久解説「原彪日記」(『エコノミスト』七一巻四三号から四六号、一九九三年一〇月一二日号から一九九三年一一月二日号)　→「原彪日記」
東久邇稔彦『東久邇日記　日本激動期の秘録』徳間書店、一九六八年　→『東久邇日記』
宮崎吉政『宮崎日記』第一巻、行研、一九八九年　→『宮崎日記』
矢部貞治著、日記刊行会編『矢部貞治日記　欅の巻』読売新聞社、一九七四年　→『矢部日記』
吉田茂記念事業財団編『吉田茂書翰』中央公論社、一九九四年　→『吉田茂書翰』

(三)　伝記・回想録類(政治家)

以下、主要なものを、対象となった人物の姓名の五十音順に列挙する。

土師二三生『人間　池田勇人』講談社、一九六七年
塩口喜乙『聞書　池田勇人』朝日新聞社、一九七五年
石井光次郎『思い出の記』全三冊、カルチャー出版、一九七六年
石田博英「自由党の中の〝不自由〟党員の嘆き」(『改造』臨時増刊号、一九五二年)
石田博英「二、三位連合」(読売新聞政治部編『権力の中枢が語る　自民党の三十年』読売新聞社、一九八五年所収)
石田博英『勝負の孤独』東京書房、一九五八年
石田博英『石橋政権・七十一日』行政問題研究所、一九八五年
石田博英『私の政界昭和史』東洋経済新報社、一九八六年
中島政希「ある戦後政治家の軌跡　石田博英小伝」(『自由思想』第七〇号、一九九四年四月号)
中島政希「石橋政権と石橋派　石田博英の回想を中心として」(『自由思想』第七三号、一九九五年二月号)
石橋正二郎『回想記』石橋正二郎、一九七〇年
石橋湛山『湛山回想』岩波文庫、一九八五年

石橋湛山『湛山座談』岩波同時代ライブラリー、一九九四年
大麻唯男「遺稿　私の歩いた道」(坂田大『人間大麻唯男』坂田情報社、一九六〇年所収)
『大麻唯男　談話編』櫻田会、一九九六年
『大麻唯男　論文編』櫻田会、一九九六年
「大野伴睦氏の談話」(『緒方資料』三七) →「大野談話」
大野伴睦『大野伴睦回想録』弘文堂、一九六二年 →『大野回想録』
緒方竹虎伝記刊行会編『緒方竹虎』緒方竹虎伝記刊行会、一九六三年 →『緒方伝』
桜井清編『回想の緒方竹虎』東京と福岡社、一九五六年
高宮太平『人間緒方竹虎』四季社、一九五八年
「人間小沢佐重喜」編集委員会編『人間小沢佐重喜』小沢一郎後援会・陸山会、一九八〇年
岸信介・伊藤隆・矢次一夫『岸信介の回想』文藝春秋、一九八一年
岸信介『岸信介回顧録　保守合同と安保改定』廣済堂出版、一九八三年 →『岸回顧録』
原彬久編『岸信介証言録』毎日新聞社、二〇〇三年 →『岸証言録』
木村武雄『―自伝―米沢そんぴんの詩』形象社、一九七八年 →『木村自伝』
河野一郎『今だから話そう』春陽堂、一九五八年
河野一郎『日本の将来』恒文社、一九六五年
河野一郎『河野一郎自伝』徳間書店、一九六五年 →『河野自伝』
小坂善太郎『議員外交四十年』日本経済新聞社、一九九四年
斎藤隆夫「政党法案の批判」(『法律新報』七四〇号、一九四七年一一月号)
斎藤隆夫『回顧七十年』中公文庫、一九八七年 →『斎藤自伝』
佐藤寛子『佐藤寛子の宰相夫人秘録』朝日文庫、一九八五年
佐藤栄作『今日は明日の前日』ＫＫフェイス、一九六四年
山田栄三『正伝佐藤栄作』上巻、新潮社、一九八八年 →『佐藤正伝』

宮崎吉政『宰相　佐藤栄作』新産業経済研究会、一九八〇年
篠田弘作『政界三十三年』篠田政治経済研究会、一九七八年
『田川誠一オーラルヒストリー』上巻、政策研究大学院大学、二〇〇一年
田中角栄「政界の巨木倒る」（『民族と政治』一九六五年八月号）
『田村元オーラルヒストリー』下巻、近代日本史料研究会、二〇〇六年
千葉三郎『創造に生きて』カルチャー出版、一九七七年
中曾根康弘『天地有情』文藝春秋、一九九六年
中村梅吉『私の履歴書』中村梅吉、一九八四年　→『中村自伝』
鳩山一郎『私の自叙伝』改造社、一九五一年
鳩山一郎『私の信条』東京文庫、一九五一年
鳩山一郎『ある代議士の生活と意見』東京出版株式会社、一九五二年
鳩山一郎「鳩山一郎回顧録」（『特集文藝春秋　今こそいう　主役のメモ』文藝春秋新社、一九五七年四月）
鳩山一郎『鳩山一郎回顧録』文芸春秋新社、一九五七年　→『鳩山回顧録』
橘昌平編『早川崇　その生涯と業績』第一法規、一九八八年　→『早川崇』
北国新聞社政治部編『陣太鼓　林屋亀次郎が行く』北国新聞社、一九七六年
「追想の広川弘禅」刊行委員会編『追想の広川弘禅』「追想の広川弘禅」刊行委員会、一九六八年
→『追想の広川弘禅』
保利茂『戦後政治の覚書』毎日新聞社、一九七五年
有竹修二『前田米蔵伝』前田米蔵伝記刊行会、一九六一年　→『前田伝』
増田甲子七『増田甲子七回想録　吉田時代と私』毎日新聞社、一九八四年　→『増田回想録』
北国新聞社編『戦後政治への証言―益谷秀次とその周辺―』北国新聞社、一九七四年
町田忠治伝記研究会編『町田忠治　伝記編』櫻田会、一九九六年
松野鶴平「選挙の神様・政局放談」（『文藝春秋緊急増刊　戦後最大の政変』文藝春秋新社、一九五五年）

『松野頼三オーラルヒストリー』上巻、政策研究大学院大学、二〇〇三年　→「松野談話」
松村謙三「日本進歩党の結党」（安藤良雄編『昭和政治経済史への証言』下巻、毎日新聞社、一九六六年所収）　→「松村談話」
松村謙三著、松村正直等編『花好月圓　松村謙三遺文抄』青林書院新社、一九七七年
増田卓二『実録三木武夫』ホーチキ出版、一九七五年
三木武吉「鳩山と僕」（『新政界』一巻一号、一九五五年一一月号）　→「三木談話」
三木会『三木武吉』三木会、一九五八年　→『三木武吉』
重盛久治『三木武吉太閤記　生きた政治史』春陽堂、一九五六年
宮沢喜一「池田勇人のナミダ　吉田内閣最後の日」（『週刊朝日』一九五四年一二月一九日号）
宮澤喜一『戦後政治の証言』読売新聞社、一九九一年
宮澤喜一『東京―ワシントンの密談』中公文庫、一九九九年
『宮澤喜一オーラルヒストリー』政策研究大学院大学、二〇〇四年
宮澤喜一「私が見た「日本の戦後」　権力の中枢で起きていたこと」（田原総一朗責任編集『オフレコ！　Ｖｏｌ・２』アスコム、二〇〇六年）
細川隆元・佐藤寛子・猪木正道・福永健司・柴田敏夫「〝あの時〟の吉田茂さんを語る」（『月刊自由民主』一九七八年一〇月号）
「吉田茂氏の談話」（『緒方資料』九）　→「吉田談話」
吉田茂『回想十年』全四巻、中公文庫、一九九八年
政治家の談話・対談
木舎幾三郎『戦前戦後』政界往来社、一九五六年
徳川夢聲『徳川夢聲の世界　問答有用Ⅲ　政財界篇』深夜叢書社、一九九六年

（四）　評伝・回想録・記事類（政治記者等）

一七会編『われは傍流にあらず　政治記者の記録』人間の科学社、一九九一年
井上縫三郎『現代政治家列伝』要書房、一九五三年
伊藤昌哉『宰相盗り』ＰＨＰ研究所、一九八六年
木村貢『総理の品格　官邸秘書官が見た歴代宰相の素顔』徳間書店、二〇〇六年
木舎幾三郎『政界五十年の舞台裏』政界往来社、一九六五年
木舎幾三郎『続・政界五十年の舞台裏』政界往来社、一九七四年
熊倉正弥『言論統制下の記者』朝日文庫、一九八八年
後藤基夫・内田健三・石川真澄『戦後保守政治の軌跡』岩波書店、一九八二年
小宮山千秋「保守合同前後（一～四）」（『民族と政治』一九六八年一月号～四月号）
坂野善郎『自由党から民自党へ』伊藤書店、一九四八年
塩田潮『岸信介』講談社、一九九六年
住本利男『占領秘録』中公文庫、一九八八年
政治記者ＯＢ会編『政治記者の目と耳』第二集、政治記者ＯＢ会、一九九一年
政治記者ＯＢ会編『政治記者の目と耳』第三集、政治記者ＯＢ会、一九九七年
政治記者ＯＢ会編『政治記者の目と耳』第四集、政治記者ＯＢ会、一九九九年
政治記者ＯＢ会編『政治記者の目と耳』第五集、政治記者ＯＢ会、二〇〇三年
政治記者ＯＢ会編『政治記者の目と耳』第六集、政治記者ＯＢ会、二〇〇六年
田々宮英太郎『鳩山ブームの舞台裏』実業之世界社、一九五五年
田村祐造『戦後社会党の担い手たち』日本評論社、一九八四年
中正雄『回想の戦後政治』実業之世界社、一九五七年
百武功「その頃あの頃」（『民族と政治』一九七三年五月号）
宮崎吉政『実録政界二十五年』読売新聞社、一九七〇年

→宮崎①

宮崎吉政『Ｎｏ・２の人　自民党幹事長』講談社、一九八一年　→宮崎②
森正蔵『戦後風雲録』鱒書房、一九五一年
渡辺恒雄『大臣』弘文堂、一九五九年
渡辺恒雄『党首と政党』弘文堂、一九六一年
渡辺恒雄『派閥　日本保守党の分析』弘文堂、一九六四年
渡辺恒雄『派閥と多党化時代　「政治の密室」増補新版』雪華社、一九六七年
山浦貫一「敗戦一年の政治」（『法律新報』七三一号、一九四六年八月号）
読売新聞政治部編『総理大臣』読売新聞社、一九七一年
『朝日新聞記者の証言一　政治への凝視』朝日ソノラマ、一九八〇年
他に、月刊誌は『文藝春秋』『中央公論』『改造』『世界』、週刊誌は『エコノミスト』『サンデー毎日』『週刊読売』『週刊朝日』等の雑誌記事を用いた。

（五）　政党関係資料　機関誌・党則・役職等

粟屋憲太郎編集・解説『資料日本現代史三　敗戦直後の政治と社会』大月書店、一九八一年
板垣退助監修、遠山茂樹・佐藤誠朗校訂『自由党史』中巻、岩波文庫、一九五八年
大津淳一郎『大日本憲政史』第六巻、宝文館、一九二七年
加藤政之助監修『立憲民政党史』前編、原書房、一九七三年
議会政治研究会『政党年鑑　昭和二二年』『政党年鑑　昭和二三年』『政党年鑑　昭和二四年』現代史料出版、一九九八年　→『政党年鑑　昭和（該当）年』
櫻井良樹編『立憲同志会資料集　第四巻　会務関係書類その他』柏書房、一九九一年
自由民主党編『秘録・戦後政治の実像』自由民主党広報委員会出版局、一九七六年　→自民党①
自由民主党編『自由民主党党史　党史編』自由民主党、一九八七年　→自民党②
自由民主党編『自由民主党党史　証言・写真編』自由民主党、一九八七年　→自民党③

自由民主党編『自由民主党党史　資料編』自由民主党、一九八七年　→自民党④
辻清明編『資料・戦後二十年史一　政治』日本評論社、一九六六年
東大法・蒲島郁夫ゼミ編『現代日本の政治家像』第二巻、木鐸社、二〇〇〇年
日本自由党中央機関紙『再建』編集局編『復刊　再建』アテネ書房、一九八六年　→『再建』
文献資料刊行会『復刻　進歩黨黨報』柏書房、一九八五年
村川一郎編『日本政党史辞典』上巻、国書刊行会、一九九八年
立憲民政党史研究会『総史立憲民政党　資料編・理論編』櫻田会、一九八九年
山本四郎校訂『立憲政友会史』全一〇巻、日本図書センター、一九九〇年　→『立憲政友会史』
『国民協同党国会年鑑（第一回）』国民協同党、一九四八年　→『国協党年鑑』
伊藤悟解説・訳『GHQ日本占領史一一　政党の復活とその変遷』日本図書センター、一九九六年　→『GHQ日本占領史一一』
福永文夫編『GHQ民政局資料「占領改革」第二巻　選挙法・政治資金規正法』丸善、一九九七年　→福永編①
福永文夫編『GHQ民政局資料「占領改革」第三巻　議会・政党』丸善、一九九九年　→福永編②
天川晃・福永文夫編『GHQ民政局資料「占領改革」別巻　民政局資料総索引』丸善、二〇〇二年
　また、『朝日年鑑』一九四七年版、一九四九年版、一九五〇年版、一九五二年版、一九五四年版、朝日新聞社刊を参照した。

（六）　関係者インタビュー
二〇〇二年六月一八日、七月八日、石川達男氏インタビュー
二〇〇五年七月一二日、星島節子氏インタビュー
二〇〇二年一一月一二日、宮崎吉政氏インタビュー

Ⅱ 研究

（一） 政党に関する研究
粟屋憲太郎『昭和の政党』小学館、一九八八年
石田雄『現代組織論』岩波書店、一九六一年
伊藤隆『近衛新体制』中公新書、一九八三年
伊藤隆「戦後政党の形成過程」（同『昭和期の政治』山川出版社、一九八三年所収）
伊藤悟「民主党の結成」（日本現代史研究会編『戦後体制の形成』大月書店、一九八八年所収）
伊藤悟「保守勢力の再編と吉田内閣」（歴史学研究会編『日本同時代史二』青木書店、一九九〇年所収）
伊藤悟「戦後初期の連立連合の構図－進歩党を中心に－」（油井大三郎・中村政則・豊下楢彦編『占領改革の国際比較』三省堂、一九九四年所収）
伊藤之雄『立憲国家の確立と伊藤博文』吉川弘文館、一九九九年
伊藤之雄『立憲国家と日露戦争』木鐸社、二〇〇〇年
稲田正次「国会期成同盟の国約憲法制定への工作・自由党の結成」（稲田正次編『明治国家形成過程の研究』御茶の水書房、一九六六年所収）
稲田正次『明治憲法成立史の研究』有斐閣、一九七九年
内川正夫「政界再編下の改進党結成に関する一考察」（『法学研究』六八巻一号、一九九五年）
内田健三『戦後日本の保守政治』岩波新書、一九六九年
内田健三「保守三党の成立と変容」（坂本義和、R・E・ウォード編『日本占領の研究』東京大学出版会、一九八七年所収）
江村栄一『自由民権革命の研究』法政大学出版局、一九八四年
大石眞『憲法史と憲法解釈』信山社、二〇〇〇年
大石眞「日本国憲法の制定と政党」（北村公彦ほか編『現代日本政党史録』第二巻、第一法規出版、二〇〇三年所収）

岡義武編『現代日本の政治過程』岩波書店、一九五八年
岡沢憲芙『政党』東京大学出版会、一九八八年
奥健太郎『昭和戦前期立憲政友会の研究』慶應義塾大学出版会、二〇〇四年
大日方純夫『自由民権運動と立憲改進党』早稲田大学出版部、一九九一年
小山博也『明治政党組織論』東洋経済新報社、一九六七年
小山博也「第一回国会における政党法制定計画の経過」（『社会科学論集』五五号、一九八五年）
加藤正造『政党の表裏』批評社、一九二八年
川人貞史『日本の政党政治 一八九〇－一九三七年』東京大学出版会、一九九二年
川人貞史『日本の国会制度と政党政治』東京大学出版会、二〇〇五年
木坂順一郎「革新倶楽部論」（井上清編『大正期の政治と社会』岩波書店、一九六九年所収）
北岡伸一『自民党』読売新聞社、一九九五年
酒井哲哉『大正デモクラシー体制の崩壊』東京大学出版会、一九九二年
佐藤誠三郎・松崎哲久『自民党政権』中央公論社、一九八六年
塩崎弘明『国内新体制を求めて』九州大学出版会、一九九八年
高田篤「憲法と政党」（高橋和之・大石眞編『ジュリスト増刊 憲法の争点〔第三版〕』有斐閣、一九九九年所収）
高田篤「政党法制の展開とその脈絡」（『社会システム研究』二号、一九九九年）
竹中佳彦「戦後日本の協同主義政党」（日本政治学会編『年報政治学一九九八 日本外交におけるアジア主義』岩波書店、一九九九年所収）
田中善一郎『自民党のドラマツルギー 総裁選出と派閥』東京大学出版会、一九八六年
土川信男「政党内閣と産業政策一九二五～一九三二年（一）～（三）」（『国家学会雑誌』一〇七巻一一・一二号、一〇八巻三・四号、一〇八巻一一・一二号、一九九四－一九九五年）
奈良岡聰智『加藤高明と政党政治 二大政党制への道』山川出版社、二〇〇六年
奈良岡聰智「立憲民政党の成立 戦前期二大政党制の始動」（『法学論叢』一六〇巻五・六号、二〇〇七年）

中北浩爾『経済復興と戦後政治　日本社会党一九四五－一九五一年』東京大学出版会、一九九八年
中北浩爾「一九五五年体制の成立」東京大学出版会、二〇〇二年
野村秀雄『政党の話』朝日新聞社、一九三〇年
坂野潤治『明治憲法体制の確立』東京大学出版会、一九七一年
福井治弘『自由民主党と政策決定』福村書店、一九六九年
福永文夫「占領下における『政党法』をめぐる政治過程」（『姫路法学』一四・一五号、一九九四年）
福永文夫『占領下中道政権の形成と崩壊』岩波書店、一九九七年
福永文夫「花月純誠と自由党中堅会の活動―自由党の党内民主化、保守合同・新党運動の一断面―」（『姫路法学』二五・二六号、一九九九年）
前田英昭編『日本国憲法・検証一九四五－二〇〇〇資料と論点　第三巻　国会と政治改革』小学館文庫、二〇〇〇年
牧原出『内閣政治と「大蔵省支配」』中公叢書、二〇〇三年
升味準之輔『現代日本の政治体制』岩波書店、一九六九年
升味準之輔『日本政党史論』第二巻、東京大学出版会、一九六六年
升味準之輔『日本政党史論』第五巻、東京大学出版会、一九七九年
升味準之輔『戦後政治』上・下巻、東京大学出版会、一九八三年
升味準之輔『現代政治』上巻、東京大学出版会、一九八五年
三川譲二「民主党成立の序幕―進歩党少壮派の党内「革新」運動―」（『史林』七一巻三号、一九八八年）
三川譲二「労働攻勢と進歩党少壮派―二・一ゼネスト期における保守「革新」運動―」（『史林』七四巻六号、一九九一年）
三川譲二「民主党の成立」（『史林』八二巻五号、一九九九年）
御厨貴「昭和二〇年代における第二保守党の軌跡」（近代日本研究会編『年報近代日本研究九　戦時経済』山川出版社、一九八七年所収）

御厨貴「もう一つの保守党」（北岡伸一・五百旗頭真編『占領と講和　戦後日本の出発』情報文化研究所、一九九九年所収）
三谷太一郎『日本政党政治の形成』東京大学出版会、一九六七年
三谷太一郎「戦後日本における野党イデオロギーとしての自由主義」（犬童一男他編『戦後デモクラシーの成立』岩波書店、一九八八年所収）
宮崎隆次「戦後保守勢力の形成」（中村政則・天川晃他編『戦後日本　占領と戦後改革二　占領と改革』岩波書店、一九九五年所収）
宮本吉夫『新保守党史』時事通信社、一九六二年
茗荷房吉『日本政党の現勢』日本評論社、一九二九年
村川一郎「自由党（分）史・日本自由党史・日本民主党史」（『行動論研究』第四八号、一九九六年）
村川一郎「日本協同党史・協同民主党史・国民党史」（『行動論研究』第四九号、一九九七年）
村川一郎「改進党史」（『北陸法学』四巻一号、一九九六年）
村川一郎『日本国「政府」の研究―現代政治における政党の地位―』ぎょうせい、一九九四年
村川一郎『自民党の政策決定システム』教育社、一九八九年

（二）　自由党系指導者

伊藤隆「昭和一七―二〇年の近衛―真崎グループ」（同『昭和期の政治』山川出版社、一九八三年所収）
伊藤隆「『自由主義者』鳩山一郎」（同『昭和期の政治〔続〕』山川出版社、一九九三年所収）
井上寿一「吉田茂」（御厨貴編『歴代首相物語』新書館、二〇〇三年所収）
猪木正道『評伝吉田茂』全四巻、筑摩文庫、一九九五年
北岡伸一「吉田茂における戦前と戦後」（近代日本研究会編『年報近代日本研究一六　戦後外交の形成』山川出版社、一九九四年所収）
北岡伸一「岸信介」（渡邉昭夫編『戦後日本の宰相たち』中公文庫、二〇〇一年所収）

楠綾子「戦後日本の安全保障政策、一九四九－一九五一年――吉田茂、外務省、ブレーン・グループによる形成」（『神戸法学雑誌』五〇巻一号、二〇〇〇年）
楠精一郎『大政翼賛会に抗した四〇人　自民党源流の代議士たち』朝日選書、二〇〇六年
栗田直樹『緒方竹虎』吉川弘文館、一九九六年
高坂正堯『宰相吉田茂』中公叢書、一九六八年
小宮京「鳩山一郎と政党政治　一八八三－一九四三」（『本郷法政紀要』第一一号、二〇〇二年）
小宮京「吉田茂の政治指導と党組織」（『日本政治研究』第二巻第一号、二〇〇五年）
ジョン・ダワー『吉田茂とその時代』上・下巻、中公文庫、一九九一年
筒井清忠『石橋湛山』中公叢書、一九八六年
原彬久『岸信介　権勢の政治家』岩波新書、一九九五年
原彬久『吉田茂　尊皇の政治家』岩波新書、二〇〇五年
古川隆久「戦後政治史の中の前田米蔵」（『横浜市立大学論叢　人文科学系列』第五六巻第一号、二〇〇四年）
古川隆久『政治家の生き方』文春新書、二〇〇四年
増田弘『政治家追放』中央公論新社、二〇〇一年
三谷太一郎「二つの吉田茂像」（同『二つの戦後』筑摩書房、一九八八年所収）
村井哲也『戦後政治体制の起源　吉田茂の「官邸主導」』藤原書店、二〇〇八年
渡邉昭夫「吉田茂―状況思考の達人」（同編『戦後日本の宰相たち』中公文庫、二〇〇一年所収）
渡邊行男「政党総裁としての吉田茂」（吉田茂記念事業財団編『人間吉田茂』中央公論社、一九九一年所収）

（二）　第二保守党系指導者

内川正夫・浅野和生「改進党における大麻唯男のリーダーシップ」（『大麻唯男　論文編』（櫻田会、一九九六年所収）
武田知己『重光葵と戦後政治』吉川弘文館、二〇〇二年

竹中佳彦「中道政治の崩壊―三木武夫の外交・防衛路線―」（近代日本研究会編『年報近代日本研究一六　戦後外交の形成』山川出版社、一九九四年所収）
竹中佳彦「芦田均の軌跡」（北岡伸一・五百旗頭真編『占領と講和　戦後日本の出発』情報文化研究所、一九九九年所収）
竹中佳彦「政党政治家・三木武夫の誕生」（『北九州市立大学法政論集』三〇巻三・四号、二〇〇三年）
西住徹『戦後日本政治における北村徳太郎』西住徹、一九九二年

（四）　戦後全般

雨宮昭一『戦時戦後体制論』岩波書店、一九九七年
五百旗頭真『占領期』読売新聞社、一九九七年
五十嵐武士『戦後日米関係の形成』講談社学術文庫、一九九五年
河野康子『戦後と高度成長の終焉』講談社、二〇〇二年
清水真人『官邸主導』日本経済新聞社、二〇〇五年
ジャスティン・ウィリアムズ『マッカーサーの政治改革』朝日新聞社、一九八九年
杣正夫『日本選挙制度史』九州大学出版会、一九八六年
竹中治堅『首相支配』中公新書、二〇〇六年
陳肇斌『戦後日本の中国政策』東京大学出版会、二〇〇〇年
中村隆英『昭和史Ⅱ』東洋経済新報社、一九九三年
松尾尊兊『日本の歴史二一　国際国家への出発』集英社、一九九三年
御厨貴『オーラル・ヒストリー』中公新書、二〇〇二年
渡邉文幸『指揮権発動』信山社、二〇〇五年

関係年表（1945〜1957）

年月日	内閣、議会等	政治	政党
1945（昭20）年			
8月15日	鈴木貫太郎	玉音放送	
8月17日	東久邇宮稔彦		
8月22日			鳩山一郎、軽井沢から上京
8月28日		連合国軍総司令部、横浜に設置	
		9・15 日比谷の第一生命相互ビルを本部として使用開始	
9月2日		ミズーリ号で降伏文書に調印（全権重光葵・梅津美治郎）	
9月11日		GHQ、東條英機らの逮捕を命令	
9月14日			大日本政治会解散
9月17日		重光外相辞任、吉田茂が外相に就任	
10月9日	幣原喜重郎	幣原内閣成立（吉田外相留任、芦田均厚相、楢橋渡法制局長官）	
10月11日		マッカーサー、5大改革を要求	
		婦人の解放、労働組合結成奨励、学校教育民主化、秘密審問司法制度撤廃、経済機構民主化	
11月2日			社会党結党大会（片山哲書記長）
11月9日			日本自由党結党大会（鳩山一郎総裁、河野一郎幹事長）
11月16日			日本進歩党結党大会（鶴見祐輔幹事長）
11月26日	第89臨時帝国議会召集（11・27開会、12・18解散）		
11月27日		政府、衆議院議員選挙法改正案を提出（12・15成立）	
12月1日			共産党第4回大会（12・6 徳田球一、書記長に就任）
12月6日		GHQ、近衛文麿・木戸幸一らの逮捕を指令	
12月16日		近衛文麿、服毒自殺	

年月日	内閣、議会等	政治	政党
12月17日		衆議院議員選挙法改正公布（婦人参政権、大選挙区連記制）	
12月18日		衆議院解散	進歩党総裁に、町田忠治が就任
			日本協同党結成（代表世話人は黒沢酉蔵、船田中）
12月19日			吉田茂、貴族院議員に勅撰
1946（昭21）年			
1月1日		天皇の人間宣言	
1月4日		ＧＨＱ、軍国主義者の公職追放等を指令	進歩党　町田総裁・鶴見幹事長ほか多数追放
			自由党　松野鶴平ら追放
1月12日			野坂参三、帰国
1月13日		幣原内閣改造（楢橋渡書記官長）	
1月15日			山川均、民主人民戦線の結成を提唱
2月3日		マッカーサー、民政局に日本憲法草案作成を指示（2・10　ＧＨＱ案完成）	
2月8日		憲法改正要綱（松本試案）、ＧＨＱに正式提出	
2月13日		ＧＨＱ、憲法改正松本試案を拒否、ＧＨＱ草案を政府に手交	
2月18日			町田進歩党総裁辞任、以後、集団指導体制に
2月22日		閣議、ＧＨＱ草案の受け入れを決定	
2月24日			共産党第5回大会、平和的民主的手段による革命方式を採択
3月2日		政府、ＧＨＱ草案の趣旨に基づく憲法改正草案を作成（3・4　ＧＨＱに提出）	
3月6日		政府、憲法改正草案要項を発表。マッカーサー、全面的承認を声明	
3月9日			社会党、山川均提唱の民主人民戦線に不参加を決定
4月3日			山川均ら、民主人民連盟結成準備会を開く（7・21　創立大会）
4月5日		連合国対日理事会、東京で第1回会合	
4月7日			民主人民連盟ほか共催の幣原反動内閣打倒人民大会、日比谷で開催

年月日	内閣、議会等	政治	政党
4月10日		第22回衆議院議員総選挙 自由141、進歩94、社会93、協同14、共産5、諸派38、無所属81	
4月13日		楢橋書記官長、進歩党与党化工作を開始	
4月19日			自由・社会・協同・共産4党、幣原内閣打倒共同委員会を結成
4月22日		幣原内閣総辞職	
4月23日			幣原が進歩党総裁に就任（4・19　入党決定）
4月27日			社会党、自由党との連立を拒否
4月30日			鳩山自由党総裁、単独組閣の方針を決定
5月3日		極東国際軍事裁判開廷	
5月4日		鳩山一郎、公職追放	
5月15日			吉田茂、自由党総務会長に就任
5月16日	第90臨時帝国議会召集（6・20開会、10・11閉会）		
		吉田茂に組閣命令	
5月22日	吉田茂Ⅰ	第1次吉田茂内閣成立（石橋湛山蔵相、幣原国務相、斎藤隆夫国務相）	
5月24日			協同民主党結成（山本実彦委員長、井川忠雄書記長、船田享二政調会長）
5月25日			進歩党　入閣した斎藤に代わり、犬養健が総務会長に就任
6月12日		政府、公職適否審査委員会の設置を決定（7・1　同委員会官制公布）	
6月20日			自由党　三木武吉、河野幹事長、公職追放。大野伴睦が後任幹事長
8月18日			自由党大会、吉田茂を総裁に正式決定
8月25日			協同民主党全国大会　三木武夫が筆頭常任中央委員に就任
9月25日			国民党結成（笹森順造、岡田勢一、早川崇ら）
10月12日			自由党　総務と政調会長を公選。芦田均が政調会長に就任
11月3日		日本国憲法公布	
11月25日	第91臨時帝国議会召集（11・26開会、12・25閉会）		
11月27日			内務省「政党法案要綱」（未定稿）を作成

年月日	内閣、議会等	政治	政党
12月20日			第1次政党法案作成
12月27日	第92臨時帝国議会召集（12・28開会、47・3・31解散）		
1947（昭22）年			
1月1日		吉田首相、ラジオで「不逞の輩」発言	
1月7日			第2次政党法案、閣議に提出
1月31日		マッカーサー、2・1ゼネストに中止を命令	進歩党　党役員改選（代議士会長等を公選）
		吉田内閣改造（石井光次郎商相、増田甲子七運輸相）	
2月24日		参議院議員選挙法公布	
3月6日			進歩党　石黒武重が幹事長、苫米地義三が政務調査会長に就任
3月8日			国民協同党結成（三木武夫書記長、船田享二政調会長）
3月23日			芦田、自由党を脱党
3月26日			進歩党、新党樹立と同時に党の解散を決定
3月31日		衆議院選挙法改正公布（中選挙区単記制）	民主党結成（最高総務委員の集団指導体制、石黒武重幹事長）
		衆議院解散	
4月4日			民主党　楢橋渡が公職追放
4月8日			民主党　犬養健、石黒武重幹事長が公職追放
4月11日			民主党　地崎宇三郎幹事長、保利茂が公職追放。後任幹事長は芦田均最高委員が兼任
4月20日		第1回参議院議員選挙 社会47、自由39、民主29、国民協同10、共産4、諸派13、無所属108	
4月25日		第23回衆議院議員総選挙 社会143、自由131、民主124、国民協同31	
4月30日		国会法公布（5・3　施行）	
5月3日		日本国憲法施行	
5月17日		石橋湛山公職追放、石井光次郎、木村篤太郎らも追放	緑風会結成（92名）

年月日	内閣、議会等	政治	政党
5月18日			民主党　芦田均総裁、幣原名誉総裁
5月20日	第1特別国会（－12・9閉会）		
5月20日		吉田内閣総辞職	
6月1日	片山哲	片山哲内閣成立（社会・民主・国民協同3党の連立）　芦田外相、三木武夫逓相	
6月2日			民主党　竹田儀一が幹事長、北村徳太郎が政調会長に就任
6月20日		三木武吉、河野一郎、公職追放	
6月30日			国民協同党　三木武夫が初代委員長、岡田勢一が書記長、船田享二が政調会長に就任
7月1日			自由党　増田甲子七が政務調査会長に就任
8月4日		最高裁判所発足	
11月4日		片山首相、平野農相を罷免	
11月20日		衆議院本会議、炭鉱国家管理法案をめぐり大混乱（3日間の乱闘）	
11月28日			民主党、炭鉱国家管理法案反対派7名を除名
11月29日			幣原ら民主党を脱党、同志クラブを結成
12月8日		炭鉱国家管理法案、成立	
12月10日	第2通常国会（－1948・7・5）		民主党　斎藤隆夫が最高顧問、稲垣平太郎が政調会長に就任
12月31日		内務省廃止	
1948（昭23）年			
1月13日		中央公職適否審査委員会、平野力三を公職追放令該当と決定	
2月10日		片山内閣総辞職	
3月3日			斎藤隆夫、民主党を離党
3月10日	芦田均	芦田均内閣成立	
3月15日			民主自由党（吉田総裁）結成、幣原派合流
			民主自由党結党大会で単記無記名投票を実施（但し、候補者は吉田茂のみ）、吉田茂が総裁に選出。山崎猛が幹事長、斎藤隆夫が総務会長、周東英雄が政調会長
3月26日			社会革新党結成（平野力三派、書記長佐竹晴記）

年月日	内閣、議会等	政治	政党
5月15日			国民協同党第3回党大会 三木武夫が初代委員長、竹山祐太郎が書記長、松本瀧蔵が政調会長に就任
6月23日		昭和電工の日野原節三社長、贈賄容疑で留置（昭和電工事件）	
7月20日			民主党 犬養健、保利茂が公職追放解除
7月29日		政治資金規正法公布	
9月30日		昭和電工事件で、栗栖赳夫経済安定本部長官を逮捕	
10月6日		昭和電工事件で、西尾前国務相を逮捕。社会党、内閣総辞職を決定	
10月7日		芦田内閣総辞職	
10月11日	第3臨時国会（－11・30）		
10月13日		首班指名をめぐり、民主党に山崎猛（民自党幹事長）首班説が強まる	
10月14日		山崎民自党幹事長、議員辞職	
10月19日	吉田Ⅱ	第2次吉田内閣成立（佐藤栄作官房長官）	
10月20日			民自党 広川弘禅が幹事長に就任
11月8日		芦田均、民主党総裁辞任	
11月11日			民主党 苫米地義三が総務会長、稲垣平太郎が幹事長、北村徳太郎が政調会長に就任
11月12日		極東国際軍事裁判所、戦犯25被告に有罪を判決	
12月1日	第4通常国会（－12・23）		
12月7日		昭和電工事件で芦田前首相逮捕	
12月9日			民主党議員総会で投票、犬養健が勝利。投票結果は、犬養健48、楢橋渡17、苫米地義三4、稲垣、北村、芦田が各1、無効3
12月10日			民主党第5回大会、全会一致で犬養健を総裁に決定
12月18日		経済安定9原則発表	
12月23日		内閣不信任案可決、解散（なれあい解散）	
		東條英機ら7人の絞首刑、執行	
12月24日		岸信介らA級戦犯容疑者19名を釈放	

年月日	内閣、議会等	政治	政党
1949（昭24）年			
1月23日		第24回衆議院議員総選挙	
		自由264、民主69、社会48、共産35、国民協同14	
		池田勇人、佐藤栄作ら官僚派大量当選	
2月1日		ドッジ来日	
2月9日			民主党　犬養総裁が、稲垣を総務会長、保利を幹事長、千葉三郎を政調会長に指名
2月10日			吉田民自党総裁、犬養民主党総裁が会談、保守連携で一致
2月11日	第5特別国会（－5・31）		
2月14日			民主党議員総会、連立参加をめぐり事実上の分裂　連立派（犬養総裁、保利幹事長）
2月16日	吉田Ⅲ	第3次吉田内閣（自由党・民連派との連立内閣）池田が蔵相に就任。民主党から稲垣商相と木村小左衛門国務相が入閣	
			民主党野党派　鬼丸義斉総務会長、北村徳太郎幹事長、千葉三郎政調会長を決定
2月19日			民主党野党派　総裁代行委員会制を決定、主席は苫米地
3月7日		ドッジライン明示	民主党分裂
3月8日			民主党野党派　最高委員制度を導入
3月9日			民主党野党派　苫米地義三最高委員長を選出
4月4日		団体等規制令公布	
5月9日			新政治協議会結成
5月25日		通商産業省設置	
7月5日		下山事件（7・5下山総裁行方不明、7・6死体発見）	
7月15日		三鷹事件	
8月17日		松川事件	
8月26日		シャウプ勧告	
10月1日		中華人民共和国成立	

年月日	内閣、議会等	政治	政党
10月25日	第6臨時国会（－12・3閉会）		
12月4日	第7通常国会（－1950・5・2閉会）		
1950（昭25）年			
1月19日			社会党第5回党大会で分裂、左派・鈴木茂三郎書記長、右派・片山哲委員長・水谷長三郎書記長
1月20日			民主自由党　党則改正
3月1日			自由党結成（民自党、民主党連立派合流）　吉田総裁
		池田蔵相放言「中小企業倒産もやむなし」（3・4蔵相不信任案否決）	
4月3日			社会党両派、再統一
4月13日			自由党　佐藤栄作が幹事長に就任
4月15日		公職選挙法公布	
4月25日		池田蔵相、白洲次郎首相特使ら渡米（5・22帰国）	
4月28日			国民民主党結成（苫米地義三最高委員長、千葉三郎幹事長、北村政調会長、木下栄総務会長）　三木武夫は最高委員
5月3日		マッカーサー、共産党の非合法化を示唆	
		吉田首相、南原らの全面講和論を曲学阿世と非難（5・6南原総長、反論）	
5月6日		吉田内閣、一部改造（岡崎勝男官房長官、天野貞祐文相）	
6月4日		第2回参議院議員選挙	
		自由52、社会36、緑風9、国民民主9、無所属19	
6月6日		マッカーサー、共産党中央委員らの公職追放を指令	
6月21日		ダレス来日、マッカーサーと講和条約の構想などについて会談（6・22吉田首相と会談、6・27離日）	
6月25日		朝鮮戦争勃発	

年月日	内閣、議会等	政治	政党
6月28日		吉田内閣改造（大橋武夫法務総裁、広川弘禅農相など）	
7月8日		マッカーサー、警察予備隊創設を指令（予備隊令公布・施行は8・10）	
7月11日		日本労働組合総評議会（総評）結成	
7月12日	第8臨時国会（－7・31閉会）		
7月24日		レッドパージ始まる	
9月21日		第2次シャウプ税制勧告	
10月13日		政府、GHQの承認を得て、解除訴願中の約1万人の追放解除を発表	大久保留次郎、安藤正純、牧野良三ら追放解除
11月14日		幣原衆議院議長、講和問題につき超党派外交の実現を各党に申し入れ	
11月21日	第9臨時国会（－12・9閉会）		
12月7日			芦田、反共・自衛力増強・安全保障に関する意見書をGHQに提出
12月10日	第10通常国会（－1951・6・5閉会）		
1951（昭26）年			
1月1日		マッカーサー、講和と日本再武装の必要を声明	
1月19日			社会党第7回党大会（1・21平和三原則、再軍備反対を決議）
1月20日			国民民主党党大会　役員改選により、苫米地が最高委員長、三木武夫が幹事長、千葉が政調会長、桜内辰郎が総務会長に就任
1月25日		ダレス講和特使来日（1・29、1・31、2・7吉田首相と会談）	
2月6日		鳩山、ダレスと会談	
2月10日			社会民主党結成（平野力三委員長、佐竹晴記書記長）
2月23日			共産党第4回全国協議会、武装闘争方針を提起
4月11日		マッカーサー解任、後任はリッジウェイ	
4月16日		マッカーサー離日	
		ダレス特使来日	

年月日	内閣、議会等	政治	政党
5月31日			自由党　増田甲子七幹事長、広川弘禅総務会長、吉武恵市政調会長
6月1日			自由党　広川総務会長、総務会に事務局を設置。小沢佐重喜が事務局長に就任
6月11日		鳩山、音羽の鳩山邸で会談中に倒れる	
6月20日		第1次追放解除（石橋湛山、三木武吉ら）	
7月4日		吉田内閣第2次改造	
7月14日			旧民政党関係者、民政旧友会を組織
8月3日		吉田首相、苫米地国民民主党最高委員長を訪問、全権団参加を要請（8・18国民民主党参加を決定）	
8月6日		第2次追放解除（鳩山一郎、前田米蔵、松村謙三、緒方竹虎ら）	
8月9日			前田米蔵、吉田と会談し、自由党入党が決定
8月16日	第11臨時国会（－8・18閉会）		
8月22日		講和会議全権委員6名任命	
9月5日			民政旧友会、新政クラブ（松村謙三ら）と改称
9月8日		サンフランシスコ講和条約・日米安全保障条約調印	
10月10日	第12臨時国会（－11・30閉会）		
10月24日			社会党第8回臨時大会、講和・安保条約をめぐり左右に分裂（左派・鈴木茂三郎委員長、右派・浅沼稲次郎書記長）
12月10日	第13通常国会（－1952・7・31閉会）		
		ダレス顧問来日（12・11、12・13、12・18吉田首相と会談、12・20離日）	
12月22日			国民民主党、新政クラブ、農民協同党ほかにより、新党結成準備委員会発足
12月24日			緒方竹虎、吉田総裁に自由党入党届けを提出
12月26日		吉田内閣第3次改造（クリスマス改造、広川農相）	

1952（昭27）年

年月日	内閣、議会等	政治	政党
1月21日		白鳥事件	
2月7日			国民民主党解党大会。参院民主党の改進党不参加者が民主クラブを結成
2月8日			改進党結成（三木武夫幹事長）6月13日　重光葵総裁
2月28日		日米行政協定調印	
4月9日		内閣調査室設置、初代室長に村井順	
4月15日		吉田首相、緒方竹虎に保安庁（8・1発足予定）初代長官を要請、緒方承諾	
4月19日			日本再建連盟結成（三好英之理事長、岸信介顧問ら）
4月21日		公職追放令廃止	
4月26日		政府、最終の追放解除29人を発表（4・28岸信介ら約5700人自動的に解除）	
4月28日		対日平和条約・日米安全保障条約発効	
		日華平和条約調印（8・5発効）	
		極東委員会・対日理事会・GHQ廃止	
5月1日		血のメーデー事件	
6月23日		政府、日本の国際連合加盟申請書を提出（9・18　ソ連の拒否権で否決）	
7月1日			自由党両院議員総会、福永幹事長指名をめぐり混乱、流会（福永幹事長事件、増田甲子七が失脚）
7月21日		破壊活動防止法・公安調査庁設置法・公安審査委員会設置法各公布	
7月31日		保安庁法公布（警察予備隊を保安隊に）	林譲治、自由党幹事長に就任
8月26日	第14通常国会（－8・28解散）		
8月28日		吉田首相、衆議院を解散（抜き打ち解散）	
9月2日			鳩山、吉田首相と会談（箱根ホテルにて）
9月5日			自由党吉田総裁、執行部に石橋・河野の除名を求める書簡を送付
9月29日			自由党が石橋湛山、河野一郎を除名
10月1日		第25回衆議院議員総選挙	

年月日	内閣、議会等	政治	政党
		自由２４０、改進85、右派社会57、左派社会54、共産０	
10月15日		警察予備隊を保安隊に改組	
10月16日			自由党　鳩山「民主化四原則」を発表
10月23日		吉田首相と鳩山が会談、鳩山が吉田首班を承認	
10月24日	第15特別国会（－１９５３・３・14解散）		自由党民主化同盟（民同派）結成　安藤正純委員長
			自由党　大野伴睦、衆議院議長に就任
10月30日	吉田Ⅳ	第４次吉田内閣成立（緒方竹虎官房長官、犬養健法相、林屋亀次郎国務相〔民主クラブ〕）	
11月27日		池田通産相の放言（11・28不信任案、民同派欠席により可決、11・28池田通産相辞任）	
11月28日		緒方官房長官、副総理を兼任	
12月15日		吉田首相・緒方副総理ら、民同派の三木武吉らと会談。石橋・河野の除名取消	
１９５３（昭28）年			
1月13日			岸信介、自由党入党の意向を表明（3・18正式入党）
1月19日			自由党　林幹事長が辞表を提出
1月24日			吉田自由党総裁、佐藤栄作幹事長と益谷秀次総務会長を内定
1月25日			自由党大会、民同派・広川派の反対により役員指名延期
1月30日			自由党　佐藤が幹事長に就任
2月3日			自由党　三木武吉が総務会長に就任
2月9日			改進党第４回全国大会で役員改選、党則改正、及び党組織改革。中央常任委員会に理事会を設置、情報宣伝委員会を創設。清瀬一郎が幹事長、三浦一雄が政策委員長、山本粂吉が党務委員長、竹山が組織委員長、楢橋が情報宣伝委員長に就任
2月11日			三木武吉自由党総務会長、総務会長補佐役（星島二郎、河野一郎、首藤新八）を設置

年月日	内閣、議会等	政治	政党
2月28日		吉田首相、衆議院予算委員会で「バカヤロー」と発言	
3月2日		衆議院で吉田首相の懲罰動議可決（民同派、広川派が欠席）	
		吉田首相が広川農相を罷免	
3月5日		スターリン死去	
3月14日		衆議院で内閣不信任案可決、衆議院解散（バカヤロー解散）	自由党民同派の一部が離党、分派自由党を結成
3月16日			自由党広川派、分党届提出、分派自由党に合流
			自由党　佐藤幹事長、分党届けを提出した広川や民同派を除名
3月18日			分派自由党（分自党、鳩自党）、鳩山総裁を決定。三木武吉幹事長、石橋政審会長
3月24日		福永健司官房長官に就任、緒方竹虎は副総理専任	
4月19日		第26回衆議院議員総選挙	自由党では前田が落選。岸信介が戦後、初当選。改進党は清瀬幹事長、北村が落選
		自由199、改進76、左派社会72、右派社会66、分派自由35	
4月24日		第3回参議院議員選挙	
		自由46、左派社会18、緑風16、右派社会10、改進8、無所属30	
5月18日	第16特別国会（－8・10閉会）		
5月20日			第1次吉田・重光会談
5月21日	吉田V	第5次吉田内閣成立（緒方国務相、犬養法相）	
6月15日			改進党　役員改選。松村謙三が幹事長、椎熊三郎が党務委員長、三浦一雄が政策委員長、松浦周太郎が組織委員長、有田喜一が情報宣伝委員長に就任
6月19日			改進党中央常任委員会理事会で副幹事長、代議士会長、顧問会長、中央常任委員会理事の人事を決定
7月27日		朝鮮休戦協定調印	

年月日	内閣、議会等	政治	政党
9月25日			自由党　党則改正
9月27日			第2次吉田・重光会談
10月2日		ワシントンで池田・ロバートソン会談	
10月29日	第17臨時国会（－11・7閉会）		
10月30日		池田・ロバートソン会談終了、共同声明発表	
11月9日			自由党　岸が党派を超えて約50名に招待状を出し、晩翠軒で会合を開く（晩翠軒事件）
11月17日		吉田首相、音羽の鳩山邸を訪問	
11月29日			分自党21名、自由党に復帰。残留派は日本自由党（通称〝8人の侍〟）を結成
11月30日	第18臨時国会（－12・8閉会）		
12月10日	第19通常国会（－1954・6・15閉会）		
12月11日			自由党　鳩山と前田が雑誌記事で対談
1954（昭29）年			
2月1日		平野力三（右社）代議士、保全経済会の政治寄金につき証言	
2月15日			自由党　鳩山と前田が会談
2月23日		衆議院、汚職容疑で有田二郎（自由党）の逮捕許諾請求を期限付で承諾（造船疑獄）	
3月1日		第五福竜丸事件	
3月8日		MSA協定（日米相互防衛援助協定）調印（5・1発効）	
3月12日			自由党憲法調査会発足（岸信介会長）
3月18日		前田米蔵死去	
3月28日		緒方副総理「爛頭の急務」声明	
4月9日			緒方・石橋・岸が「各解党して保守新党を作る、総裁等はその上にて民主的に公選す。吉田退陣問題はこの際持ち出さず。右二原則にて改進党に呼びかけること」で一致
4月17日		緒方副総理、閣議で総辞職論を唱える	
4月20日		吉田首相、閣議で総辞職論を否定	

1955（昭30）年

年月日	内閣、議会等	政治	政党
4月21日		犬養法相、指揮権発動（22日、犬養法相辞職）	
5月28日			保守3党、新党結成問題で交渉委員会設置を決定（6・23自由党、交渉打ち切りを決定）
6月9日		防衛庁設置法・自衛隊法各公布（7・1施行）	
6月14日			石橋正二郎邸で、鳩山と大麻が会談
7月3日			岸・石橋・芦田ら、新党結成準備会を結成
7月14日			芦田・吉田会談
7月26日			自由党　池田が幹事長、大野が総務会長に就任
9月19日			鳩山・重光ら6者会談、反吉田の保守新党結成申合せ
9月21日		新党結成準備会結成	
9月26日		吉田首相欧米外遊（－11・17）	
11月1日			新党結成準備会、鳩山委員長を決定
11月8日			自由党が岸、石橋を除名。金光庸夫が新党準備会代表委員を辞任
11月15日			新党創立委員会結成（鳩山委員長）
11月16日			新党創立委員会、各委員長決定
11月20日			両派社会党、「両社共同政権の新政策大綱」を発表
11月24日			日本民主党結成（鳩山総裁、重光副総裁、三木武吉総務会長、岸幹事長、松村政調会長）
11月28日			自由党両院議員総会、吉田引退、緒方新総裁を決定
11月30日	第20臨時国会（－12・9閉会）		
12月6日		民主・両社共同で衆議院に内閣不信任案提出	
12月7日		吉田内閣総辞職	
12月8日			自由党議員総会、緒方新総裁を決定。石井光次郎が幹事長、大野伴睦が総務会長、水田三喜男が政調会長に就任
12月10日	第21通常国会（－1955・1・24閉会）		
12月10日	鳩山一郎Ⅰ	第1次鳩山内閣成立	

年月日	内閣、議会等	政治	政党
1月10日		鳩山首相、記者会見で日ソ国交回復・憲法改正に積極的意思を表明	
1月18日			両社会党大会で統一実現を決議、統一準備委員を選出
1月24日		衆議院解散	
1月25日		鳩山首相がドムニツキー（元ソ連代表部主席）から書簡を受け取る	
2月4日		閣議で対ソ交渉開始を決定	
2月27日		第27回衆議院議員総選挙	
		民主185、自由112、左派社会89、右派社会67	
3月7日			両社統一準備委、統一首班候補に鈴木茂三郎
3月18日	第22特別国会（―7・30閉会）		
3月19日	鳩山Ⅱ	第2次鳩山内閣成立	
4月12日			三木武吉民主党総務会長、保守合同車中談
4月19日		防衛分担金削減に関する日米交渉妥結、共同声明発表	
5月23日			自由・民主両党の幹事長・総務会長の4者会談、保守合同につき協議
6月1日		日ソ交渉、ロンドンで開始（松本・マリク会談）	
6月4日			鳩山・緒方両総裁会談で、保守結集の共同談話
7月29日			共産党、第6回全国協議会
8月1日		防衛庁設置法・自衛隊法各改正公布	
8月29日		重光外相、ワシントンでダレスと会談（岸幹事長、河野農相も同道）	
9月5日			新党々則第二次草案（新党組織委員会）
9月9日			両社、統一綱領草案を決定
9月20日			組織要綱（案）
9月27日			新党党則第五次草案
10月13日			社会党統一大会（鈴木委員長、浅沼書記長）
10月17日		安藤正純死去	

年月日	内閣、議会等	政治	政党
10月24日			新党党則草案（第七次決定草案）
11月6日			自由・民主両党の幹事長・総務会長の4者会談、党首問題棚上げ・代行委員制による合同
11月8日			民主党　短期の代行委員制を提案。合同支部による総裁選挙に投票権を持つ代議員の選出、合同支部ができるまでの間は代行委員制
11月8日			新党党則草案（第八次決定草案）
11月10日			自由党　緒方総裁、正式に短期の代行委員制を受け入れると表明
11月13日			旧吉田派、林譲治邸に集まり、態度を決定（いわゆる〝吉田13人衆〟）。佐藤のみが新党参加を拒否
11月15日			朝、吉田元首相、新党不参加の書簡を林譲治宛に送付
11月15日			自由民主党結成（鳩山・緒方・三木武吉・大野総裁代行委員）
11月22日	第23臨時国会（－12・16閉会）		
	鳩山Ⅲ	第3次鳩山内閣成立	
12月20日	第24通常国会（－1956・6・3閉会）		
1956（昭31）年			
1月17日		日ソ交渉、ロンドンで再開	
1月28日		緒方竹虎死去	
2月10日			自民党議員総会、緒方の後任の総裁代行委員に松野鶴平を選任
2月11日		憲法調査会法案、国会提出	
3月8日		新教育委員会法案、国会提出	
3月13日		教科書法案、国会提出	
3月19日		小選挙区法案、国会提出	
3月20日		日ソ交渉第23回会談、領土問題で行き詰まり以後無期限休会	
4月5日			自民党第2回臨時大会　第1回総裁公選　鳩山一郎を初代総裁に選出。投票結果は、鳩山394、散票19、棄権76
4月20日		防衛庁設置法・自衛隊法各改正公布	
4月29日		河野農相、モスクワで日ソ漁業交渉開始	
4月30日		衆議院、小選挙区法案をめぐり大混乱（5・16衆議院修正可決、審議未了、廃案）	

年月日	内閣、議会等	政治	政党
5月9日		フィリピンと賠償協定、経済開発借款に関する交換公文などに調印（7・23発効）	
5月14日		モスクワで日ソ漁業条約調印、国交回復が発効条件	
5月16日		小選挙区法案、区割りを切離し衆院通過、参院審議未了	
6月1日		参議院、新教育委員会法案をめぐり大混乱（6・2払暁、参院に警官隊導入、中間報告のみで可決、6・30公布）	
6月11日		憲法調査会法公布	
7月2日		国防会議構成法公布	
7月4日		三木武吉死去	
7月8日		第4回参議院議員選挙	
		自民61、社会49	
7月31日		重光外相訪ソ、日ソ交渉再開	
8月10日		鳩山首相、軽井沢で後継首班について会談	
8月19日		鳩山首相、河野農相に日ソ交渉のため訪ソの決意表明	
8月24日		重光外相、ダレス米国務長官と、日ソ交渉などにつきロンドンで会談	
9月6日		石坂泰三経団連会長・藤山愛一郎日商会頭、自民党三役と会談、後継首班決定を申し入れ	
9月11日		鳩山首相、日ソ交渉再開の条件につき、ブルガーニン首相に書簡を送付（9・15ブルガーニン首相同意）	
10月7日		鳩山首相、河野農相らモスクワへ出発	
10月13日		ブルガーニン首相・フルシチョフと会談	
10月15日		ブルガーニン首相・フルシチョフと会談、正式交渉開始	
10月19日		日ソ共同宣言調印（日ソ国交回復）	

年月日	内閣、議会等	政治	政党
11月1日		日ソ交渉全権団、帰国	
11月2日		鳩山首相、引退声明	
11月9日		石橋通産相、総裁公選立候補を宣言	
11月10日		河野農相、候補者一本化に尽力、及び岸幹事長を推すことを表明	
11月12日	第25臨時国会（−12・13閉会）		
12月7日			自民党　長老会議
12月8日			自民党　長老会議
12月11日			自民党　長老会議
12月12日			自民党　長老会議、石井・石橋・岸の3候補が呼び出される
12月13日			自民党　長老会議
			夕方、石井・石橋・岸の3陣営が、新総裁のもとでの一致結束を申し合わせ
12月14日			自民党大会　第2回総裁公選　石橋総裁。決選投票の結果は、石橋258、岸251、無効1、棄権1
12月18日		国連総会、全会一致で日本の加盟を可決	
12月20日	第26通常国会（−1957・5・19閉会）		
		鳩山内閣総辞職	
12月23日	石橋湛山	石橋湛山内閣成立。政調会長人事や一部の閣僚人事を翌年まで持ち越し	
1957（昭32）年			
1月11日			自民党　塚田十一郎が政調会長に就任
1月26日		重光葵死去	
1月31日		石橋首相病臥のため、岸外相を首相代理に指定	
2月1日			吉田元首相と佐藤らが自民党に入党
2月2日		小滝彬防衛庁長官が決定	
2月22日		石橋首相、辞意表明	
2月23日		石橋内閣総辞職	
2月25日	岸信介	岸信介内閣成立	

年月日	内閣、議会等	政治	政党
3月16日			自民党　党大会準備委員会全体会議、新総裁の選挙は党則通り公選と決定
3月18日			自民党　党六役会議、投票手続きをとることに意見が一致
3月19日			自民党　総務会、慣例に従い党則通り単記無記名投票による総裁選任を決定
3月21日			自民党大会　第3回総裁公選　岸総裁。投票の結果は、岸471、松村2、石井1、北村1、棄権1
5月20日		岸首相、東南アジア歴訪に出発（6・4帰国）	
6月16日		岸首相、訪米に出発（6・21共同声明発表、7・1帰国）	
7月10日		岸内閣改造（藤山愛一郎外相）	
8月13日		政府憲法調査会、初会合	
10月1日		日本、国連総会で安保理事会非常任理事国に初当選	
11月1日	第27臨時国会（－11・14閉会）		
11月18日		岸首相、東南アジア歴訪に出発（12・8帰国）	
12月20日	第28通常国会（－58・4・25解散）		
1959（昭34）年			
3月7日		鳩山一郎死去	
1967（昭42）年			
10月20日		吉田茂死去	

参考文献　『近代日本総合年表　第四版』（岩波書店、2001年）を参考にした。本文で言及した事項のうち、主要なもののみを挙げた。

あとがき

本書は、平成二〇年九月に東京大学大学院法学政治学研究科に提出した博士論文『戦後保守党における党組織の形成』を原型とし、三分の二ほどに圧縮し、加筆修正したものである。

筆者は修士課程では、戦前の鳩山一郎を研究した。博士課程進学と同時に戦後の鳩山研究に取り組み、途中から、政党組織にも関心を広げた。それらを博士論文としてまとめた。要するに、本書は、筆者の大学院進学以降の約一〇年間の集大成に他ならない。

この間、研究を遂行するに当たって、平成一五年度は（財）松下国際財団から研究助成を、平成一六・一七年度は日本学術振興会特別研究員奨励費を、平成二〇・二一年度は日本学術振興会科学研究費補助金若手研究（B）を受けた。

本書の一部は、日本政治研究学会、東京大学政治史研究会、日本政治学会で報告の機会にめぐまれた。その際には様々な方から有益なコメントを頂いた。

幸運なことに、本書出版に当たっては、平成二一年度東京大学学術研究成果刊行助成を受けることができた。

以上、本書の刊行までに、様々な面でご協力・ご尽力頂いた関係各位に感謝する。

筆者は、東大法学部の講義・演習への参加をきっかけとして、研究者を志した。学部時代に参加したゼミの先生方にその後もご指導頂けたことは望外の喜びであった。

北岡伸一先生には、指導教員として一貫してご指導頂き、博士論文副査も務めて頂いた。骨太さと精緻さを兼ね備えたその議論に魅了され、ゼミ合宿の帰路に大学院進学を相談したことが未だに鮮明に思い出される。その後、博士論文執筆にこれほど長期間を要するとは、先生は想像しておられなかったに違いない。だが、大学院一〇年計画を放言し、論文に使えない資料収集にばかり奔走し、一向に論文が進展しない怠惰な弟子に対しても、先生は自主性を重んじる姿勢を崩されることはなかった。現勤務先に奉職後も、論文を尻目に資料収集に惑溺する筆者に対して寛大であった。先生におかけした迷惑と筆者が受けた学恩は、いかに書き連ねても尽きることはない。

御厨貴先生には、政党組織に関心を持つきっかけとなった発表を行う貴重な機会を御厨塾で与えて頂いた。先生の切れ味鋭いコメント、ユニークな発想は、常に筆者の考えの及ばぬところをつくものであった。先生との時間は柔軟な思考の重要性を学ぶ、またとない機会であった。

酒井哲哉先生には、北岡先生ご不在の折に、ご指導頂く機会を得た。今にして思えば、得難い機会であったにもかかわらず、十分に活用することが出来なかった。それでも、頂いた貴重なご指摘は論文執筆の際の良き道しるべとなった。

五百籏頭薫先生には、大学院進学以来、公私共にお世話になり、博士論文副査も務めて頂いた。丁寧な口調から繰り出されるご指摘はユーモアに溢れつつも常に的確であった。会うたびに筆者は自らの足らざる点や論文の不備を痛感させられた。

蒲島郁夫先生のもとで学部時代に学んだデータの重要性は、政治史研究にも適用できるものであり、本書執筆にも活かされている。大学院でもあれこれと気にかけて頂いた。行き詰った時に先生から頂いた言葉に励まされた。

谷口将紀先生には、博士論文主査を務めて頂き、貴重なコメントを頂いた。折々に頂いた学術面に限らないご助言の数々は、世事にうとい筆者にとって、実に有難いものであった。本書は不十分ではあるが、学部ゼミにおける先生の質問への回答である。

東京大学大学院法学政治学研究科の先生方には計り知れない学恩を受けた。講義やゼミで受けた知的刺激は、筆者の血となり肉となっている。なかでも中谷和弘先生、川出良枝先生には、博士論文副査として、冗長きわまる博士論文に目を通して頂くのみならず、貴重なコメントまで頂いた。また、五十嵐武士先生には草稿に目を通して頂き、貴重なコメントを頂いた。記して感謝したい。

また、大学院では、中神由美子、成廣孝、安井宏樹、山崎望ら諸先輩方に、特にお世話になった。なかでも、逢坂巌氏には、学部以来、公私にわたり相談させて頂いている。同期にも恵まれた。中澤俊輔を筆頭に後輩諸氏の貴重な研究時間は、筆者の埒もない話で浪費させられることが多かった。今にして申し訳なく思う。

現勤務先では、故・坂井雄吉、土川信男、松浦正孝、中北浩爾、陳肇斌の歴代担当者の先生方、高田香里氏にお世話になった。平成二一年一二月、坂井先生の訃報に接した。ご冥福をお祈りする。

他に、御厨塾関係者の方々、とりわけ苅部直先生、今津敏晃、清水唯一朗、武田知己、村井哲也各氏には、様々な面でお世話になった。不精な筆者にとって、御厨塾は知的営為の面白さを学ぶ場であった。

研究に際して、東京大学法学部図書室、東京大学大学院法学政治学研究科附属近代日本法政史料センター原資料部、国立国会図書館憲政資料室、各地の文書館、図書館等にお世話になった。

その他、諸団体や個人にもお世話になった。団体・個人の順に五十音順で記す。櫻田会、政治記者OB会、中曽根康弘事務所、鳩山会館、三木武夫記念館、石川達男氏、井出正一元代議士、谷川和穂元代議士、星島節子氏、学部以来お世話になっている吉田慎一先生、若宮啓文元朝日新聞論説主幹。

とりわけ感謝申し上げたいのは、元読売新聞記者の故・宮崎吉政氏である。戦後政治の実態を紡がれるその一言一句に、吉田や鳩山、石橋といった政治家と実際に接し、情報をご自身で確認された者しか持ち得ない事実の重みが感じられた。博士課程で戦後政治研究を開始するにあたり、氏の知遇を得たことは僥倖であった。ご冥福をお祈りする。

本書の出版にあたっては、蒲島ゼミ時代に知遇を得た木鐸社の坂口節子さんに労をとって頂いた。時を経て、原稿を持ち込む日が来るとは、学部時代には想像もできぬことだった。出版情勢の厳しい中、刊行を引き受けて頂いたことに感謝する。

私事ではあるが、家族に感謝したい。父・健と母・良子は、突如として研究者を志した筆者のいつ終わるともしれない博士論文完成を、不安を抱えながらも我慢強く見守ってくれた。妹達との生活は、他者との接触を厭う筆者にとって、僅かな社会との接点であり、数少ない潤いでもあった。

平成二二年三月の現勤務先での任期終了を以って、平成一二年四月に始まった本郷での研究生活は終了する。この間、紙幅の関係でお名前を挙げられなかった方々も含め、多くの方々、諸機関にお世話になった。あらためて深く感謝する。引き続き真摯に学問と向かいあうことが、これまでに受けた学恩に応えることと信ずる。これからもより一層研究に励みたい。

平成二二年一月

小宮　京

The formation of the Liberal Democratic Party (LDP)

Although a large number of studies have been made on Japanese prewar/postwar party politics, only few attempt have so far been made at party organization of Japanese political parties. We will focus our attention on party organization.

In Chapter 1, we will argue the revival of conservative parties from 1945 to 1947.

In Chapter 2, we argue transformation of the organization of the Liberal Party since Shigeru Yoshida accept office of the party President. The power of the Secretary-General and the General Council was bolstered by President Yoshida.

In Chapter 3, we argue the Not-Liberal Party-affiliated from 1947 to 1954 and the Cooperative Party-affiliated from 1945 to 1950 . Especially, "Reformist group (Kakushin-ha)" and their reqests were paid to attention.

In Chapter 4, we argue the formation of the LDP and the leadership public election.

As a result, the origin of the LDP's party organization and the establishment of the leadership public election are clarified.

東京裁判の国際関係■国際政治における権力と規範

日暮吉延著（鹿児島大学法文学部）

A5判・700頁・10000円（2002年）ISBN4-8332-2328-7

本書は「国際政治における権力と規範」を分析枠組の基本に据え，米国による大戦後の戦争犯罪処罰計画の一環として東京裁判を位置づけるもので，多国間の国際関係を総合的・体系的に分析する国際政治の文脈から，東京裁判を捉え直す。従来のイデオロギー性を排し，一次資料の綿密・丹念な検討による実証的立論は画期をなす。

（2002年度吉田茂賞受賞）

戦前日本における民主化の挫折

竹中治堅著（政策研究大学院大学）

A5判・304頁・3500円（2002年）ISBN4-8332-2316-3

■民主化途上体制崩壊の分析

1918年に成立した我が国の政党内閣の政治体制を民主体制でも権威主義体制でもない民主化途上体制と規定し，ハンティントン等の手法を批判的に用いた比較政治学による民主化論・体制変動論の枠組で捉え，その崩壊原因を分析する政治理論史的考察。

昭和戦前期の予算編成と政治

大前信也著

A5判・300頁・4000円（2006年） ISBN4-8332-2373-2 C3021

昭和戦前期の恐慌による経済的混迷やワシントン体制の崩壊といった国際秩序の変容に直面した時代の我が国の予算編成をめぐる様々な相克を実証的に考察し，同時期の政策決定過程の特徴を析出する。またそれによってこの時期の日本資本主義体制の歴史的特質を明らかにする。

日米関係と「二つの中国」

池田直隆著（国学院大学日本文化研究所）

A5判・500頁・8000円（2004年）ISBN4-8332-2356-2 C3031

■池田・佐藤・田中内閣期

第二次大戦後，中国は台湾と大陸に「分断国家」化した。戦後の日中関係はいずれを「中国を代表する政権」として認知するかをめぐって争われた外交問題であると同時にそれは国内の政治問題でもあった。本書は日本にとって最重要課題である日米関係との整合性を求めつつ，日中関係を処理・発展させようと試みた苦悩の軌跡をたどる。そこには歴史の真実が顕現する，興味深い大作。

著者略歴

小宮　京（こみや　ひとし）

1976年生

2000年３月　東京大学法学部卒業

2005年３月　東京大学大学院法学政治学研究科博士課程，単位取得退学
日本学術振興会特別研究員，放送大学非常勤講師を経て，

現　在　　東京大学大学院法学政治学研究科附属近代日本法政史料センター原資料部　助教

2008年９月　東京大学大学院法学政治学研究科より，博士（法学）号，取得

主要論文

「鳩山一郎と政党政治　1883－1943」（『本郷法政紀要』第11号，2002年）

「吉田茂の政治指導と党組織」（『日本政治研究』第２巻第１号，2005年）

自由民主党の誕生：総裁公選と組織政党論

2010年２月28日　第１版第１刷印刷発行 ©

著者との了解により検印省略

著　者　小　宮　　京
発行者　坂　口　節　子
発行所　(有)　木　鐸　社
印　刷　(株)アテネ社　　製　本　高地製本所

〒112-0002　東京都文京区小石川５-11-15-302
電話（03）3814-4195　　ファクス（03）3814-4196
振替 東京00100-５-126746　http://www.bokutakusha.com/

乱丁・落丁本はお取替え致します

ISBN978-4-8332-2427-7 C3021

人名索引

この索引には，原則として本文に登場する人物を採録した。

反東條，吉田内閣，鳩山派などのように，人物そのものを指し示していない語句は採録しなかった。

欧文の人名は姓のみをカタカナで示し，（　）内に欧文綴りの氏名を記した。

配列は50音順とした。

は行

ま行